U0631596

袁 方◎著

刑法学理论与实践应用研究

中国出版集团 | 全国百佳图书
中国民主法制出版社 | 出版单位

图书在版编目（CIP）数据

刑法学理论与实践应用研究 / 袁方著. — 北京: 中国民主
法制出版社，2024.5
ISBN 978-7-5162-3619-2

Ⅰ.①刑…　Ⅱ.①袁…　Ⅲ.①刑法—法的理论—研究—
中国　Ⅳ.①D924.01

中国国家版本馆 CIP 数据核字（2024）第 087986 号

图书出品人：刘海涛
出版统筹：石　松
责任编辑：刘险涛　吴若楠

书　　名 / 刑法学理论与实践应用研究
作　　者 / 袁　方　著

出版・发行 / 中国民主法制出版社
地址 / 北京市丰台区右安门外玉林里 7 号（100069）
电话 /（010）63055259（总编室）　63058068　63057714（营销中心）
传真 /（010）63055259
http: // www.npcpub.com
E-mail: mzfz@npcpub.com
经销 / 新华书店
开本 / 16开　787 毫米 × 1092 毫米
印张 / 11.75　字数 / 216 千字
版本 / 2025 年 2 月第 1 版　　2025 年 2 月第 1 次印刷
印刷 / 山东蓝彩天下教育科技有限公司

书号 / ISBN 978-7-5162-3619-2
定价 / 68.00 元

Preface
前言 ————————————————————————

  刑法是我国重要的部门法之一，在打击犯罪、保护人民权利方面发挥着重大作用。随着法制建设不断完善、司法制度进一步发展，刑法的相关理论只有与时俱进，才能适应社会对刑法越来越高的要求。

  本书重点突出了"理论性与实践性相结合"，在内容安排上尽力做到既体现刑法的基础理论，又体现刑法的实践性；既注重理论水平的提高，也有利于读者的专业发展。

  全书一共分为七章。第一章的内容是刑法概述，重点讲述了刑法的机能与表现形式、刑法的解释、刑法的基本原则及效力；第二章的内容是刑法立法，重点讲述了刑法立法的背景和我国刑法立法方法选择的因素考量；第三章的内容是犯罪构成，主要是对犯罪主体及其主观要件、犯罪客体及其客观要件进行了详细分析；第四章的内容是刑事责任，重点讲述了刑事责任的概念、发展阶段和解决方式；第五章的内容研究了侵犯公民个人信息罪中的刑法实践应用；第六章的内容研究了非法吸收公众存款罪中刑法学的实践应用；第七章的内容研究了正当防卫中的刑法学实践应用。

  本书在编写过程中，搜集、查阅和整理了大量文献资料，在此对学界前辈、同人和所有为此书编写工作提供帮助的人员致以衷心的感谢。由于编者能力有限，编写时间较为仓促，书中如存在不足之处，衷心敬请广大读者给予理解和指教！

Contents
目录 ————————————————————————

第一章

刑法概述

刑法的基础理论是刑法条文适用的重要理论基础，其中，刑法论中的刑法的解释、基本原则、适用效力；犯罪论中的犯罪的成立问题，即犯罪构成要件（客观阶层—主观阶层），犯罪的时间发展问题即犯罪形态（预备、中止、未遂、既遂），犯罪的角色参与问题，即共同犯罪（正犯与共犯），犯罪的数量竞合问题，即罪数（一罪与数罪）的认定；以及刑罚论中的体系、裁量、执行与消灭等问题是刑法基础理论在适用中的重点。特别是刑法的解释和罪刑法定原则，对于刑法总论的司法适用极为重要。

第一节　刑法概说

刑法简言之就是犯罪与刑罚，刑法学是一门技术性很强的学科，主要任务是如何认定罪、如何量刑。刑法学的体系，主要是作为刑事实体法的刑法学，作为刑事程序法的刑事诉讼法学，作为刑事执行法的监狱学，研究犯罪现象原因、犯罪人特征规律的犯罪学，以及研究遏制犯罪的对策的刑事政策学、刑事侦查学等。

一、刑法的机能

保护法益的机能：这是指刑法通过惩治犯罪来保护法益。法益，是指通过刑法来保护的国民的生活利益。例如，刑法设立故意杀人罪，保护的法益是人的生命权；设立盗窃罪，保护的法益是人或者单位的财产权。每一个罪名的背后都有一个需要保护的法益，一个罪名的保护法益也称为保护客体或犯罪客体。

保障人权的机能：这是指刑法在打击犯罪的同时，也应保障人权，严格依据刑法来定罪处罚。在刑法适用中只强调刑法的任务是打击犯罪，这是比较片面的。实际上，若将刑法的任务仅限于此，那么，没有刑法的规制，打击犯罪的手段不受限制，打击起来将会

"有力"。因为没有成文法的约束，打击犯罪也就带有任意性。因此，制定刑法的重要价值之一，就是在打击犯罪的同时保障人权。在这个层面上，刑法是保护法益与保障人权的统一。当然，长期以来，理论上，在刑法的适用中法益保护与人权保障之间存在一种紧张关系，这也使刑法学的主要任务就是平衡二者的这种紧张关系。例如，实质上无罪的人意外入狱，越狱后如果被抓了回来，脱逃罪的认定就是适用中的典型案例。

规制机能：这是指刑法既是行为规范，又是裁判规范；既规制人们的行为，又规制法官的裁判活动。

二、刑法的表现形式

刑法典：新中国第一部刑法典是 1979 年颁布的，现行刑法是 1997 年颁布的，1997 年 10 月 1 日起施行。此外，便是刑法修正案，刑法修正案就是对刑法典做的修改完善，目前刑法修正案共有 11 个。

单行刑法：这是指国家在刑法典之外单独针对某一类犯罪规定的刑法规范。目前只有一个，即 1998 年 12 月 29 日公布施行的《全国人民代表大会常务委员会关于惩治骗购外汇、逃汇和非法买卖外汇犯罪的决定》。（此后增设罪名，都以刑法修正案的方式来解决。）《全国人民代表大会常务委员会关于取缔邪教组织、防范和惩治邪教活动的决定》（1999 年）《关于维护互联网安全的决定》（2000 年）《关于特赦部分服刑罪犯的决定》（2015 年），由于没有增设具体的犯罪和刑罚，故不属于典型的单行刑法。

附属刑法：这是指附带规定在经济法、行政法等非刑事法律中的罪刑规范。有些国家的法律有此做法，例如，德国、日本将许多交通领域的犯罪规定在道路交通法中。在我国，除了上述单行刑法，只有刑法典有权规定犯罪和刑罚，因此我国目前没有附属刑法。

第二节　刑法的解释

刑法的解释在刑法司法适用中的作用极为突出，刑法学主要是对刑法条文的解释学，解释条文是刑法学的基本功。因此，刑法的解释历来是刑法司法适用的难点与热点。

一、解释的效力

立法解释：全国人大常委会所作的解释。司法实践中需要注意的是刑法修正案属于立法的范畴，不属于立法解释，它是刑法典本体的内容。刑法典中的解释性规定不属于立法解释，例如，《刑法》第93条第1款规定："本法所称国家工作人员，是指国家机关中从事公务的人员。"这不属于立法解释，而是刑法典的内容。

司法解释：由最高人民法院或最高人民检察院所作的解释。学理解释：学术机构或学者个人的解释。适用中主要是关于效力等级的理解，即解释的效力等级，立法解释效力优先于司法解释，而学理解释没有法律效力。

二、解释的态度

就解释的态度而言，有主观解释与客观解释之分。前者是指解释的目标是探求立法原意或立法者主观意思；后者是指解释的目标是探求法律的当下的客观含义。刑法条文一旦颁布，便脱离了立法者，具有了独立的生命与现实运行样态，客观解释是正确的解释态度。对刑法的解释，不应闭门造车，而应根据社会经济发展探求刑法条文当下的含义。例如，"财物"一词，随着社会经济与网络的发展，应当包括立法者当时无法预见的虚拟货币等（最新的民法典规定也是如此）。

三、解释的技巧

对一个条文术语的含义需要通过解释技巧得出解释结论，司法实践中常用解释技巧有：

平义解释：这是指按照该用语最平白的字面含义来解释，即所谓的观山为山，看水为水。

扩大解释（又称扩张解释）：这是指对用语解释后的含义大于字面含义但该含义仍处在该用语可能的含义范围内。如适用中，将自动取款机解释为"金融机构"，就是对"金融机构"的扩大解释。丢失枪支不报罪是指警察丢失了枪支故意不汇报，造成严重后果；如果警察被抢劫了枪支、被骗去了枪支，也不汇报，造成严重后果，显然也应定丢失枪支不报罪。这就要求该罪中的"丢失"不能仅仅理解为"遗失"，而应扩大解释为"非自愿而失去对枪支的占有"。扩大解释这种方法本身是被允许的，但是其解释后的结论并不一定具有可适用性。例如，将网络上的虚拟财产解释为"财物"，没有超出"财物"可能的含义范围，属于扩大解释。但是，将这种扩大解释的结论适用到具体的财产犯罪中（如抢劫罪、盗窃罪、诈骗罪等）是否合理则需要具体分析。

缩小解释（又称限制解释）：这是指对用语解释后的含义小于字面含义。例如，丢失枪支不报罪的成立要求造成严重后果，该严重后果是指枪支被不法分子捡到用来实施违法犯罪活动，由此导致的严重后果。如果行为人捡到枪支后，在窗口把玩时，基于过失，导致枪支掉落砸死了楼下行人，这种后果不应视为该罪的严重后果。这就要求对该罪的严重后果进行缩小解释，仅限于捡拾者将枪支当作凶器，基于故意用于违法犯罪而导致的严重后果。本案中，把玩的枪支如同窗口的"花盆"，这是司法适用中的基本认知。

反对解释（又称反义解释）：这是指根据用语的正面表述，推导出其反面含义，也即从"A"推导出"-A"。例如，14周岁及以上的行为人要对强奸罪负刑事责任。据此，小于14周岁的行为人便不需对强奸罪负刑事责任。

补正解释：这是指刑法条文用语表述有明显错误只有通过修正、补正来阐明其真实含义。适用中例如，《刑法》第63条第1款规定，"犯罪分子具有本法规定的减轻处罚情节的，应当在法定刑以下判处刑罚"；这里的"以下"应当不包括本数；如果判本数，就不属于减轻处罚，而属于从轻处罚。但是《刑法》第99条规定："本法所称以上、以下、以内，包括本数。"因此对《刑法》第63条的"以下"应进行补正解释，认为《刑法》第63条的"以下"是用语错误，应解释为"低于法定最低刑判处刑罚"。此外，适用中《刑法》第191条规定的对洗钱罪的处罚"没收上游犯罪所得及其收益"，其中的"没收"一词使用值得商榷，因为如果上游犯罪有被害人，则应将犯罪所得返还被害人，而非没收。因此，这里的"没收"应当补正解释为"没收或者返还被害人"。

类推解释：这是指将不符合法律规定的情形解释为符合法律规定的情形。适用中例如将强奸罪中的"妇女"解释为包括男子（随着司法实践的逐渐复杂，男性能不能成为强奸罪的被害人，争议越来越大，基于现有成文法，只能从法律解释角度考虑，还没有明确的成文法规定。当然，笔者认为，男性理论上可以成为强奸罪的被害人），就属于类推解释。

类推解释在适用中需要注意的问题：从性质考虑，类推解释违反罪刑法定原则，应该是被禁止的解释方法，但不禁止有利于被告人的类推解释。禁止类推解释，既针对司法机关，也针对立法机关，这是强调立法机关（如全国人大常委会）也不能进行类推解释，适用中例如《刑法》第267条第2款规定："携带凶器抢夺的，依照本法第二百六十三条的规定定罪处罚。"立法机关对该款作出如下立法解释：携带凶器盗窃的，也以抢劫罪论处，因为将盗窃解释为抢夺，属于类推解释，这是不当解释。当然，立法机关可以通过立法的方式，例如，颁布刑法修正案来规定携带凶器盗窃的，以抢劫罪论处。由此可见，一个类推解释的结论，即使被写进司法解释或立法解释，也不能因此否定其类推解释的性质。若司法机关或者立法机关果真如此做，只能将其视为一种特殊规定。此外，在适用中，需要正确认识"不禁止有利于被告人的类推解释"，之所以不禁止是为了公平地保障人权。例如，《刑法》第 389 条（行贿罪）第 3 款规定："因被勒索给予国家工作人员以财物，没有获得不正当利益的，不是行贿。"该规定显然有利于被告人。但是《刑法》在第 164 条第 1 款（对非国家工作人员行贿罪）中没有类似规定。基于公平地保障人权，后者也应有此规定。因此，可以对第 389 条第 3 款中的"国家工作人员"类推解释为包括非国家工作人员，这种类推解释有利于被告人，应被允许。但是适用中仍需注意，"不禁止有利于被告人的类推解释"是例外，不是原则，所以不能作为解释的大趋势。司法实践中，为了给被告人脱罪，将强奸解释为寻衅滋事甚至解释为无罪，认为这样做虽然是类推解释，但因为有利于被告人，所以是允许的，这种适用显然是错误的。

　　类推解释在适用中如何与扩大解释进行区分，也至关重要：概括而论，扩大解释得出的结论，没有超出"国民的预测可能性"，而类推解释得出的结论，明显超出国民的预测可能性；扩大解释得出的结论，在用语可能的含义范围内（词语文义的"射程"之内），而类推解释得出的结论，在用语可能的含义范围外（词语文义的"射程"之外）；扩大解释是对规范的逻辑解释，而类推解释是对类似事实的类比。在司法实践中，常遇到的情形有，将"金融机构"解释为包含使用中的运钞车、自动取款机，属于扩大解释。将遗弃罪中的"负有扶养义务"的人解释为既包括家庭成员，也包括负有扶养义务的其他人，属于扩大解释。将抢劫罪中的"财物"解释为包含财产性利益，属于扩大解释。将"携带凶器抢夺，以抢劫罪论处"中的"凶器"解释为包含用法上的凶器（如棍棒、砖块、菜刀），属于扩大解释。将信用卡诈骗罪中的"信用卡"解释为包含借记卡，属于扩大解释，这是立法解释的规定。将走私弹药罪中"弹药"解释为包含弹壳，属于扩大解释。将组织卖淫罪中的"卖淫"解释为包含男性向不特定女性提供性服务，属于扩大解释。将侵犯通信自由罪中的"信件"解释为包含电子邮件，属于扩大解释。将破坏交通工具罪中的"汽车"解释为包含大型拖拉机，属于扩大解释；将劫持汽车罪中的"汽车"解释为包含火车、地铁，属于类推解释，如果劫持火车、地铁，可认定破坏交通工具罪。将重婚罪中的"结婚"解释为包含事实婚姻，属于扩大解释，将破坏军婚罪中的"同居"解释为包含通奸，属于类推解释。

四、解释的理由

在通过解释技巧对一个条文术语得出一个结论后，必须提供理由，论证解释的合理性。解释理由十分丰富，适用常见的有：

文理解释：这是指根据文法、语法等来论证解释的含义是否属于刑法用语可能具有的含义。简言之，需要考查该解释的含义在文理上是否讲得通。例如，"收买"一词有两个含义，收购以及用钱财或其他好处笼络人心，收买被拐卖的妇女、儿童罪中的"收买"不可能是指用钱财笼络人心。《刑法》第104条第2款规定："策动、胁迫、勾引、收买国家机关工作人员、武装部队人员、人民警察、民兵进行武装叛乱或者武装暴乱的，依照前款的规定从重处罚。"其中的"收买"也不可能是指收购。

体系解释：这是指根据体系逻辑来论证解释后的含义在刑法体系中是否协调合理。例如，从文义上看，"伪造"可以包含"变造"，但是我国刑法在伪造货币罪之外又规定了变造货币罪，那么伪造货币罪中的"伪造"就不能包含"变造"。适用中，要注意其一，"同一用语的含义相对化"的问题。体系解释并不意味着同一用语在不同条文中需要保持同一含义，相反，基于体系的协调合理要求，同一用语在不同条文中可以保持不同含义。例如，强奸罪的第1、2项法定刑升格条件均有"妇女"和"幼女"，而第3项法定刑升格条件为"在公共场所当众强奸妇女的"，其中遗漏了"幼女"，基于对幼女的保护，其中的"妇女"应当包括"幼女"。如此，强奸罪的第1、2项法定刑升格条件与第3项法定刑升格条件中的"妇女"的含义范围就不同。其二，适用中还要注意"不同用语的含义同一化"问题，刑法中几个不同的用语也可以保持同一个含义，例如，"恐吓""胁迫""威胁""敲诈"的含义均是以恶害相通告，使对方产生恐惧心理。（恐惧心理的程度，在抢劫罪里要求达到完全剥夺意志自由，被害人没的选，但在敲诈勒索罪、强奸罪里只需要达到部分剥夺意志自由、使意志自由有瑕疵即可。就此而言，抢劫罪与敲诈勒索罪、强奸罪中的"胁迫"在程度上又有所不同）。其三，同类解释规则的适用问题。立法者在描述罪状时经常使用"例示法"，也即先列举几个例子，然后用"等""及其他"来概括兜底。对这些兜底规定的含义范围不能随意扩大，而应先总结所列举的例子的共同特征，然后用该共同特征来解释兜底规定的含义。例如，抢劫罪规定的行为方式是"暴力、胁迫或者其他方法"，这里的"暴力、胁迫"是指压制被害人反抗的方法，因此，这里的"其他方法"是指其他的压制被害人反抗的方法，如将被害人迷晕、灌醉等，而非泛指其他一切方法。

当然解释：这是指根据形式逻辑来论证解释后的含义是否符合当然道理，在论证出罪时"举重以明轻"（重的行为都无罪，轻的行为更应无罪），在论证入罪时"举轻以明重"

（轻的行为都是犯罪，重的行为更应是犯罪），可以看出，当然解释其实也是体系解释的一种。例如，司法解释规定，行为人2年内3次盗窃，属于多次盗窃，构成盗窃罪。那么，行为人2年内4次、5次盗窃的，当然构成盗窃罪，这就是当然解释的结论。适用中注意，当然解释所比较的两个行为应属于性质相同、程度不同的两个行为，如果性质不同，不能进行当然解释的推理。《刑法》第329条规定了抢夺、窃取国有档案罪，但没有规定抢劫国有档案罪，然而，抢夺都是犯罪，抢劫更应是犯罪，所以，抢劫国有档案的行为可以按照抢夺国有档案罪论处。可以主张"强制猥亵都是犯罪，强奸更应是犯罪"，但不能主张"强制猥亵都是犯罪，抢劫更应是犯罪"。此外，当然解释追求结论的逻辑合理性，但该结论并不必然符合罪刑法定原则。在根据"举轻以明重"（轻的行为都是犯罪，重的行为更应是犯罪）入罪时，也要求案件事实符合刑法规定的构成要件，遵守罪刑法定原则，不能简单地以案件事实的社会危害性严重为由而以犯罪论处。

历史解释：这是指根据历史的、发展的眼光从历史沿革的角度为解释的结论提供合理性，这不同于探求立法原意的主观解释。例如，《1979年刑法》第183条将遗弃罪规定在"妨害婚姻家庭罪"一章中，其中，行为主体也即"扶养义务"仅限于婚姻、家庭成员之间；而《1979年刑法》第261条将遗弃罪规定在"侵犯公民人身权利、民主权利罪"一章中，那么"扶养义务人"就不限于婚姻、家庭成员之间，儿童福利院的院长也可成为遗弃罪的主体。

目的解释：这是指根据刑法规范的保护目的为解释的结论提供合理性。规范的保护目的就是规范保护的具体法益，用一个罪名的保护法益，可以指导解释该罪的构成要件。例如，故意毁坏财物罪的保护目的不应局限于财物的物理形状，而应是财物的效用价值。由此可以解释"毁坏"，是指使主人失去财物的效用价值的行为，而不要求破坏财物的物理形状。因此，将他人的鸟放飞，也是一种毁坏财物。适用中需要注意，目的解释只是一种解释理由，能否得出该结论，还需要依靠解释技巧，此时可以扩大解释，但不能类推解释。例如，三更半夜给他人家里不断打恶意电话："喂，我是外星人。"不能视为非法侵入住宅，因为"侵入"要求身体侵入。又如，非法侵入住宅罪的保护目的是住宅的安宁，但不能因此认为，一切破坏住宅安宁的行为都是非法侵入住宅。

五、解释技巧与解释理由的关系

解释技巧与解释理由在适用中的区别：解释技巧是结论制造者，解释理由是结论论证者。对一个用语做出一个解释，其支撑理由可以多种多样甚至越多越好，但是其解释技巧却只能选择一种。换言之，解释理由之间关系是并存关系，但解释技巧之间是排斥关系，即只可选择其一。例如，将组织卖淫罪中的"卖淫"解释为包括男性向不特定女性提供性服务，这种解释结论是合理的，为此可以提供多种解释理由（如，文理解释、体系解释、历史解释等），但是这种解释在技巧上属于扩大解释，不可能属于缩小解释。即对一个用语进行解释，不可能既进行扩大解释，又进行缩小解释。

解释技巧和解释理由之间不是对立排斥关系，而是相辅相成关系。前者负责制造结论，后者负责论证结论。适用中如文理解释与论理解释的关系，传统理论所谓的"论理解释"是一个笼统概念，既包含解释的理由（例如，当然解释、体系解释等），也包含解释的技巧（如，扩大解释、缩小解释）。而文理解释主要是一种解释的理由，由于解释理由之间可以并存，解释理由与解释技巧也是相辅相成的关系，因此，文理解释与论理解释不是对立关系。对一个刑法用语，既可以做文理解释，也可以做论理解释。此外，解释技巧、理由与结论可采纳性的关系。一种解释技巧（例如，扩大解释）即使被允许的技巧，一种解释理由（例如，当然解释）即使被认可的理由，但其得出的结论在具体案件中是否具有可采纳性，仍需具体判断，判断是否符合该罪名的罪状规定，是否符合罪刑法定原则。故此，实践中，按照体系解释，刑法分则中的"买卖"一词，均指购买并卖出；单纯的购买或者出售，不属于"买卖"的理解是错误的，而应该是单纯的出售也是"买卖"，例如，贩卖自己制作的淫秽物品，也构成贩卖淫秽物品牟利罪；将明知是捏造的损害他人名誉的事实，在信息网络上散布的行为，认定为"捏造事实诽谤他人"，属于当然解释是错误的，当然解释是指在出罪时，"举重以明轻"，在入罪时，"举轻以明重"，也即有轻重比较。将盗窃骨灰的行为认定为盗窃"尸体"，属于扩大解释是错误的，这是类推解释；而按照同类解释规则，对于刑法分则条文在列举具体要素后使用的"等""其他"用语，应按照所列举的内容、性质进行同类解释是正确的。

第三节　刑法的基本原则

刑法的基本原则有三：罪刑法定原则、罪刑相适应原则、平等适用刑法原则。司法适用中的重点是罪刑法定原则与罪刑相适应原则。其中，适用中最重要的是罪刑法定原则，这是刑法的核心原则。

一、罪刑法定原则

罪刑法定原则的法条表述是法律明文规定为犯罪行为的，依照法律定罪处刑，法律没有明文规定为犯罪行为的，不得定罪处刑。罪刑法定原则的含义是法无明文规定不为罪，法无明文规定不处罚。法条本身的罪刑法定不是关于罪刑法定原则的规定，其目的是防止司法人员将有罪行为做无罪处理，是在强调保护法益的机能。法条后半部分的规定是关于罪刑法定原则的规定，是在强调人权保障机能。在保护法益与保障人权这个天平上，罪刑法定原则是用来保障人权，而非保护法益，这是罪刑法定原则适用中的基本把握。罪刑法定原则的思想基础是民主主义，意指只有民主产生的立法机关才有权规定犯罪与刑罚；以及尊重人权主义，意指法律应当具有预测可能性，使国民知晓什么是犯罪，什么不是犯罪，以保障个人的行动自由，这种思想也被称为国民预测可能性原理。

罪刑法定原则在适用中的基本含义：第一，成文的罪刑法定。首先，法律主义。这是指只有立法机关制定的法律才有权规定犯罪和刑罚，行政机关制定的法规等无权规定犯罪和刑罚，即罪刑法定中的"法"不包括行政法规等，也即国务院无权制定刑法。最高人民法院、最高人民检察院也无权制定刑法，只能解释刑法，这是法律主义的具体要求的体现；其次，禁止习惯法。虽然习惯法体现民意，但因为不成文，缺乏明确性，违反了预测可能性原理，所以应当被禁止。第二，事前的罪刑法定，这是指禁止溯及既往（或禁止事后法）。刑法如果溯及既往，便违反了预测可能性原理。例如，今天之行为适用今天之刑法行为人无罪，但明天出台新的法律，规定这种行为构成犯罪，然后依照这个事后的法律给行为人定罪，这肯定不合理。当然，刑法不禁止有利于被告人的溯及既往，也即事后的这个法律如果对被告人有利，也可以适用。第三，严格的罪刑法定，这是指禁止类推解释。类推解释因为既违反了民主主义，又违反了预测可能性原理，所以应当被禁止。适用中注意，刑法不禁止有利于被告人的类推解释。第四，确定的罪刑法定，这是指罪刑规范应当明确、适当。适用中包括，明确性要求，但简单罪状不违反明确性要求。简单罪状，是指仅规定了罪名，没有具体描述犯罪特征。例如，《刑法》第232条只规定"故意杀人的"，没有详细规定故意杀人的定罪。之所以没有详细描述，是因为没有必要，一般人的认知水平都知道什么是故意杀人。禁止绝对不定刑及绝对不定期刑。绝对不定刑，是指刑法条文只规定"犯罪，判处刑罚"，不规定刑罚的种类；绝对不定期刑，是指刑法条文只规定"犯罪，判处有期徒刑"，不规定具体刑期。因为绝对不定刑和绝对不定期刑，都违反了预测可能性原理，应当被禁止。因此，没有犯罪就没有刑罚。反之，没有明确的刑罚就没有犯罪。禁止处罚不当罚的行为，这是刑法谦抑性、补充性的要求。由于刑罚是最严厉的制裁措施，只有在其他法律已经无济于事、无法规制的情况下，才可以适用刑法，刑法的启动应当保持谦卑姿态。刑法是其他法律的补充法、保障法。在适用中要正确理解民法（包括行政法）与刑法的关系。二者不是对立排斥、非此即彼的关系，而是低位阶与高位阶的关系。也即，不是 A 与 A 的关系，而是 A 与 A＋B 的关系。不能因为一个行为符合民法上的要件，就以此认定该行为不构成犯罪。例如，甲将乙打成轻微伤，只是民法上的侵权行为；打成轻伤或重伤，既是民法上的侵权行为，又是刑法上的故意伤害行为，此时定故意伤害罪，当然也可附带民事诉讼——这是因为，高位阶的法效力优于低位阶法。在实务中常犯的错误表现：对于行为人利用 ATM 机出错非法占有银行资金，有人认为行为人无罪，无罪的理由是行为人的行为属于民法上的不当得利。再如，肇事司机并不逃逸，救助被害人，保护现场，属于履行行政法上的义务，不能认定为自首，若逃逸后又自动投案，则可认定为自首。这些错误的适用，根源在于将民法或行政法与刑法对立排斥起来。第五，禁止不均衡、残虐的刑罚。禁止不均衡的刑罚，是指刑罚应与罪行相适应，重罪重判，轻罪轻判。这表明广义的罪刑法定原则可以包含罪刑相适应原则，禁止残虐的刑罚是人道主义的要求。

从社会主义法治理论分析，罪刑法定原则在刑法中的体现为依法治国是社会主义法治的核心内容，罪刑法定是依法治国在刑法领域的集中体现。权力制约是依法治国的关键环节，罪刑法定充分体现了权力制约，包括对立法权、司法权的制约。人民民主是依法治国的政治基础，罪刑法定同样以此为思想基础。执法为民是社会主义法治的本质要求。刑法的机能之一是保护国民的法益，与社会主义法治的本质要求相符。

刑法的适用应保持司法独立，罪刑法定原则的机能是保障人权，是为了防止一旦出现危害社会、民意激愤的案件，为了平民心、惩恶害，就不顾具体犯罪构成要件是否符合，就类推解释、定罪处罚，一个人有罪无罪的唯一依据是犯罪构成要件。在适用中，行为人仅仅喊了一句"我要炸某大楼！"就对行为人定编造虚假恐怖信息罪；行为人在秘密场所聚众淫乱就对行为人定聚众淫乱罪，以及行为人在闹市区要跳楼，许多人观看，导致交通拥堵，对行为人定扰乱公共秩序罪，这都值得商榷。简言之，罪刑法定原则在适用中，主要把握成文的罪刑法定，即法律主义与禁止习惯法；事前的罪刑法定，禁止溯及既往，但不禁止有利于被告人的溯及既往；严格的罪刑法定，禁止类推解释，但不禁止有利于被告人的类推解释；确定的罪刑法定，即明确性要求，禁止绝对不定刑及绝对不定期刑，禁止处罚不当罚的行为，禁止不均衡、残虐的刑罚。

二、罪刑相适应原则（罪刑均衡原则）

即刑罚的轻重应当与犯罪分子所犯罪行和承担的刑事责任相适应。刑罚的尺度＝客观危害性＋主观罪过性＋人身危险性，具体操作：刑罚应与犯罪性质、犯罪情节和人身危险性相适应。程序表现，制定刑上，侧重考虑犯罪性质，制定协调合理的刑罚体系；量刑上，侧重考虑犯罪情节，做到重罪重判、轻罪轻判；行刑上，侧重考虑人身危险性，合理运用减刑、假释。

第四节　刑法的效力

一、刑法的空间效力

（一）在中国境内犯罪：属地管辖原则

该原则的法条层面的表述：凡在中华人民共和国领域内犯罪的，除法律有特别规定的以外，都适用中国刑法。凡在中华人民共和国船舶或者航空器内犯罪的，也适用中国刑法。犯罪的行为或者结果有一项发生在中华人民共和国领域内的就认为是在中华人民共和国领域内犯罪。

（1）"领域"包括领土、领水、领空。在适用中需注意：悬挂我国国旗的航空器与船舶，不论停放何处，都属于我国领域，这是"旗国主义"的体现。国际列车、国际长途汽车不属于我国领域。

（2）属地管辖原则之"地"，既包括行为地，也包括结果地，二者只要具备其一即可。其中，犯罪行为，从共同犯罪上分，包括实行行为、教唆行为和帮助行为；从犯罪形态上分，包括预备行为和实行行为。上述行为中，只要有一项行为发生在国内，其他相关行为即使发生在国外，就认为是在我国领域内犯罪。

适用中较为复杂的是教唆、帮助行为在国内，实行行为在国外：其一，根据当地国刑法，实行行为无罪（我国刑法规定为犯罪），则教唆行为、帮助行为也无罪，我国刑法不需追究。例如，甲在国内教唆 M 国人乙在阿拉斯加开设赌场。由于乙的行为在 M 国无罪（我国刑法有开设赌场罪），那么甲的教唆行为也无罪，我国刑法不需追究。其二，根据当地国刑法及我国刑法，实行行为有罪（只是我国刑法无法追究），则教唆、帮助行为有罪，我国刑法需要追究。例如，甲在国内教唆 M 国人乙在日本杀害日本人丙，日本及我国刑法都规定有杀人罪，乙的行为有罪（只是我国刑法无法追究，也不需追究），因此甲的教唆行为也有罪，我国刑法予以追究。

犯罪结果，从共同犯罪上分，包括整体结果和部分共犯人的结果；从犯罪形态上分，包括实害结果和危险结果。例如，甲从 M 国给我国境内的乙邮寄炸弹，乙收到炸弹后，炸弹爆炸了即实害结果，或炸弹被海关查获，没爆炸即危险结果。上述结果，只要有一个结果发生在国内，就认为是在我国领域内犯罪。适用中要求危险结果是现实具体的危险。例如，甲从 A 国寄毒药给身在中国的乙，乙服毒后来到 B 国，在 B 国死亡。由于在我国国内发了现实具体的危险，我国作为危险结果地（中间地）能够管辖此案。再如，甲从 A 国向 B 国的乙寄送毒药，运送该毒药的飞机经过我国领空。由于在我国国内没有发生现实具体的危险，我国不属于危险结果地，不管辖此案。要注意适用中的电信网络诈骗犯罪问题，根据司法解释，第一，"犯罪行为发生地"包括用于电信网络诈骗犯罪的网站服务器所在地，网站建立者、管理者所在地，被侵害的计算机信息系统或其管理者所在地，犯罪嫌疑人、被害人使用的计算机信息系统所在地，诈骗电话、短信息、电子邮件等的拨打地、发送地、到达地、接受地，以及诈骗行为持续发生的实施地、预备地、开始地、途经地、结束地。第二，"犯罪结果发生地"包括被害人被骗时所在地，以及诈骗所得财物的实际取得地、藏匿地、转移地、使用地、销售地等。最后，就是认识错误的问题。对属地管辖的"地"产生认识错误，会排除犯罪故意。

（二）在中国境外犯罪

1. 属人管辖原则（刑法第 7 条）：我国公民在境外犯罪

《刑法》第 7 条：中华人民共和国公民在中华人民共和国领域外犯本法规定之罪的，适用本法，但是按本法规定的最高刑为三年以下有期徒刑的，可以不予追究。中华人民共和国国家工作人员和军人在中华人民共和国领域外犯本法规定之罪的，适用本法。适用我国刑法的条件：我国公民在国外犯我国刑法规定的犯罪，原则上适用我国刑法，犯轻罪的（最高刑在三年以下），可以不予追究，这意味着也可以追究；若为国家工作人员和军人犯罪的，一律追究。适用中需注意：第 7 条中没有规定要求双重犯罪原则，也即犯罪地的法律也认为是犯罪（保护管辖原则有此规定）。实践中的问题主要是我国公民在境外犯我国刑法规定的犯罪，但当地法律不认为是犯罪，该如何处理，把握的标准是看是否侵犯了我国国家或公民的法益。若侵犯了，即使行为地的法律不认为是犯罪，也应坚持属人管辖原则，追究刑事责任；若没有侵犯，则可以类推适用《刑法》第 8 条（保护管辖原则）的规定"但是按照犯罪地的法律不受处罚的除外"，不追究刑事责任。例如，我国刑法有赌博罪、开设赌场罪。在 M 国赌博与开设赌场均为合法行为。中国公民甲在 M 国开设赌场，营利 1 亿元后回国。由于甲的行为对我国国家和公民的法益没有侵害，所以，不追究其开设赌场罪的刑事责任。

2. 保护管辖原则（《刑法》第 8 条）：外国人在境外犯罪

本条规定是外国人在中华人民共和国领域外对中华人民共和国国家或者公民犯罪，而按本法规定的最低法定刑为三年以上有期徒刑的，可以适用本法，但是按照犯罪地的法律不受处罚的除外。适用我国刑法的条件：针对我国国家或公民的犯罪；行为触犯的是重罪（最低刑在三年以上）；双重犯罪原则（犯罪地的法律也认为是犯罪）。

3. 普遍管辖原则（《刑法》第 9 条）：国际犯罪

对于中华人民共和国缔结或者参加的国际条约所规定的罪行，中华人民共和国在所承担条约义务的范围内行使刑事管辖权的，适用本法。适用我国刑法的条件：必须是危害人类共同利益的犯罪，主要有劫持航空器、跨国贩毒、跨国拐卖人口、海盗、种族灭绝、洗钱、恐怖活动等；我国缔结或参加了公约；我国刑法将这种行为也规定为犯罪；犯罪人出现在我国领域内。适用中注意：具体适用法律时，适用我国刑法，而非已缔结或参加的国际公约。

（三）对外国刑事判决的消极承认

凡在中华人民共和国领域外犯罪，依照本法应当负刑事责任的，虽然经过外国审判，仍然可以依照本法追究，但是在外国已经受过刑罚处罚的，可以免除或者减轻处罚。

综上所述，空间效力适用可以简单概括为：在中国境内犯罪，考虑属地管辖；在中国境外犯罪，考虑属人管辖（中国人在境外犯罪）。保护原则（外国人在境外对中国人犯罪），普遍管辖（国际犯罪）。

二、刑法的时间效力

我国刑法中规定：中华人民共和国成立以后本法施行以前的行为，如果当时的法律不认为是犯罪的，适用当时的法律；如果当时的法律认为是犯罪的，依照本法总则第四章第八节的规定应当追诉的，按照当时的法律追究刑事责任，但是如果本法不认为是犯罪或者处刑较轻的，适用本法。本法施行以前，依照当时的法律已经作出的生效判决，继续有效。我国刑法关于时间效力的原则是：从旧兼从轻原则。这是指，原则上适用旧法（行为时的法律），但适用新法有利于被告人时，适用新法。也即，原则上禁止法律溯及既往，例外地不禁止有利于被告人的溯及既往。

（一）从轻的判断

判断从旧兼从轻时，其实只需要判断从轻，也即比较适用旧法和适用新法，哪个有利于被告人（处刑较轻）。如果适用旧法有利于被告人，就适用旧法；如果适用新法有利于被告人，就适用新法。简言之，从旧兼从轻原则可以概括为有利于被告人原则。适用旧法轻，还是适用新法轻，是指具体适用法律，也即结合具体案件事实应当适用哪个具体的法定刑，而不是对法定刑孤立地一般性比较。例如，孤立地看，对贪污罪、受贿罪，刑法修正案（九）规定了终身监禁，该规定不利于被告人。

但是，具体适用时应分两种情况：

第一种情况是：根据案件事实，若适用旧法，则应判处死刑立即执行，而若适用刑法修正案（九）后的新法，则应判处死缓，同时终身监禁。由于新法有利于被告人，所以适用新法。

第二种情况是：根据案件事实，若适用旧法，则应判处死缓，而若适用刑法修正案（九）后的新法则应判处死缓，同时终身监禁，那么应适用旧法。

（二）适用的案件

从旧兼从轻原则适用的对象是未决犯（未判决的案件），也即，案件发生在旧法时，审判发生在新法时。对于已决犯（已经判决的案件）则不存在是否溯及既往的问题。适用中需要注意，按审判监督程序重新审判的案件，适用行为时的法律。

（三）继续犯、连续犯跨越新旧法交替时的问题

如果新旧法都认为是犯罪，适用新法，即使新法处罚重，也适用，但量刑时可以酌定从轻；如果旧法不认为是犯罪，新法认为是犯罪，就只追究新法生效后的这部分行为。例如，窝藏罪是继续犯，新旧法都认为是犯罪，适用新法。走私罪是连续犯，新旧法都认

为是犯罪，适用新法。

（四）司法解释的时间效力

司法解释的实施，效力适用于法律的施行期间。司法解释实施前发生的行为，行为时没有相关司法解释，司法解释施行后尚未处理或者正在处理的案件，依照司法解释办理。这表明，司法解释具有溯及力。这是因为司法解释不是立法条文，只是对立法条文的含义的解释。时间效力只针对立法条文而言。司法解释实施前发生的行为，行为时有相关司法解释，依照行为时的司法解释办理。如果适用新的司法解释对被告人有利，适用新的司法解释。

（五）刑法修正案的时间效力

刑法修正案有具体的生效时间，对于犯罪时在生效时间前、审理时在生效时间后的案件，同样采用从旧兼从轻原则，也即有利于被告人原则。对此，需要比较适用旧法和适用新法哪个有利于被告人。〔注意：《刑法修正案（八）》于2011年5月1日生效，《刑法修正案（九）》于2015年11月1日生效，《刑法修正案（十）》于2017年11月4日生效，《刑法修正案（十一）于2021年3月1日起施行。〕故此，在适用中司法解释也是刑法的渊源，故其时间效力与刑法完全一样，适用从旧兼从轻原则的理解是错误的；行为时有相关司法解释，新司法解释实施时正在审理的案件，仍需按旧司法解释办理的理解也是错误的；同样，依行为时司法解释已审结的案件，若适用新司法解释有利于被告人的，应依新司法解释改判的理解仍然是错误的；但行为时无相关司法解释，新司法解释实施时正在审理案件，应当依据新司法解释办理的理解是正确的。

第二章

刑法立法

第一节　刑法立法的背景

一、立法背景概述

（一）全面依法治国的政治形势

新中国成立以来，中国共产党逐渐探索出了依法执政、依法治国的法治理念，依法治国的目标与任务在不断地塑造和完善。转折点是党的十一届三中全会，我们党逐步重视法治建设，把依法治国确定为党领导人民治理国家的基本方略，把依法执政确定为党治国理政的基本方式，并在实践的基础上初步形成了中国特色社会主义法治理论。1996年3月，八届全国人大提出把"依法治国、建设社会主义法治国家"作为治国方略。1997年，党的十五大报告首次提出"依法治国、建设社会主义法治国家"，确定"依法治国"是党领导人民治理国家的基本方略，把加强法治作为当前和今后一段时间政治体制改革的主要任务。1999年3月，九届全国人大二次会议通过的宪法修正案写道："中华人民共和国实行依法治国，建设社会主义法治国家。"至此，"依法治国"作为党的基本治国方略的宪法地位得以正式确立。

党的十八大以来，以习近平同志为核心的党中央在全面推进依法治国、加快建设中国特色社会主义法治体系和社会主义法治国家的伟大实践中，创造性地发展了中国特色社会主义法治理论，创立了具有鲜明时代特征、理论风格和实践特色的关于法治的思想，为坚持和开拓中国特色社会主义法治道路奠定了思想基础，为推进法治中国建设提供了理论指引。习近平总书记对依法治国提出了以下几个方面的战略定位：第一，从人类政治文明和社会现代化的纵深深刻分析了法治与人治的关系，深化了依法治国的理论基础，夯实了厉行法治的政治信念。第二，在建设中国特色社会主义的总体战略布局中思考法治建设问题。第三，把推进法治中国建设、建设法治强国作为实现中华民族伟大复兴中国梦的核心战略要素。

而无论是依法治国的推进，还是法治中国的建设，都建立在"法为良法"的基础上。"法律是治国之重器，良法是善治之前提"，无视法律之善恶，一味强调法律的重要性，只会陷入形式法治的泥淖，而中国特色社会主义法治是追求形式法治和实质法治统一的法治模式。习近平总书记指出："人民群众对立法的期盼，已经不是有没有，而是好不好、管用不管用、能不能解决实际问题；不是什么法都能治国，不是什么法都能治好国；越是强调法治，越是要提高立法质量。""努力使每一项立法都符合宪法精神、反映人民意愿、得到人民拥护。"

这里强调的良法之治则为实质法治，具体反映到刑法立法上则表现在以下几方面：第一，刑法立法应当符合人性、经济、政治、社会等一般规律，应当与刑法所调整的关系之客观规律保持一致。第二，刑法立法应当在理论层面上制定良好。刑事法律规则的理论内涵、普适性、稳定性、社会性以及与其他法律之间的协调性，都是刑法立法理论层面制定良好的体现。第三，刑法立法应当以实践为导向。法律实施良好，理论上的完善固然不可或缺，而制定的标准的可遵守性、可执行性同样居功至伟，全民的自觉遵守、有关机关的严格执法、公正司法都能够在一定程度上反馈刑法立法的完善程度。

（二）金融风险倍增的经济局势

回望 21 世纪以来的二十年，世界经济的发展之路可谓曲折不断、变数不止，近年来世界经济的发展确实出现了不少值得期待的新动能、新亮点、新变化和新趋势，但令人担忧的是，世界经济的不稳定性、不确定性、不可预测性陡然增高，其中，某些国家主导的贸易摩擦纷纷不止，使得世界经济一直笼罩在贸易纷争的阴霾之下从而一直处于低迷而平庸的状态。

1. 金融风险倍增的世界经济局势

在过去二十年中，全球贸易总额持续增长，新兴经济体的崛起也成为时代趋势，世界的经济格局正朝着多元化发展。世界经济的框架虽仍维持着第二次世界大战后建立的那一套，但多次的国际金融危机不断冲击着、调整着世界经济框架。其中，美元的强势对许多新兴经济体影响颇大，地缘政治的影响增加，还有各个国家在治理中遇到的一系列政治风险都增加了世界经济局势的不稳定性。

道格拉斯·雷迪克先生指出，当前国际经济状况用"脆弱"一词来形容比较恰当。一些不稳定因素尤为突出：首先，国际贸易虽保持一定的增长，但增速持续低迷。其次，美元价格的波动导致国际资本的流动以及国际金融市场的波动，而国际重要物资价格的波动，例如，石油的价格大幅波动，更是会直接导致部分国家的金融领域遭受重创、部分国家面临赤字、货币贬值、国家资本外流这些问题。最后，局部地区的动荡、世界范围的恐怖主义的传播、地缘政治的冲突等一系列问题也使得世界经济的稳定增长遭受影响。

同时，美国不断发起的贸易摩擦以及其盛行的单边主义与保护主义是世界经济发展最为突出的问题之一。特别是 2018 年以来，美国与中国之间的贸易摩擦不仅会对两国的金融市场造成较大影响，更会给世界经济带来破坏性的影响。而美国的这些政策对世界其他新兴经济体的市场造成的负面影响体现为：2018 年土耳其里拉贬值幅度超 70%，单日贬值超 10%，市场恐慌情绪在所有新兴市场国家之中蔓延，引发了阿根廷、南非等国家的国家货币汇率的跟风下跌。这些新兴市场国家本身的内部经济基础不稳固再加上外部美国高举的贸易保护主义、单边主义大旗的制约，其市场稳定性遭受着重大的挑战。

而英国于 2017 年 3 月启动的"脱欧"计划成为英国乃至整个欧洲经济增长的重要风险。由于英国与欧盟之间紧密的关系，"脱欧"计划必定会带来英镑价格的剧烈波动风险。2018 年 12 月 11 日，在脱欧草案表决被宣布推迟的同时，英镑兑换美元的汇率大幅跌落，创 2017 年 6 月以来的新低。2018 年英镑兑美元汇率从最高值 1.44 跌至 1.25，跌幅高达 13.19%。

此外，2020 年 3 月 8 日石油输出国组织（OPEC）与俄罗斯谈判破裂导致的原油价格战，不仅使得全世界范围内原油价格急剧下跌，也为全球金融市场的动荡提供了契机。原油价格的暴跌与股市动荡之间有较多的传导机制，原因如下：原油价格的下跌使得卖原油企业的股价下跌，而石油产业作为全球重工业中至关重要的一环，石油股所占权重较大，对大盘指数的影响也会较大，从而容易引发其他产业股票持有者的恐慌与跟风抛售，再加上媒体对市场行为的渲染，极易导致市场的持续性恐慌甚至"踩踏"。

美股连续熔断的连环黑天鹅。贸易摩擦并非美方单方性的压迫行为，它给美国各行各业带来的负面影响也十分显著。表面繁华遮盖之下，积攒着的经济衰退，同时遇上新冠病毒全球性大爆发这一黑天鹅以及石油价格战的黑天鹅，直接导致了美股创造历史般地在一个月内连续熔断四次。无论是已经迈入金融危机抑或在危机边缘徘徊，美国乃至全世界各国遭受了前所未有的股市危机是毋庸置疑的，全球金融风险上升到了一个新的层面。

2. 金融风险倍增的国内经济局势

中国当前正处于中美贸易摩擦、世界经济增长见顶、金融去杠杆、房地产去库存、财税改革等多周期叠加阶段。"稳中求进"是国内经济发展的主基调，但在国内外多重不确定因素的综合作用下，我国经济发展的新常态面临着一定的下行压力，而与此同时，我国金融业也随着经济新常态的到来面临越来越大的风险。这些风险包括：第一，产能过剩与市场供过于求带来的风险。过剩的产能占用了大量的企业活动资金，而企业资金大部分来源于银行贷款，这就导致了银行承担着产能过剩所带来的大部分风险。第二，房地产投资风险。作为我国支柱产业之一的房地产，近年来处于低迷的状态，需求端的趋于饱和以及供给端的过度开发，库存过多使得房地产项目也积压了大量的资金。由于大部分企业以房产抵押的形式进行贷款，房地产市场低迷而导致的房地产企业资金链问题也就增加了金融机构的风险承担。此外，影子银行以及地方债务等问题都不可避免地增加了区域性乃至全国性的金融风险。

除了传统金融行业本身自带的风险外，金融模式的转变也会带来新的金融风险。互联网金融这一新的金融业务模式的出现，虽然其本质仍为金融契约而非新金融，但对传统金融行业的冲击以及对货币政策的影响存在重大的不确定性。一方面，我国目前出台的与网络金融相关的制度法规相当有限，监管体系的不健全导致难以达到预期的监管目标与成效。而风险监管的模式落后以及监管人才的缺乏使得这一现状雪上加霜。另一方面，互联网金融本身有着技术层面的风险：首先，互联网的特性使得信息泄露、身份识别等方面的问题在互联网金融中凸显。其次，互联网金融中资金存管可能存在安全性的问题。最后，存在基于潜在的硬件或软件的重大技术更新或升级失败而增加的金融基础设施故障风险。

不论是传统金融本身固有的风险，还是不断发展的互联网金融所带来的风险，都揭示着当前金融风险倍增的经济局势。刑法立法在考虑我国的基本政治局势时，更应当考量在中国特色社会主义经济体制下蓬勃发展的经济中凸显出的金融风险。

（三）社会管控强化的社会局面

浙江大学的郁建兴教授提出，当代中国的社会关系已经逐步从社会管控转变为了社会治理，但笔者认为，社会管控的本质本就是社会治理，所以，不论是从社会管控到社会治理还是从社会治理到社会管控，都没有脱离社会治理这一范畴，而社会治理往往又通过社会管控的形式表现出来。

四十多年来，"以经济建设为中心"一直贯穿于我国的市场经济发展过程及其驱动下的社会转型过程中。在取得了举世瞩目的经济领域的成就的同时，发展主义不可避免地引发了一些社会矛盾与社会冲突，21世纪以来，我们党和国家积极推进社会矛盾的化解，着力解决社会问题、促进社会公平的实现。这可以从中国政府提出的一系列推进社会建设的政策看出：2004年党的十六届四中全会将"社会管理"纳入党的执政能力的重要组成部分。2006年，党的十六届六中全会首创"创新社会管理体制"这一概念。2007年党的十七大报告强调了在社会建设中要以民生为重点。2012年，"十二五"规划纲要系统提出了"标本兼治，加强和创新社会管理"和"改善民生，建立健全基本公共服务体系"的社会建设目标。2012年，党的十八大报告在提出"社会体制"的概念的同时，又系统地论述了"在改善民生和创新管理中加强社会建设"。至此，社会管理与社会建设之间的关系得到了进一步的明确，中国特色社会主义社会管理体系的基本框架也基本确立。党的十八届三中全会提出了"推进国家治理体系和治理能力现代化"以及"加快形成科学有效的社会治理体制"的治理目标，这既是对已有的社会管理体制的肯定，也是对将来进一步推进社会关系变迁的期许。

虽然在国家和社会关系的改变中市场和社会转型始终相伴，国家对社会关系也进行了相对松绑，但国家机器对社会关系不再进行完全管控并不意味着社会管控的弱化或退出。"国家通过强化渗透能力渗透到基层社会的发展中；国家对社会组织实行分类控制，并进行选择性培育；社区正取代单位成为基层社会的组织单元，政府的社会管理触角日益向社区覆盖并不断强化；等等。"以上情形表明，即便改革开放前全面管控的社会管理模式已经被改变，但表面上的弱化管控并不等于实际上管控力的下降，"国家对基层社会的强渗透力"也许是社会管控的另一层面的加强。这是因为国家对社会控制理念的改变与追求模式的变更：从单纯追求"稳定"逐步迈向公民"权利"的维护。而近年来随着经济转型和社会转型，与之相匹配的利益协调机制也日益完善，柔性管控的优势与效力也日趋显现，中央与地方、政策与创新的积极互动，社会自主力量的主动参与都为社会管控与建设提供了良好的基础。

总体而言，社会管控并非完全由国家控制，社会与国家之间的关系强调社会的自主性，社会本身会不断地改变其存在与发展的策略。为国家服务并非其存在的唯一意义，因此，它既要满足在国家为其划规的界限内运作，又要在与国家或政府的良性互动中保持其自身带有的独特的问题解决能力或机制。在柔性管控的基调确定后，社会的自我完善、社会力量与社会责任的自我成长、公民的自主参与能力的提升，都会不断推进社会管控力的强化。因此，在社会管控不断加强的背景下，刑法立法应当协调好"社会管控力"与"法律管控力"之间的关系，做到每一项刑法立法都"符合宪法精神、反映人民意愿、得到人民拥护"。

二、立法背景下的价值取向

我国《立法法》中规定了四个立法原则，其中，科学立法原则是近年来诸多学者们讨论的热点话题。科学立法原则区别于其他几个立法原则，其更加注重手段层面的立法事实的收集与立法目的的达致，而非价值标准层面的合致。英美法系作为经验主义的代表，其强调的是不断试错中制度与法律的累进式进化，而我国的制定法的特征在于预先性的理性构建把控。科学立法原则便是理性构建的一个重要体现。从实践活动中可以得出科学基于效用的"合目的性"意涵，而通过考察自然科学和社会科学的学科特性可以归纳出科学基于事实的"合规律性"意涵。科学的"合目的性"意涵在立法上体现为立法方法的合目的性，"合规律性"意涵则最突出地体现为立法方法的阶段性。

（一）立法方法的合目的性

合目的性，即目的的达成效度，它注重的是达致目的的手段，解决的是"做什么合适"的问题，评价标准为"目的实现程度"。那么，立法方法的合目的性就是立法方法的目的的达成度，我们将视角集中于"作为立法的活动"未免会产生一定的偏差，原因在于立法方法的合目的性区别于立法的合目的性，虽然两者在一定程度上能以相同的标准评价，但立法方法相较于立法本身，是一个更为宏观、抽象的评价对象。从功能主义的角度来看，立法活动是实现一定社会目的的手段，立法方法则是实现一定社会目的手段的合集或方法论。目的之于方法而言不仅是导向性的，还是构成性的。这意味着合目的性不仅在方向上规范引导着立法方法，甚至还成了立法方法的内在组成部分。

而立法方法为何具备合目的性，除了前文所述之科学立法的理论要求外，实践层面的意涵也揭示了这一特性。区别于一般的实践活动，立法是国家对不同主体之间权利义务关系划定的过程，主体的不同、立法对象的不同，不同法律的立法目的也必然迥异，而在这过程中具体的立法目的必然受制于一定的规则。此规则包含两方面，一方面是政治价值的实现；另一方面则是规范性的实现。首先，政治价值于立法目的而言是限制，也是归宿。立法作为一项重要的国家权能，衍生于主权权力，服务于主权权力。无论国家的政治价值为何，这一政治价值都为具体立法方法提供了基本框架，因此，无论立法目的为何都无法脱离政治价值这一更高级别的目的范畴。在此意义上，立法方法的合目的性既是追求，也是注定。其次，规范性也是对立法目的的限制。规范性意味着立法的融贯性与明晰性，虽然融贯性和明晰性并非法律体系的必然要求，但稳定的政治统一体强调了法秩序的统一性，社会秩序的引导同样需要不相互矛盾的法律，因此，不仅政治价值限制着立法目的，既有法律体系也会限制立法目的。受到既有的限制成为了立法目的的一部分，这又通过立法行为转化为了立法方法的目的的组成部分，也即广义的立法目的包括了政治价值、规范性要求以及狭义的立法目的。

那么立法方法的合目的性如何实现？上文提到了广义的立法目的与狭义的立法目的，而在具体实现合目的性的过程中，狭义的立法目的与政治价值、规范要求共同构成立法实践目的的三个层面，具体而言，就是立法方法是否遵循"采取有效手段，在符合规范性要求的前提下，实现具体立法目的，并同时实现政治价值"。就如同法教义学不评价法律的好坏一般，这种意义上的合目的性不带有评价色彩，它不关心立法目的为何、不评价政治价值的好坏、不注重其他法律的善恶，仅仅以是否能够最大程度地实现目的为评价标准。也即目的的最大化实现无关乎目的如何产生，只注重预定目标的实现与否。

（二）立法方法的合规律性（阶段性）

合规律性建立在"事实性"的基础上，是对价值中立的事物与现象的认知经验的归纳与总结，实证社会科学理论中的一个基本理论就是社会事实是一种可观察、可归纳的经验事实，背后存在着稳定的支配规律。虽然人的特性注定了无法实现绝对的价值中立，但规律性的存在能够为主观决断提供中立客观的依据，使得我们的判断尽量脱离主观意志因素的影响，从而做出收益尽可能高的决策。立法方法的合规律性意味着立法方法符合"正确"这一事实性（非真理性）的评价标准。

立法方法的合规律性之核心在于阶段性，具体是指过往立法方法经验不能适用于现在。它反对的是立法过程中用过往经验、主观意志、个人臆断代替对法律调整事态具体情况的了解，主张立法过程中应对其具体调整对象进行严格的调查研究，透析作为立法展开背景之社会环境的运作规律，透析作为调整对象之社会关系本身的客观运作规律，为立法工作提供一个真实、明确、即时性的事实基础与立法方法。

第二节 我国刑法立法方法选择的因素考量

一、目的论指导下的成本效益考察

（一）立法成本效益不同视角分析

随着社会主义市场经济和现代科学技术的蓬勃发展，新兴事物逐渐占领社会生活各个角落。对于刑法学规制的角度而言，各种利用新兴科技手段实施犯罪的现象也层出不穷。在千姿百态的社会现象呼吁下，立法则显得势在必行。值得肯定的是，不管是刑法还是其他法律法规，在新中国成立以来我国在立法理论、立法技术、立法程序等方面均有很大的突破，这些进步是令人瞩目的。但是也应当正视，事事求立法的"泛立法主义倾向"也广泛存在。这不仅不利于树立法律的权威与尊严，对于法律的执行也将会大打折扣，势必影响立法目的的最终实现。因此，十分有必要对立法成本与立法效益进行科学研究与理性分析。

立法成本指的是在整个创制立法活动中所需的一切人力、物力、财力的总和以及立法在真正落实、实施过程中所需要的成本总和。有学者指出，立法成本主要包括四个部分，为立法体制成本、立法程序成本、立法监督成本和法律实施成本。此外，根据立法消费来源的不同，立法成本可分为直接成本和间接成本。根据不同的分类依据可以将立法成本分为不同的类型。

立法效益指的是立法总体收益扣除立法成本后对国民所做的贡献，具体而言可以分为经济效益、社会效益、政治效益等。如果用公式表示立法效益与立法收益、立法成本三者之间的关系的话，则为立法效益＝立法收益－立法成本。

1. 经济学分析

对立法成本效益进行经济学分析，就不可避免地要分析立法的边际成本和立法的机会成本。

立法的边际成本指的是投入在关键点上的法律可以通过最小社会投入获得的最大收益，它的经济学规律是边际成本递增，边际效用递减，在法律上则体现为法律数量越多和立法效益越小的反比例函数关系（见图 2-1、图 2-2）。根据这一规律，在社会出台的法律文件达到社会需求饱和度之前，边际成本最低，边际效用最高，但当新增加的法律达到社会需求饱和度之后，边际成本递增，边际效用递减。结合我国现实可知，立法越多，立法成本的消耗越多，产生的效果越差。这不仅加重国家和人民的负担，还败坏了法律的质量。因此，在立法的制定和实施过程中，立法者应当注重立法的边际成本分析，控制立法数量，追求立法质量，从而达到最大的立法效益。

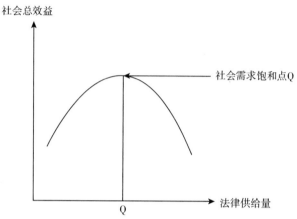

·Q点的左边，经济法律的供给量小于社会需求量，边际收益大于边际成本，继续增加法律供给有利于社会总效益的增加

·Q点的右边，经济法律的供给量大于社会需求量，边际收益小于边际成本，继续增加法律供给不利于社会总效益的增加

图 2-1 "社会总效益—供给量"曲线

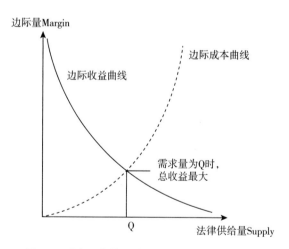

图 2-2 "边际收益和边际成本—供给量"曲线

立法的机会成本指的是立法者为了实现不同的法律目标从而制定出不同的法律，但是基于种种原因只能选择其中一个而不得不放弃其他法律的成本。立法的机会成本可以分为两种：第一，法律作为一种社会管理手段，并不必然是最佳之选，其他选择例如经济手段有时也可达到同等效果。此时如果立法者基于成本最小化与收益最大化的考虑，选择经

济手段解决而放弃用法律手段，基于此种考虑对社会产生的效用则为机会成本。第二，在不同立法方案中进行抉择，选择一种必然意味着其他方案的放弃，此时也为机会成本。所以，"在立法预测、立法计划中，应立什么法，先立什么法，要注意轻重缓急，统筹兼顾，合理安排立法次序，使其能在恰当时机予以颁布和生效才最有效"。

2. 社会学分析

立法成本从社会学上可以单列分为立法的社会成本，它是指整个社会为某项立法所支付的成本，它既包括产生该项立法所支付的经济成本，也包括其他法律市场消费者所支付的成本。外部性理论认为，立法制定者制定出来的法律对外部产生影响则为外部性的表现。基于立法目的必须通过外部性予以体现，所以，刑法立法必须具有外部性。如果一项法律的出台没有产生外部性，那么它的社会成本即为单纯的立法成本。立法的外部效应可以分为外部正效应和外部负效应。"外部正效应指一项立法导致产权明确、交易成本降低、市场效率得到保证、经济效益上升；或社会整体的公正、公平和正义的理念得到提升，秩序良好，安全感上升，社会得到明显的正效益。外部负效应指一项立法的权利界定不清，导致交易成本上升、市场和政府效率低下、经济效益下降；或由于立法决策、立法方略、立法技术等方面的失误所引起的社会支出增加，另外，由于错误的立法决策，使法律条文过疏，造成'有法难依'。或立法技术不当导致执法中自由裁量权的自由扩张，影响法律执行的社会效果。"我国刑法立法在制定和出台过程中，绝不能忽视社会成本的影响，应当选择外部正效应最高、最有效的立法方案。

（二）刑法立法目的考察

耶林指出："目的是全部法律的创造者。每条法律规则的产生都源于一种目的，即一种实际的动机。"可见，考察刑法立法目的对于刑法条文的产生以及刑法立法方法的重要性是不言而喻的。笔者认为，刑法立法目的与刑法目的实际上可作等同概念理解，二者仅仅是一个事物的不同表述而已。刑法立法目的侧重于外在的刑法立法整体本身，刑法目的强调的是实际的刑法条文本身。但是，应当指出，刑法的立法目的的实现依赖于刑法条文目的的实现，与其说刑法立法目的与刑法目的是两个概念，不如说刑法立法目的外化于刑法目的。

此外，提及刑法的立法目的，不可避免地与另外一个概念——刑法的任务进行比较。那么刑法的立法目的与刑法任务二者究竟为何？《刑法》在总则第1条便开宗明义地规定："为了惩罚犯罪，保护人民，根据宪法，结合我国同犯罪作斗争的具体经验及实际情况，制定本法。"由此可知，从法条字面意思表述来看，刑法的目的在于"惩罚犯罪、保护人民"。我国刑法总则第2条便是对刑法任务的规定："中华人民共和国刑法的任务，是用刑罚同一切犯罪行为作斗争，以保卫国家安全，保卫人民民主专政的政权和社会主义制度，保护国有财产和劳动群众集体所有的财产，保护公民私人所有的财产，保护公民的人身权利、民主权利和其他权利，维护社会秩序、经济秩序，保障社会主义建设事业的顺利进行。"在我国刑法理论界，刑法目的与刑法任务基本上被混为一谈。笔者认为，不可将刑法立法目的与刑法任务作等同理解。应当指出，刑法立法目的作为必须贯彻于刑法立法与司法过程始终的价值导向，具有整体性与全局性，是一切刑法条文的上位概念；而刑法的任务作为其下位概念，是在刑法立法目的的指引下作出的规定，其范围和目的受制于刑法立法目的的范围和目的。如果强行将刑法任务与刑法立法目的不加区别，不仅将撼动刑法立法目的在整个刑法立法体系中总揽全局的根基地位，也不利于刑法理论的开展。

对于刑法立法目的的精准定位，学界研究甚少。于改之教授认为，"原则上应将刑法的目的限于保护法益"。张明楷教授亦揭示"保护法益"为刑法目的，并指出"将刑法规范的有效性作为保护目的与任务"这种观点"实际上是权威刑法的残余"。肖中华教授从刑法条文出发，认为刑法的目的在于"惩罚犯罪，保护人民"，并指出惩罚犯罪之所以为刑法目的的应有之义，究其原因是由刑法的性质和机能决定；如果仅仅认为刑法目的限于"保护人民"，便难以体现国家运用刑罚权保护人民的特性；"惩罚犯罪"应当独立于"保护人民"存在，并且是优先存在，保护人民不过是惩罚犯罪附随的要求，惩罚犯罪是保护人民的逻辑前提。笔者认为，刑法立法目的应当受限于"保护法益"。一方面，应当明确的是，"惩罚犯罪"作为"保护人民"的手段，不可否认其独立地位的存在，但是，"保护法益"才是刑法立法的终极目的，二者系手段与目的的关系，"保护法益"也进一步阐释了"保护人民"的落脚所在。以穿透式的刑法目光分析，将刑法立法目的限于"保护法益"，有利于刑法立法与司法活动中严厉打击犯罪、最大限度地保障人权。另一方面，刑法是研究关于犯罪及犯罪后果的科学，其性质决定了刑法必须也只能通过惩罚犯罪才能达到其最终目的。若强制将"惩罚犯罪"与"保护法益"相提并论，仅仅具有理论意义，而不具有实践意义，故没有必要将"惩罚犯罪"另行提出为刑法的立法目的。

（三）公众参与的限度探究

1. 公众诉求过度影响刑法立法的审视

随着社会公众权利意识的觉醒，社会本位和个人本位、权力和权利一直在进行广范围、深层次的博弈。刑事立法政策本质上作为一种公共政策，是由国家决策并由国家机构来具体执行的。政策科学是关于民主主义的一门学科，必须注重人文关怀，强调以人为本的特质。一方面，刑法作为维护公民诉求的最后一道保障，理应成为公众合法诉求的宣言书，这不仅是民主社会的必然体现，也是现代法治的应有之义；另一方面，时代的发展、科技的进步，促使一些科技公司也纷纷创新大众交流、搜索媒介，例如，众所周知的新浪微博、百度搜索、微信公众号等，极大拓宽了社会大众对于信息获取的渠道。公众对于热点刑事案件在道德和法律上展开轰轰烈烈的讨论，前所未有的大众参与、民主立法正在我国法制化进程中涂上浓墨重彩的一笔。越来越充分的民众诉求表达，在相当程度上对刑法立法的进步起到了积极作用，促进了我国刑法立法的民主化，广泛集中民智作为刑法立法民主化、科学化的重要前提，也使得刑法立法成为真正体现人民的意志、切实保障人民权利的良法，也有利于社会主义和谐社会的构建。

但不可忽视的是，民众对于法律案件的解读也极易形成舆论的导向，一定程度上也影响我国刑法立法对于诸如此类问题的重新审视。以《刑法修正案（九）》的出台为例，社会公众认为《刑法》对于虐童案的法律规制不足促使《刑法修正案（九）》增加虐待被监护、看护人罪；对于严惩醉酒驾驶的呼吁直接使得醉驾入刑。又如，2020 年网络讨论沸沸扬扬的鲍某某涉嫌性侵未成年少女案，在废除了嫖宿幼女罪的今天，犯罪嫌疑人对于不满14 周岁的幼女进行强制性交行为显然属于强奸罪法定加重情节规制范围，不可否认这是立法的进步，但利用优势地位性侵已满 14 周岁未满 18 周岁的少女又作何处置呢？再如，此前热议的大连 13 岁男孩恶性杀人案，引发了社会公众对于刑事责任年龄的质疑。很大一部分公众认为我国《刑法》第 17 条"已满十四周岁不满十六周岁的人，犯故意杀人、故意伤害致人重伤或者死亡、强奸、抢劫、贩卖毒品、放火、爆炸、投毒罪的，应当负刑事责任"对于刑事责任年龄的规定过高，在物质条件得到极大进步的今天，应该降低刑事责任年龄，严惩这八类恶性犯罪者。公众的呼声或许因为不够专业而略显单薄，但刑法立法绝不会忽视"草根声音"。《刑法修正案（十一）》即对上述问题进行了修改。

2. 正确辨识"民意"内涵本质

民意，指的是人民群众共同的意愿，是公众诉求的集中反映。学者指出："民意是社会上多数成员对与其相关公共事物或现象所持有的大体相近的意见、情感和行为倾向的总和。"另有学者基于"'民'包含个人（社会个体）、公民（社会群体）和人民（政治群体）三层含义"；"'意'指行为主体的主观意思表示，其通常以意见的形式被法治建设主体接收"，进一步将民意分为三种维度，分别为"个人的意见、公民的意见、人民的意见"，并指出在当前法治与民意融合的背景下，"民意"显然应该指的是"人民的意见"。笔者同意这种观点。《庄子·说剑》曾提及"中和民意以安四乡"这一思想，唐太宗也曾提出"君舟民水"和"水能载舟，亦能覆舟"的民本思想。正所谓"得道者多助，失道者寡助"，这些都充分体现了不论是在哪个历史时期，民意在统治者的执政领域都发挥着不可替代的作用。但是，"民意在任何时代都是存在的，只有进入民主社会里，民意才能进入决策者的视线，否则只能停留在理论学者呼唤的文字中"。在当今中国，广泛听取人民群众的呼声、在制定各项法律法规以及政策的过程中充分吸纳民意，这不仅是党和政府为人民服务宗旨的要求，也是坚持群众路线的旨意所在。譬如，政府信息公开制度、政府线上交流平台的应用充分保障了公民知情权、监督权、表达权，促进了政府广泛听取民意。

应当认清，民意的概念在实际生活中操作是十分模糊的，立法者必须正确辨识民意的内涵本质，就要正确把握民意的各种特征。第一，社会公众来自社会各阶层，不分性别年龄职业，皆有提出意见的权利。这就决定了民意具有主体的广泛性。第二，由于民意容易受到外界因素的影响，缺乏事实的了解和专业知识，分辨信息真伪能力弱，民众的判断极易随着接收的信息而改变，所以，民意具有易变性。第三，因民意不代表每一单个个体的意识和判断，而是某一群体的目标，所以，民意具有伪代表性。第四，民众情绪易被激发和煽动，常以道德上的是非善恶衡量事件，容易以情动人而非以理服人，所以民意具有群体的非理性。第五，民意具有复杂性，这是由社会大众主体的复杂性和中国复杂的国情决定的。此外，伪民意不是民意。讨论民意与伪民意，一个重要的区分点就在于人民群众作出意思表示是否自由。再者，很多时候，舆论披着民意的外衣，但舆论却不等同于民意。舆论代表社会群众的朴素愿望，但囿于引发机制和传导机制的目的价值，舆论导向时常会失之偏颇。

3. 刑法立法目的与民意取向衡平协调

随着民主社会的深入发展，社会公众积极参与到刑法立法的制定过程中，逐渐掌握越来越多的话语权，立法机关在制定刑法过程中也愈发吸纳民众意见，民意与法治的融合已经成为 21 世纪中国社会治理现代化的一大亮点。

刑罚的严厉性和不可逆性决定了刑法立法的专业性，刑法立法必须由经过多年法律思维熏陶和法律系统培训的专业人士通过严格的法定程序进行。即便合理的民意取向，也应当在法律调整的范围内进行合法规制。要想制定出一部较为完美的刑法，就必须在刑法立法目的和民意取向二者之间进行平衡协调。

刑法立法目的与民意取向的衡平协调，需要从法律技术方面创新手段。第一，建立健全立法志愿者制度。在法律方案的前期商讨、听证，后期的制定、出台全过程中设立志愿者点，呼吁公众广泛参与，这不仅有利于促进立法民主化，也便于立法机关及时反馈民意。第二，限制公众参与立法。"当立法者的认知框架无法有效应对现代法律规制活动的知识挑战时，其不完备的信息能力将导致基于媒体话语的压力型立法。这类立法展现出有悖于理性立法的内在机理的决策特点，引发一系列既不公平、也无效率的利益再分配效应。"正如前述，在公众自身的局限性和法律的严谨性要求下，必须限制公众参与立法，保障立法的科学化。第三，发展新时代网络媒介特色，建立健全网络立法与民意交流平台，通过法律监管引导民意合法化。第四，制定民意反馈细则，通过条款项的方式将民意反馈予以法律化、程序化，"把群众分散的、局部的利益诉求，通过组织化的渠道整合起来，形成组织化的统一要求和意志，变无序为有序，变非理性为理性"，此举利于将行之有效的民意反馈融入刑法立法中。

二、刑法原则严守下的摩擦

（一）罪刑法定

1. 明确性原则与用语模糊性的冲突

我国立法机关认为，实行罪刑法定原则要做到以下五点：第一，法不溯及既往；第二，不得类推；第三，对各种犯罪及其处罚必须明确、具体；第四，防止法官滥用自由裁量权；第五，司法解释不能超越法律。由此可见，自我国刑法明确罪刑法定主义原则之始，明确性就一直是罪刑法定原则的应有之义。何为明确性原则？对此，学界学者提出了诸多概念解释。我国著名刑法学家马克昌教授认为："明确性原则要求立法者必须具体地且明确地规定刑罚法规，以便预先告知人们成为可罚对象的行为，使国民能够预测自己的行动，并限制法官适用刑法的恣意性。否则，如果规定的刑罚法规含混不明，就不能达到上述目的，违反罪刑法定主义的宗旨的，从而是无效的。所以明确性原则，又称'含糊无效原则'。"陈兴良教授认为："明确性原则表达的是这样的要求，即规定犯罪的立法条文必须明确清晰，不允许模棱两可或意义含糊，以使国民能够确切地理解其中的内容，并对犯罪行为与犯罪行为的范围有所认知，确保刑法没有明确规定的行为不会成为刑罚惩罚的对象。"于志刚教授认为："所谓明确性，是指刑法条文必须清楚、明确，使人能够确切了解什么行为构成犯罪，以及犯罪承担的具体法律后果，以确保自己的行为不被法律追诉。"不难看出，学界学者对于明确性原则的概念解释大致分为两类，一类学者主要是从明确性原则的形式意义加以定义；另一类主要是从明确性原则的实质意义即目的来定义。笔者认为，明确性原则的实质定义凸显其设置目的及价值，更能彰显"明确性"的必要性。

明确性原则的自身意义和设定价值或许可从以上学者对其概念解释一窥究竟。首先，明确性原则符合文明法治社会的本质要求。因封建制国家存在诸多模糊性立法条文，而用语的模糊性又似乎与封建专制法律画等号；与此相反，法律条文的明确性则被视为现代文明法治国家的重要标志之一。这深刻说明了相比较严酷性，刑法条文的不明确性对犯罪人和被告人更是致命一击。明确性的刑法条文使得社会大众具有期待可能性，通过明确规定的法律后果，从而指引社会公民作出理性、适法的行为。这不仅仅是建设法治国家的需要，也是保障人权的必然选择。其次，明确性原则也是刑法谦抑性的底线要求。刑法必须做到预防与惩罚并举，而作为保护社会民生的最后一道防线，刑法的谦抑性显得尤为重要，明确性的刑法规范使得法官行使自由裁量权具有一定的边界。所以，刑法谦抑性必然要求刑法法规的用语明确、清晰。最后，明确性的法律条文也有利于保障刑法法律法规稳定实施。博登海默曾指出："明确性是法律稳定性之母。"这充分说明了明确性对于保持法律稳定性的重大意义。保持法律的权威性很重要的一点在于驳斥朝令夕改，构建具有稳定性的法律条文是法律权威性的必由之路，所以，明确性原则也是保持刑法权威性的应有体现。正因上述理由，积极并刻意追求刑法条文的明确性，引起了学界积极的正向讨论，也是近现代刑法理论界永恒的话题。

但是，必须指明的是，明确性并不是一个绝对意义上的概念，或者说绝对的明确性是不存在的。"绝对明确是一种无法实现的立法梦想，对罪刑法定的明确性原则不能作绝对的理解，只要立法者尽最大努力实现了最大可能的明确即可。"应当认为，模糊性立法条文不仅在我国现行刑法中占有很重要的比例，即便将来也无法被取代。有学者认为，刑法规范之模糊性存在的合理依据主要包括：第一，法律规范的模糊性是由法律概念本身的不明确性所决定的；第二，模糊性是立法者基于"明确性"追求之困难及其副产品之巨大而作出的次优选择；第三，模糊性是立法者基于刑事政策的考虑而有意作出的积极选择；第四，立法政策上或技术上的失误亦是造成刑法规范模糊性的重要原因。笔者认为，不仅如此，语言的先天局限性也是明确性原则和用语模糊性冲突的重要原因。

对于明确性原则和用语模糊性二者之间的关系，学界并没有形成统一的意见。有学者认为："明确性与模糊性是刑法规范的两个基本属性，二者相辅相成，缺一不可；明确性是相对的，模糊性是绝对的，各有其独立的存在必然性、必要性与生存空间。在刑事立法中，既要以刑法规范的明确性为目标，又要注意充分利用和发挥刑法规范模糊性的积极功能，二者的协调与平衡是刑事立法的理想目标。任何一端的偏废都将导致立法效益的降低及法律功能的萎缩。这就要求我们在立法实践中必须努力谋求明确性与模糊性这两个彼此矛盾的力量之间的和谐与平衡。"陈兴良教授反对此观点，他认为"从科学或哲学上说，明确性与模糊性本身的界限是难以划分的，因为明确性的另一半是模糊性。但在法律上，明确性与模糊性还是可以界分的，即使是相对明确，也还属于明确性的范畴。如果以明确性与模糊性的对立统一与互相转化之类庸俗的辩证法作为阐述明确性原则的依据，那必然陷于虚幻，失之荒谬……在科学上模糊论也许是能够成立并且具有适用范围与功用的。但不能将模糊论照搬到刑法学中来"。笔者认为，明确性和模糊性并不能从质上给予一个绝对的界限区分，二者的不同仅仅在量上得以显现。很难一刀切地谈及刑法哪一个条文有规定的明确，哪一个条文是使用模糊性用语加以规范的。明确性和模糊性也并非"你死我活"的关系，如果说罪刑法定主义的明确性原则设定是为了最大限度地保障犯罪嫌疑人和被告人的合法权益，是保障人权的需要；那么，模糊性的刑法用语则是扩大刑事法网体系、最大力度打击犯罪、维护社会秩序的综合选择。

其实，模糊性立法大量存在于我国刑法中（诸如，情节犯、数额犯的规定）。那么，如何在刑法中做到明确性与模糊性有效融合呢？或者说，如何在刑法中平衡二者之间的定位呢？有学者从正面提出了"刑法规范明确性与模糊性之整合机制"，主张二者的关键区别使用点在于犯罪行为的常见多发性、社会危害性以及适用明确性的难易程度。陈兴良教授则具体地从空白罪状、罪量因素以及兜底条款是否违反刑法规范明确性原则进行了论证，并进一步指出，空白罪状和罪量因素并不违反明确性原则的要求，其理由是"空白罪状因为存在参照法规，只要参照法规是明确的，则应当认为并不违反明确性的要求。罪量要素虽然是概括性的规定，但它是把本来应当由司法机关行使的裁量权由立法机关作出框架性的规定。因此，罪量因素也不违反明确性的要求"。但对于兜底条款，陈兴良教授认为要视行为方法、行为方式和相对兜底罪名这三种类型进行具体分析，"如果仅是对行为方法的兜底规定并不违反明确性要求，但相对的兜底罪名以及行为方式的兜底性规定则确实存在违反明确性之虞"。以劳东燕教授为代表的一些学者认为，最有效的办法无疑是效仿英美法系国家，引入判例制度以解决明确性原则与用语模糊性的冲突。反对此观点的学者指出，"期望通过判例制度来弥补刑法在明确性程度方面的缺失可能是不切实际的"，并主张"从立法理念和立法模式的高度来看，控制刑法对经济、社会生活的干预范围以及完善附属刑法可能是更佳的选择"。

2. 禁止类推原则与允许推定的矛盾

类推，是指比照某一事物的道理推出跟它同类的其他事物的道理。我国刑法理论界一般认为，罪刑法定原则的派生内容可以归纳为四个子原则：法律主义、禁止溯及既往、禁止不定期刑与绝对不定期刑、禁止类推解释。但在我国刑法发展的历史中，并非无推崇类推的足迹。《1979 年刑法》制定之前，我国刑法立法与司法实践并没有禁止类推。直至罪刑法定原则的设定，类推制度因其与罪刑法定原则保障人权的基本要求相逆才得以废除。可以说，在罪刑法定原则设置之后的很长一段时间，学界对于类推适用与否这一问题几乎毫无异议地持否定意见。但近年来随着刑法研究的不断深入，对于禁止类推原则的质疑逐渐形成了禁止类推与允许推定这两种观点的较量。

需要指出的是，禁止类推原则中的类推到底指的是什么。存在三种解释：类推适用、类推解释、类推思维。首先，一般认为，我国《1997 年刑法》废除的类推制度即类推适用；其次，法律中的类推思维作为一种形而上的法律思维广泛存在于现实生活中，无废除的必要也无废除的可能性。由此，关于类推禁止的讨论主要是围绕类推解释存在的合理性。

对类推解释持否定态度的学者大多从罪刑法定原则设定的初衷即保障人权的角度出发抨击类推制度的弊端。如，张明楷教授指出，"如果在具有成文法的前提下实行类推解释，国民也不能预测自己的行为是否会被类推解释为犯罪，因而侵犯了国民的自由，故必须禁止类推解释"，"禁止类推解释，被公认为罪刑法定原则的一个内容……如果可以类推解释，则意味着立法者通过文字表述其立法意图成为泡影……类推解释的结论，必然导致国民不能预测自己的行为性质与后果，要么造成行为的萎缩，要么造成国民在不能预见的情况下遭受刑罚处罚"。

支持允许推定的学者认为："在罪刑法定原则之下，刑事裁判中的类推思维应当受制于刑法规范目的和可能文义范围，确保类推结论没有超越刑法规定而违背罪刑法定。"

甚至有学者认为类推解释与扩张解释无异，完全可以将类推解释囊括到扩张解释之中，并认为"现代社会禁止类推的提法仅仅具有符号意义，充其量不过是一句口号，所表达的深层意蕴无非是对侵犯公民权利和自由的一种忧惧"。

笔者认为此举并不可取，将类推解释等同于扩张解释或者是将类推解释囊括到扩张解释中，即否定类推解释的独立地位，强行扩大扩张解释的内涵和外延，不如承认类推解释的地位，分析类推解释得出的结论的合理性以及基于类推解释得出结论未违反罪刑法定原则的原因。

实际上，通过分析可知，不论是持禁止类推还是允许推定观点的学者，基本上都是遵循罪刑法定原则的指引，支持允许推定的观点也是从罪刑法定原则的范围内对类推解释进行分析。笔者认为，学界关于禁止类推与允许推定的讨论实际上不是一个层面的问题。"类推禁止的问题是一个内在于类推的问题"，与其说刑法禁止的是类推，不如说刑法禁止不利于被告人的类推而允许有利于被告人的类推。禁止类推原则的设置是为了更好规制刑罚权的扩张以及人权的保障，允许推定的着眼点是类推解释作为一种法律解释方法并不存在好坏之分。

3. 具体性原则与兜底性条款的对立

具体性原则一般等同于明确性原则，前文对于明确性原则已有具体阐述，此处不再赘述。至于兜底性条款，陈兴良教授认为："兜底条款是指刑法对犯罪的构成要件在列举规定以外，采用'其他……'这样一种概然性方式所作的规定，以避免列举不全，因此兜底条款在本质上属于概然性规定，已亦被我国学者称为堵漏条款。"并在此基础上，他将我国刑法中的兜底条款概括分为三类：相对的兜底罪名，例如，以危险方法危害公共安全罪；兜底的行为方式，例如，背信损害上市公司利益罪；兜底的行为方法，例如，强奸罪中的"以暴力胁迫或者其他手段强奸妇女"。何荣功教授认为，兜底条款是指刑法条款规定兜底犯的情形。不难发现，学者对于兜底性条款的概念只是表述略有不同而已，实质并无多大分歧。

关于明确性原则与兜底性条款的关系，学界并未形成统一观点，主要有以下几种学说：包容说、排斥说和折中说。持包容说的学者认为："兜底条款的设置不仅是不可或缺，难以避免的，而且，兜底条款在增强刑法的适应性、稳定性、公正性以及文本的简洁性等方面有其独具的功能价值和优越性。"持排斥说观点的学者认为："兜底条款对于其所欲涵摄之行为类型，即流于个人主观评价认定，不易有客观之共识，致受规范之一般人民无法清楚认识该款规定适用之界限何在，而难预见其行为是否受该等规定所规范。""兜底条款在形式表述上具有高度的抽象性与概括性，其在实质内容上具有模糊性与非预见性。这些不仅与罪刑法定原则的价值选择背道而驰，也可能导致刑罚权的滥用，因而要消除兜底条款的消极影响，就必须废除兜底条款。"持折中观点的学者认为："如果仅是对行为方法的兜底规定并不违反明确性要求，但相对的兜底罪名以及行为方式的兜底性规定则确实存在违反明确性之虞。"笔者认为，明确性原则与兜底性条款的规定并不存在实质对立一说。首先，兜底性条款的规定或许并不是一种无奈的抉择，而是立法技术的体现，这有利于法官在具体个案中行使自由裁量权保障个案正义，也维护了刑法条文结构的内在的统一性和完整性。其次，囿于法律自身的局限性，刑法条文不可能穷尽全部可能之情况，兜底条款的设定有利于法官在司法实践中将新型犯罪纳入规制范围，从而达到有利于惩罚犯罪、维护法益的刑法目的。

（二）罪刑均衡

1. 法的安定性与量刑标准的协调

考夫曼认为，法的安定性包括透过法律达成的安定性和法律本身的安定性。前者例如借此达到防止抢夺、谋杀、窃盗、违约的安定性。法律本身的安定性，也即其认知可能性、操作可能性与实践可能性的安定性。只有当法律本身是安定的，才能透过法律达成安定性，这第二种形式的法律安定性亦即真正的或狭义的法律安定性。我国学者周永坤则认为，法的安定性是指法的安全与稳定，即法律内容和法律秩序的稳定以及行为与法律后果结合的确定性。他认为法的安定的含义主要包括了三个方面：第一，健康的法律。这要求法律的适度稳定性、发展的连续性和法律内部秩序的维系。第二，法的适用的合法性、确定性。法律不仅以规范形式存在，同时还表现为一种社会现实。这就使法的安定性要求法适用过程中高度的合法性与确定性，要求法官和行政官员严格依法办事。第三，民众的广泛认同与强大的调控能力。民众的广泛认同是法律安定的社会基础，法律的强大调控能力是法律生命力的体现。法律强大的调控力要求社会上没有超越法律的特殊主体，公权力处于法律之下。

刑法作为法的子项目，必须保持安定性也是其应有之义。但学界对此研究甚少。笔者认为"刑法安定性"与量刑标准应保持协调。

2. 罪刑均衡与刑罚个别化的辩证

罪刑均衡原则为刑事古典学派所提倡，起源于封建社会时代罪刑擅断的法治背景，在 17—18 世纪资产阶级启蒙运动中例如边沁等启蒙思想家均对其有所述及。罪刑均衡具体指的是定罪要与量刑相均衡，做到轻罪轻判，重罪重判，罪刑相当，罚当其罪。罪刑均衡原则对于刑罚的适用具有重要意义，正如刘守芬教授所言："一旦刑罚、刑罚权作为定罪的前提，罪刑均衡的重要地位也就展露无遗，它最强烈、最充分地说明和保证了刑罚的正当性、合理性，失去了罪刑均衡原则，刑罚的存在的合理性、正当性也就失去基础。"

刑罚个别化来源于刑事实证学派，具体指的是司法实践中法官在具体量刑过程中，综合考虑犯罪人的犯罪情节、社会危害性、人身危险性等，充分发挥其自由裁量权作出不同的量刑意见。

对于《刑法》第 5 条规定的"刑罚的轻重，应当与犯罪分子所犯罪行和承担的刑事责任相适应"，学界一般将本条规定定义为罪刑相适应原则或者罪责刑相适应原则。依据此规定，一般认为我国刑法明文规定罪刑相适应原则或者说是罪责刑相适应原则。但有一些学者反对此观点。房绪兴认为我国《刑法》第5条的规定并非单纯的罪刑相适应原则，并接着依据此规定指出我国刑法基本原则乃是罪刑均衡原则与刑罚个别化相结合。陈小杰认为我国《刑法》第5条不仅包含罪刑相适应原则还包含刑罚个别化。前半句是罪刑相适应，后半句是责刑相适应，责刑相适应要求以罪刑相适应为基础，刑罚个别化为补充。

关于罪刑均衡原则与刑罚个别化原则的关系，学界并没有形成统一的观点，争议颇大。王刚认为，罪刑均衡是贯穿整个刑法立法和刑事司法的指导思想，它具有全局性、整体性，是刑法的基本原则；而刑法个别化只能适用于个案，是刑事司法的基本原则。因此，罪刑均衡是刑罚个别化的上位原则，刑罚个别化是罪刑均衡在刑事司法中的体现。房绪兴认为，罪刑均衡原则乃是基础性原则，刑罚个别化原则应当作为校正性原则。陈小杰指出，罪刑相适应原则是基本原则，贯穿始终，以罪刑相适应原则为基础，刑罚个别化是其在刑罚阶段的具体体现。在犯罪论中，主要强调罪刑相适应原则；在刑罚论中，主要强调刑罚个别化。此外，他反对"主要原则与次要原则说"，支持"并行论"，但认为并非不分主次，而是在公平正义价值基础上实现效益价值。

笔者支持最后一种观点。刑罚个别化看似与罪刑均衡原则相悖，仔细研究实际上二者并行不悖。罪刑均衡原则的确立有利于惩治犯罪、实现社会整体公平正义；刑罚个别化的意义则在于预防犯罪、实现个体的公平正义。正是因为罪刑均衡和刑罚个别化均有其存在的独立价值，所以，二者并不能互相替换。也正是因为二者独立价值的落脚点不同，所以不存在舍弃一个选择另外一个的问题。另外，"主要原则与次要原则说"强行将二者划为主次关系，不利于司法实践中二者并行、同等重要的量刑抉择。

3. 不同罪质之间的罪刑均衡探究

所谓罪质，就是指犯罪的本质，体现为行为的社会危害性和行为人的人身危险性的统一。罪质是犯罪构成主客观要件统一表现的犯罪性质。它是犯罪的质的规定。不同的罪质，标志着各罪行为侵害、威胁的法益的锋芒所向不同。这种不同，正是表明各种犯罪具有不同的危害程度，从而决定刑事责任大小的根本所在。我国《刑法》根据犯罪的性质将犯罪一共分为十章加以编撰，其中每一个章节的大标题均为该章的类罪。本书将按照刑法的体系对不同章节罪质之间的罪刑均衡进行探究。可以说，刑法的十章类罪是立法者在当今立法技术下对社会千奇百怪的各种犯罪依据其特有性质进行囊括并分章述之的第一次分类。

此处以《刑法》分则第四章侵犯公民人身权利、民主权利罪和第五章侵犯财产罪中部分法条的规定为例进行不同罪质之间的罪刑均衡探究。在《刑法》分则第四章侵犯公民人身权利、民主权利罪中，多以"情节严重的""情节特别恶劣""情节恶劣""有其他恶劣情节的"诸如此类的情节犯、"致人重伤或死亡"规定的结果犯以及"暴力、胁迫或其他手段"表现的行为犯，此类表述或是入罪规定或是加重犯规定。在死刑的配置上，仅故意杀人罪的基本法定刑作出了规定，其他罪名或是加重法定刑包含死刑或是最高刑无死刑的规定。从犯罪侵害的法益角度来说，毫无疑问故意杀人罪对生命权侵害程度最甚，此种规定也蕴含了罪刑均衡原则在死刑适用上的体现。但有学者以故意伤害罪侵害的健康轻于生命权的价值为例，阐述了《刑法》对于死刑的配置不利于区分罪质轻重不同的个罪的处罚。在《刑法》分则第五章侵犯财产罪中，对于盗窃罪已取消死刑的规定，由于盗窃罪主要以"平和"手段使得他人所有变为自己所有，不可否认侵犯了他人的财产权，但其"平和"手段一般不可能侵犯他人生命健康权，若配置死刑，则显得罪刑难以均衡，死刑的取消则有利于罪刑均衡原则的贯彻落实。有学者认为该章中抢劫罪致人重伤、死亡对于死刑的设置不合理，应以故意杀人罪和故意伤害罪论处，笔者不同意这种观点。对于抢劫罪处罚最高设置死刑，可以理解为法条竞合的情形，应当适用特殊法条优先的规定。

三、刑事政策刑法化

首先提出"刑事政策"一词的是 19 世纪德国著名刑法学家费尔巴哈。他指出，"国家据以与犯罪作斗争的惩罚措施的总和"，是"立法国家的智慧"，在此之后相当长的时期内，刑事政策一词被视为刑法理论与实践的同义词。我国著名刑法学家马克昌教授认为，"我国的刑事政策是指中国共产党和人民民主政权，为了预防犯罪，减少犯罪，以至消灭犯罪，以马列主义、毛泽东思想为指导，根据我国的国情和一定时期的形势而制定的与犯罪进行有效斗争的指导方针和对策"。曲新久教授认为："刑事政策是指国家基于预防犯罪，控制犯罪，以保障自由、维护秩序、实现正义的目的而制定、实施的准则、策略、方针、计划以及具体措施的总和。"总结来说，刑事政策属于上层建筑的范畴，指的是执政党基于一定的社会目的制定出来的与犯罪及其后果相关的策略。学界对于何为刑事政策基本已有定论，在这点上并无分歧。

刑事政策的刑法化，指的是在刑事司法活动中得到贯彻落实的刑事政策经过严格的立法程序上升到刑法条文，也可以称之为"刑法的刑事政策化"。陈兴良教授认为二者其实就是一个问题，只不过"刑事政策的刑法化描述的是动态的立法过程，而刑法的刑事政策化则是前者的结果"。

（一）刑事政策对刑法立法的动态影响

1. 刑事政策对刑法立法方向的指引

刑事政策作为一种公共政策，属于政治的范畴。"刑事政策催生刑事立法的问世，刑事政策是刑事立法的先导"，"纵观我国所有刑法修正案的出台背景，毫无例外都是跟随刑事政策的相应调整而进行的"。毫无疑问，在社会主义中国，有什么样的刑事政策，就有什么样的刑法立法。刑事政策具有灵活性和前瞻性，而刑法立法作为具体化的法律条文，稳定性是其基本属性，滞后性也是不可避免的。在这个程度上来说，刑事政策对于刑法立法具有天然的指引性。

储槐植教授认为，刑事政策对刑事立法方向的指引主要体现在以下几个方面："（1）划定打击范围；（2）确定打击重点；（3）设定打击程度；（4）选定打击方式。"马克昌教授认为，刑事政策对刑法立法的指引有两种表现："其一是刑事立法直接将行之有效的刑事政策规定为法律条文，使刑事政策由指导性的政策直接转化为具体化和定型化的法律规定；其二是立法时以刑事政策思想为指导，使刑事政策的精神贯穿和体现在法律条文的规定中。"总结来说，不管是"先天"还是"后天"的条文化，都体现了刑事政策对刑法立法的指引。"只有存在刑事政策的指导，刑法的制定和修改的必要性、目的性与合理性问题才能得以解决；只有通过刑事政策的指导，相对稳定的刑法规范同不断发展变化的社会条件之间的关系，才能得到及时地调整。"

新中国成立以来，我国刑事政策大体经过了三个阶段："惩办与宽大相结合""严打"以及"宽严相济"。这些刑事政策指引了我国的刑法立法，对刑法立法具有重要的导向作用。

《1979年刑法》在第1条便开宗明义地规定了"惩办与宽大相结合"的刑事政策作为刑法的制定依据，但在《1979年刑法》中删除了这一规定。究其起源，可追溯到革命战争时期以及抗日战争时期毛泽东主席提出来的"镇压与宽大相结合思想"，具有典型的政治斗争策略特点。1956年时任公安部部长的罗瑞卿同志在党的八大会议上精确概括了"惩办与宽大相结合"刑事政策的内涵："首恶必办，胁从不问，坦白从宽，抗拒从严，立功折罪，立大功受奖。"受"惩办与宽大相结合"刑事政策的影响，我国当时的刑法立法呈现出依据不同情况区别对待犯罪人的态势，但是，在国家整体利益至上的社会背景下，《1979年刑法》对犯罪人权利保障程度不高，例如法条中类推制度的设立。

党的十一届三中全会实施改革开放后的很长一段时期，由于人民法律意识淡薄，社会经济的发展不平衡不充分，犯罪率高发，出现一大批恶性事件。在这种社会大背景下，我国的刑事政策慢慢由新中国成立初期的"惩办与宽大相结合"转为"严打"。"严打"指的是"依法从重从快严厉打击严重刑事犯罪活动"的简称。中央提出"要实行从重从快严厉打击严重刑事犯罪活动的方针，坚决把社会治安整顿好，力争取得明显成效"。可以认为，这是在特定历史背景之下一种无奈的抉择。在"严打"刑事政策的号召下，我国当时基本的刑法立法方向是大幅度将轻罪改为重罪，对犯罪行为的打击达到新中国成立以来前所未有的严厉程度。

"严打"打击了一系列严重犯罪，维护了当时社会的基本秩序。这体现在进入21世纪以后，我国社会治安得到有效管理。与此同时，社会主义市场经济也发展到了一个较为稳定的局势。在这种社会大背景下，"宽严相济"的刑事政策应运而生。"宽严相济"刑事政策促使我国刑法通过了一系列修正案，如《刑法修正案（八）》和《刑法修正案（九）》。在此刑事政策的指引下，我国刑法立法的方向不再是改轻为重，而是具体问题具体分析，该重则重，该轻则轻，宽严相结合；与此同时，犯罪人的人权问题也得到重视，这具体体现在罪刑法定原则的设立和类推制度的废除。

2. 刑事政策对刑法立法内容的修正

正如前述，《1979年刑法》将"惩办与宽大相结合"刑事政策予以法律化。"对主犯从重处罚，对从犯比照主犯从轻、减轻处罚，对胁从犯比照从犯减轻处罚或者免除处罚；累犯和惯犯从严，偶犯从宽；抗拒从严，自首的、立功的从宽；历史从严，现行从宽；未成年人犯罪从宽，教授未成年人犯罪从严等。这些规定，使惩办与宽大相结合的政策具体化、条文化，有利于继续发挥这项政策的巨大威力。""惩办与宽大相结合"刑事政策不仅体现在刑法中，还在全国人大常委会和中央作出的《决定》中有所体现。例如，1982年通过的《关于严惩严重破坏经济的罪犯的决定》规定："凡在本决定施行之日以前犯罪，而在一九八二年五月一日以前投案自首，或者已被逮捕而如实地坦白承认全部罪行，并如实地检举其他犯罪人员的犯罪事实的，一律按本决定施行以前的有关法律规定处理。凡在一九八二年五月一日以前对所犯的罪行继续隐瞒拒不投案自首，或者拒不坦白承认本人的全部罪行，亦不检举其他犯罪人员的犯罪事实的，作为继续犯罪，一律按本决定处理。"再如，《关于贪污、受贿、投机倒把等犯罪分子必须在限期内自首坦白的通告》规定："坚决贯彻惩办与宽大相结合，坦白从宽，抗拒从严的政策。凡触犯刑律，构成犯罪的，应予以追究；凡在限期内投案自首、坦白、立功的，均应予以从宽处理。""凡在规定期限内，拒不投案自首，坦白交代问题的；销毁证据，转移赃款赃物的；互相串通，订立攻守同盟的；或者畏罪潜逃，拒不归案的，坚决依法从严惩处。"

正如前述，在"严打"刑事政策的指导下，我国刑法立法的基本方向是改轻为重，严厉打击各类犯罪。如，"严打"期间我国全国人大常委会通过的《关于严惩严重危害社会治安的犯罪分子的决定》，最能体现此刑事政策对于立法内容的影响。该决定规定，对下列严重危害社会治安的犯罪分子，可以在刑法规定的最高刑以上处刑，直至判处死刑；流氓犯罪集团的首要分子或者携带凶器进行流氓犯罪活动，情节严重的，或者进行流氓犯罪活动危害特别严重的；故意伤害他人身体，致人重伤或者死亡，情节恶劣的，或者对检举、揭发、拘捕犯罪分子和制止犯罪行为的国家工作人员和公民行凶伤害的；拐卖人口集团的首要分子，或者拐卖人口情节特别严重的；非法制造、买卖、运输或者盗窃、抢夺枪支、弹药、爆炸物，情节特别严重的，或者造成严重后果的；组织反动会道门，利用封建迷信，进行反革命活动，严重危害社会治安的；引诱、容留、强迫妇女卖淫，情节特别严重的。该决定还增设传授犯罪方法罪——传授犯罪方法，情节较轻的，处五年以下有期徒刑；情节严重的，处五年以上有期徒刑；情节特别严重的，处无期徒刑或者死刑。陈兴良教授就曾概括："在1983年'严打'以后，一直到1997年《刑法》修订之时，全国人大常委会通过了24个《决定》和《补充规定》，增设罪名数十种，死刑罪名也大为增加：从1979年《刑法》的28个死刑罪名增至74个死刑罪名。"

在21世纪提出的"宽严相济"刑事政策指导下，我国刑法通过刑法修正案的陆续出台真正将"宽严相济"予以立法化。卢建平教授指出："《刑法修正案（八）》是在宽严相济刑事政策的直接指导下完成的立法工作，堪称体现宽严相济的典范。"总结来说，《刑法修正案（八）》蕴含宽严相济刑事政策中的"严"表现在：第一，对死刑缓期的限制减刑。"判处死刑缓期执行的，在死刑缓期执行期间，如果没有故意犯罪，二年期满以后，减为无期徒刑；如果确有重大立功表现，二年期满以后，减为二十五年有期徒刑；如果故意犯罪，查证属实的，由最高人民法院核准，执行死刑。""对被判处死刑缓期执行的累犯以及因故意杀人、强奸、抢劫、绑架、放火、爆炸、投放危险物质或者有组织的暴力性犯罪被判处死刑缓期执行的犯罪分子，人民法院根据犯罪情节等情况可以同时决定对其限制减刑。"第二，扩大特殊累犯的处罚范围。恐怖活动犯罪、黑社会性质的组织犯罪的犯罪分子在刑罚执行完毕或者赦免以后，在任何时候再犯上述任一类罪的，都以累犯论处。第三，完善数罪并罚的规定，将总和刑期在三十五年以上的，最高不能超过二十年修改为二十五年。第四，首次设立禁止令。犯罪人若被判处管制或宣告缓刑，可以根据犯罪情况，同时禁止犯罪分子在执行期间从事特定活动，进入特定区域、场所，接触特定的人。《刑法修正案（八）》关于宽严相济刑事政策中"宽"则体现在：第一，对老年人从宽处罚。"已满七十五周岁的人故意犯罪的，可以从轻或者减轻处罚；过失犯罪的，应当从轻或者减轻处罚"；"审判的时候已满七十五周岁的人，不适用死刑，但以特别残忍手段致人死亡的除外"；对于被判处拘役、三年以下有期徒刑、犯罪情节较轻、有悔罪表现、没有再犯罪的危险、宣告缓刑对所居住社区没有重大不良影响的已满75周岁的人应当适用缓刑。第二，对未成年人从宽处罚。"被判处有期徒刑以上刑罚的犯罪分子，刑罚执行完毕或者赦免以后，在五年以内再犯应当判处有期徒刑以上刑罚之罪的，是累犯，应当从重处罚，但是过失犯罪和不满十八周岁的人犯罪的除外"；对于被判处拘役、三年以下有期徒刑、犯罪情节较轻、有悔罪表现、没有再犯罪的危险、宣告缓刑对所居住社区没有重大不良影响的未成年人应当适用缓刑。第三，增加坦白规定。"犯罪嫌疑人虽不具有前两款规定的自首情节，但是如实供述自己罪行的，可以从轻处罚；因其如实供述自己罪行，避免特别严重后果发生的，可以减轻处罚。"第四，一次性废除13个罪名的死刑，下文将详细介绍。需要注意的是，《刑法修正案（八）》关于社区矫正制度的创新到底是偏向"宽"还是"严"，部分学者存在争议。陈兴良教授将其纳入从严刑事政策的立法体现，卢建平教授将其归入从宽的立法体现。笔者认为，社区矫正制度属于从宽的立法体现。社区矫正制度作为一种非监禁刑，符合国际社会刑罚轻缓化的潮流，有利于犯罪分子更好改造和回归社会。《刑法修正案（九）》在《刑法修正案（八）》的基础上进一步完善了我国刑法，在宽严相济政策的指引下进一步废除9个死刑罪名，增设终身监禁的规定，再次体现了"宽"。"其余六个方面（一是严惩恐怖主义、极端主义犯罪；二是完善对网络犯罪的惩处；三是进一步加强对公民人身权利的刑法保护；四是完善、加大对腐败犯罪的惩处；五是惩治失信、背信行为，六是进一步维护社会治安与社会秩序）均应纳入'严'的范畴（或严惩恐怖主义、极端主义犯罪，或更严厉惩治贪腐犯罪，或增加新罪以严密法网，或严格从轻减轻处罚或免除刑事责任的适用条件）。"

（二）中国目前刑事政策的导向

1. "宽严相济"与刑罚轻缓化潮流的指引

新中国成立以来，在社会转型的时代背景下，我国刑事政策大体由20世纪的"惩办与宽大相结合""严打"逐渐过渡为"宽严相济"。2005年12月，在全国政法工作会议上，中央政法委书记罗干首次明确提出了"宽严相济"的刑事政策。何为"宽严相济"的刑事政策? 马克昌教授在《宽严相济刑事政策研究》一书中写明:宽严相济刑事政策的基本内容是"该严则严,当宽则宽;严中有宽,宽中有严;宽严有度,宽严审时"。如何理解"宽严相济"中的"宽"和"严"呢? 陈兴良教授认为:"宽严相济之'宽',当然来自惩办与宽大相结合的'宽大',其确切含义应当是轻缓。刑罚的轻缓,可以分为两种情形:一是该轻而轻;二是该重而轻。该轻而轻,是罪刑均衡的应有之义,也合乎刑法公正的要求。对于那些较为轻微的犯罪,就应当处以较轻之刑。至于轻罪及其轻刑如何界定,则应根据犯罪的具体情况加以判断。该重而轻,是指所犯罪行较重,但行为人具有坦白、自首或者立功等法定或酌定情节,法律上予以宽宥,在本该判处较重之刑的情况下判处较轻之刑。"马克昌教授认为,"'宽严相济'刑事政策包括如下内容:(1)对严重刑事犯罪,依法从严惩处。罪当判处重刑的,依法判处重刑,直至判处死刑立即执行。(2)即使是严重刑事犯罪,若有法定或酌定从轻、减轻处罚情节的,应予从宽判处;罪当判处死刑,如有上述情节不是必须立即执行的,应依法判处'死缓'、无期徒刑或者十年以上有期徒刑。(3)罪行较轻,犯罪人主观恶性较小的,则应从宽处罚;对实施轻微犯罪的人员,特别是其中的青少年,根据条件可适当多判一些缓刑或者安排到社区矫正。(4)虽然罪行较轻,但有法定从重处罚情节的(如累犯),则应依法从重处罚。(5)刑罚的宽严在具体适用上,必须根据社会情况的不同而灵活掌握,而不能与当时的社会情况相脱离;否则,就会发生'宽严'皆误的后果"。曾任最高人民法院常务副院长的曹建明提及,"宽严相济"是一项重要的刑事政策,宽不是要法外施恩,严也不是无限加重,而是要严格依照刑法、刑诉法以及相关的刑事法律,根据具体的案件情况来惩罚犯罪,该严当严,该宽则宽,宽严相济,罚当其罪,只有这样才能够符合"稳、准、狠"的原则要求,真正做到"判决经得起历史的检验"。总结来说,"宽严相济"的刑事政策不是死板的硬性规定,而是要根据个案中犯罪的轻重、犯罪嫌疑人的自身情况以及悔罪表现等具体问题具体分析的科学且合理的刑事政策。

纵观世界刑法发展史,在人道主义刑法与人权保障主义的倡导下,刑罚轻缓化潮流日趋明显且逐步体现。"刑罚的完善总是——不言而喻,这是只在同样有效的情况下——随着刑罚的宽大程度一起并进。因为不仅各种宽大的刑罚本身是较少的弊端,他们也以最符合人的尊严的方式引导着人离开犯罪行为。因为他们在身体上引起的痛苦越少,越少一些恐怖,他们就越是符合道德;与此相反,巨大的身体苦难在受难者本人身上减少耻辱感,在旁观者身上则减少厌恶感。"张明楷教授指出:"当今世界刑罚的发展趋势是刑罚轻缓化,它具体指在刑法立法上建立轻刑化的刑罚结构。"在我国,也正是在"宽严相济"刑事政策的指引下，刑罚轻缓化显得尤为必要。

我国诸多《刑法修正案》的发布也体现了"宽严相济"的刑事政策以及刑罚轻缓化潮流的指引。此处以死刑适用为例：我国《刑法修正案（八）》一次性废除了 13 个罪名的死刑，具体包括：走私文物罪，走私贵重金属罪，走私珍贵动物、珍贵动物制品罪，走私普通货物、物品罪，票据诈骗罪，金融凭证诈骗罪，信用证诈骗罪，虚开增值税专用发票、用于骗取出口退税、抵扣税款发票罪，伪造、出售伪造的增值税专用发票罪，盗窃罪，传授犯罪方法罪，盗掘古文化遗址、古墓葬罪，盗掘古人类化石、古脊椎动物化石罪。《刑法修正案（九）》废除了 9 个罪名的死刑，具体包括：走私武器、弹药罪，走私核材料罪，走私假币罪，伪造货币罪，集资诈骗罪，组织卖淫罪，强迫卖淫罪，阻碍执行军事职务罪，战时造谣惑众罪，大大缩小了死刑的适用范围。迄今为止，为了最大限度地保护国家安全的需要，我国刑法仅在危害国家安全罪一章存 46 个涉及死刑的罪名。此外，我国刑法对于未成年人、老年人规定的从宽制度以及自首、立功的规定，非监禁刑的尝试例如罚金刑的适用以及社区矫正制度的推行，也是落实我国"宽严相济"刑事政策以及刑罚轻缓化潮流的有力证明。

总结来说，我国的"宽严相济"刑事政策体现了我国刑罚轻缓化的趋势，我国刑罚轻缓化的趋势也跟随着"宽严相济"刑事政策的指导，二者交相辉映，互为体现，无法割裂。

2. "严而不厉"趋势的出现和延续

"严而不厉"是我国著名刑法学家储槐植教授提出的概念，这里所说的"严"是指刑事法网严密程度，"厉"是指法定刑严苛程度。需要说明的是，"严而不厉"既不是要求刑事法网的无限扩张，也不是要求法定刑无限地、全面地轻缓。具体而言是指刑法结构"宽而浅"，对轻微罪行采取非犯罪化、非刑罚化、非监禁化，对一些严重犯罪采取犯罪化、刑罚化和监禁化。

如上所述，"严而不厉"中的"厉"指的是法定刑的严厉程度。人类社会从远古人类进化到现代人类，随着社会的进步和人权意识的觉醒，日益废除了众多极其残酷且不人道的严酷刑罚。奴隶社会、封建社会盛行的"以眼还眼、以牙还牙"这种同态复仇的血腥刑罚观逐渐被人类社会所摒弃。"严而不厉"的"不厉"指的是较为轻缓的法定刑。首先，这符合人道主义精神，有利于人权的保障；其次，这也体现了世界刑罚轻刑化的趋势；最后，过重的刑罚例如无期徒刑等增加国家司法负担，刑罚轻缓化一定程度上有利于节约司法成本，让立法者更多地将重心放置在刑法立法上来，在符合犯罪构成的基础上合理设置入罪门槛，从而更加有效打击犯罪，维护社会稳定。

储槐植教授将"严厉"一词一分为二,并且提出与"严而不厉"相配的还有一个概念——"厉而不严"。我国传统刑法结构即属于"厉而不严"的模式。"厉而不严"是指我国传统的刑法价值观念是苛严的刑罚和不严的法网,这种刑法结构产生的原因是多方面的,而其中中华法文化历来缺乏西方国家那样的自然法精神和权利意识,在社会结构上从来没有形成独立于政治国家之外的市民社会(公民社会),因而最能体现国家权力的刑法得到了过分的发展,刑法权(刑罚权)膨胀是我国刑法传统的最基本特征。从我国法律史的发展中可得知,中国法律史关于民事法律微乎其微,对比强烈的是其刑法史的占比尤为突出,而"乱世用重典"几乎是中国封建社会历朝统治者信奉的准则,其中最为出名的"凌迟""五马分尸"证实了古代刑罚的严酷。纵观刑法史,可以说"厉"在我国传统刑法结构中体现得淋漓尽致。与"厉而不严"对比而言,"严而不厉"显然更符合现代文明社会的需要。

法网布置的严密性和刑罚的宽缓性在我国刑法中也有所体现。以陆续出台的刑法修正案为例,《刑法修正案(六)》增加 13 个罪名;《刑法修正案(七)》增加 10 个罪名;《刑法修正案(八)》增加 7 个罪名;《刑法修正案(九)》增加 9 个罪名,《刑法修正案(十)》新增 1 个罪名,《刑法修正案(十一)》新增 17 个罪名。连续增加的罪名将某种社会危害行为规制到犯罪的范围,体现了刑事法网的严密性,有利于打击犯罪行为,保护公民的利益,维护社会稳定。此外,通过一系列的刑法修正案废除死刑的改革以及非监禁化、非犯罪化的尝试也体现了我国刑事法网的宽缓性。

在"严而不厉"思想指导下的司法实践中,仍要注意的是,不能一味求量刑的轻缓化而全面否定重刑。"犯罪对公共利益的危害越大,促使人们犯罪的力量越强,制止人们犯罪的手段就应该越强有力。这就需要刑罚与犯罪相对称。"在具体个案中,要在罪刑相适应原则下,合理量刑。

3. 非犯罪化的尝试

刑法的确定性比严酷性更重要。正如贝卡里亚所言:"对于犯罪最强有力的约束力量不是刑罚的严酷性,而是刑罚的必定性。即使刑罚是有节制的,它的确定性也比联系着一线不受处罚希望的可怕刑罚所造成的恐惧更令人印象深刻。"正因如此,规定何者为犯罪是刑法学的重中之重。

对于非犯罪化的概念,学界存在不同的看法。日本著名刑法学家大谷实认为:"非犯罪化是指迄今为止作为犯罪加以处罚的行为不作为犯罪,停止对其处罚。"法国学者马克·安塞尔认为:"非犯罪化指取消某种罪名,即排除某种行为应受到刑罚惩处的性质。"法国学者马蒂认为"非犯罪化的概念,应从最广泛的意义上来理解,它不仅包含了刑法制度的消失，而且意味着所有替代性反应的不复存在"。我国著名刑法学家黎宏先生认为，"非犯罪化是犯罪化与过度犯罪化的对称，即依立法者的意图，认为法律原来规定的犯罪没有继续存在的必要，从而把该行为从法律规定中撤销，使行为合法化和行政违法化"。马克昌先生认为，"非犯罪化是指立法将原来由法律规定为犯罪的行为从法律中剔除，使其正当化或者行政违法化"。综上所述，非犯罪化指的是立法者对于某些社会危害性的犯罪行为实施其他手段予以管制而无需纳入刑法规制范围。可以看出，非犯罪化的前提是这些具有社会危害性的行为已然构成犯罪。对于不属于具有刑罚处罚性的社会危害行为，无须讨论其是否应该非犯罪化问题。

对于非犯罪化存在的价值。费尔巴哈认为，"处罚圈必须缩小，刑法发展的走向不是'犯罪化'，而是'非犯罪化'，因为国家在市民社会成立期间要确保市民阶级中个人的自由，所承担的任务就是维持'最低限度的秩序'，所以，国家职能应当具有消极性，刑法的触须不能伸得太长，中世纪刑法所具有的干涉性特征不能再度出现。唯其如此，启蒙思想家以来所倡导的基于个人自由主义的法治思想才能真正实现"。正如梁根林教授所认为，周延法益保护、严密刑事法网、严格刑事责任绝不等同于泛刑法主义，绝不意味着国家在刑事政策上可以任意扩张刑法干预范围，把不该刑罚处罚、不值得刑罚处罚或者刑罚处罚不经济、无效甚至有害的不法行为全部犯罪化。刑法是保护公民合法权利的最后一道防线，应当保持谦抑性，刑罚处罚的严酷性也决定了刑法只能是在穷尽他法保护之下才能"亮剑"。也就是说，对于一些具有社会危害性但不具有应受刑罚处罚性的行为，不必用刑法加以规制。古谚有云，法不责众。若刑法强行干涉，势必有损刑法威严。可见，刑法的非犯罪化的目的不仅仅是为了保障人权，也是维护刑法尊严的需要。从这个层面上说，非犯罪化势必和死刑废除问题相类似是大势所趋。

有学者认为，非犯罪化大体上可以分为立法上的非犯罪化和司法上的非犯罪化。也有一些学者认为，非犯罪化可以分为狭义的非犯罪化和广义的非犯罪化，对于狭义的非犯罪化仅指将犯罪行为合法化这一观点理论上无争议。而对于广义的非犯罪化，一些学者认为不仅包括狭义的非犯罪化，还包括将犯罪行为转为行政违法化以及通过司法程序不作为犯罪处理；也有学者认为广义的非犯罪化指的是狭义的非犯罪化与将犯罪行为转化为行政违法化相加的情况。综上所述，笔者认为不管是针对立法与司法上的分类还是基于狭义与广义对非犯罪化进行的分类，这只是分类依据有所不同而已，其实质并不冲突；对于非犯罪化在广义上的分类，笔者更支持第一种观点，认为非犯罪化的内涵包括通过司法程序将犯罪行为不予处理。

　　目前我国刑法学界对于针对我国现状是否应该倡导犯罪化并没有统一的意见，非犯罪化在我国也并不是主要的潮流。反对中国实施非犯罪化政策的学者认为："就非犯罪化而言，中国现行刑法规定的犯罪，虽然有个别可以废除，但主要的问题不是非犯罪化，而是犯罪化。尤其是经济犯罪，在经济体制改革后伴生了大量的商品经济特有的经济犯罪，而这些经济犯罪有些没有规定，因此当务之急是予以犯罪化。西方犯罪化的内容之一就是违警罪的非犯罪化，而这些违警罪在我国并没有作为犯罪来处理，因此，非犯罪化在当今中国不成为一个问题，成为问题的倒是其反面犯罪化。"与此相反，支持非犯罪化运动的学者对于现行《刑法》不管是总则的指引还是分则罪名的设置均提出了诸多非犯罪化的尝试。我国《刑法》第13条在关于犯罪概念的表述中提出了著名的但书规定："一切危害国家主权、领土完整和安全，分裂国家、颠覆人民民主专政的政权和推翻社会主义制度，破坏社会秩序和经济秩序，侵犯国有财产或者劳动群众集体所有的财产，侵犯公民私人所有的财产，侵犯公民的人身权利、民主权利和其他权利，以及其他危害社会的行为，依照法律应当受刑罚处罚的，都是犯罪，但是情节显著轻微危害不大的，不认为是犯罪。""从中国刑法总则看，第13条的但书、赦免、追诉时效等都是中国刑法作出的非犯罪化规定，未来应增加对期待可能性的规定以及对不能犯的规定，从而更好地实现非犯罪化。"就刑法分则而言，我国刑法史也并非无非犯罪化的实践。例如：我国《1979年刑法》对通奸行为设置了通奸罪，即通奸行为构成犯罪；根据我国《1997年刑法》规定可知，刑法只对重婚作出了罪名设置，普通通奸并不构成犯罪。此外，有学者倡导我国刑法分则第252条规定的侵犯通信自由罪，第253条规定的私自开拆、隐匿、毁弃邮件、电报罪，第301条第1款规定的聚众淫乱罪等罪或许可以通过行政违法化的方式对之进行非犯罪化的尝试；另有一些学者通过大量列举国外立法、司法实践以及历史渊源论证卖淫行为、赌博行为也可通过行政处罚的方式转为行政违法化或干脆进行合法化。这些观点虽未冲击立法规定，但也在理论界引起强烈的讨论，侧面反映了非犯罪化的尝试在理论界越发浩浩荡荡。

第三章

犯罪构成

罪刑法定原则要求明文规定各种犯罪的成立条件，只有符合法定条件的行为，才能认定为犯罪。"犯罪构成"所研究的正是成立犯罪的法律标准。换言之，犯罪构成实际上是犯罪成立条件。

第一节 犯罪客体

一、犯罪客体的概念

犯罪客体，是刑法所保护而为犯罪行为所侵犯的利益（法益）。首先，犯罪客体表现为法益，具体表现为国家主权、领土完整与安全，人民民主专政的政权，社会主义制度，社会秩序和经济秩序，国有财产或者劳动群众集体所有的财产，公民私人所有的财产，公民的人身权利、民主权利和其他权利等合法权益。其次，犯罪客体必须是刑法所保护的法益。如果某种利益只是由道德规范或者其他社会规范调整与保护，而不是由刑法或者不需要由刑法调整与保护，则不可能成为犯罪客体。最后，犯罪客体必须是犯罪行为所侵犯的法益。法益是客观存在的，客观存在的法益如果没有受到犯罪行为的侵犯，就不可能成为犯罪客体。所谓"侵犯"，包括两种情况：一是对刑法所保护的法益造成了实际侵害事实，如杀人行为已经造成被害人死亡；二是对刑法所保护的法益造成了威胁，或者说有侵害的危险，如杀人行为虽然没有造成他人死亡，但有导致他人死亡的危险性。

由此可见，对于犯罪客体，应当从两个侧面理解和把握。一方面，犯罪客体表明了刑法的目的，即刑法的目的是为了保护法益；另一方面，犯罪客体表明了犯罪的本质，即犯罪的本质是侵犯法益。

二、犯罪客体的分类

刑法理论通常将犯罪客体分为一般客体、同类客体与直接客体。

一般客体，是指一切犯罪所共同侵犯的法益整体。一般客体反映着犯罪行为的共同本质，说明任何犯罪行为都侵犯了刑法所保护的法益。《刑法》第2条关于刑法任务的规定，《刑法》第13条关于犯罪概念的规定，从不同角度说明了犯罪一般客体的主要内容。

同类客体，是指某一类犯罪所共同侵犯的某一类法益。如，放火、爆炸、投放危险物质、决水等罪侵犯的是公共安全，即公共安全是这类犯罪的同类客体。正确认识犯罪的同类客体，有利于对犯罪进行合理分类，有利于正确区分此罪与彼罪的界限。我国刑法分则就是根据犯罪的同类客体对犯罪进行分类的。

直接客体，是指具体犯罪所直接侵犯的具体法益。如故意杀人罪侵犯的是他人的生命；故意伤害罪侵犯的是他人的身体健康；如此等等。任何犯罪行为，必然直接侵犯具体的法益，否则不可能成立犯罪。对于直接客体，还可以根据其数量进一步分为简单客体与复杂客体。前者是指一个犯罪行为只侵犯一种具体的法益，如盗窃罪；后者是指一个犯罪行为侵犯了两种以上的具体法益，如抢劫罪，既侵犯人身，也侵犯财产。在后一种情况下，应当根据刑法的规定分清主要客体与次要客体。

三、直接客体的确定

对具体犯罪直接客体的认识不同，对该罪的其他构成要件的解释便不同。例如，如果认为刑法规定盗窃是为了保护所有权，则所有权者从盗窃犯人那里窃回自己财物的，不成立盗窃罪；但是，如果认为刑法规定盗窃罪是为了保护占有，则所有权者从盗窃犯人那里窃回自己财物的行为，也侵害了盗窃犯人的占有，因而成立盗窃罪。显然，明确各种具体犯罪的直接客体，对于解释该罪的其他构成要件具有重大意义。对直接客体的确定，应以刑法规定为依据。基本方法如下：

（一）根据具体犯罪所属的类罪确定法益内容

各种具体的犯罪，总是隶属于某一类罪，而刑法对类罪的同类法益内容都做了明确或提示性规定。明确了具体犯罪所属的类罪，便可以通过同类法益的内容，大体上明确分则具体条文所要保护的法益内容。例如，刑法分则第四章是为了保护公民的各种人身权利与民主权利，故本章具体条文的保护法益，必须在各种人身权利与民主权利中予以确定。例如，强制猥亵、侮辱妇女罪，属于侵犯人身权利的犯罪，刑法规定本罪的保护法益应是妇女的性的自己决定权，而不是社会管理秩序。

当刑法规定某种犯罪是为了保护多种法益时，应当根据其所属类罪的同类法益内容，确定刑法条文的主要目的，而不能本末倒置。例如，规定在刑法分则第二章的犯罪，都是危害公共安全的犯罪。因此，凡属于这一类罪中的具体犯罪，不仅其侵犯的法益都是特定领域的公共安全，而且在侵犯多种法益的情况下，其主要内容也是特定领域的公共安全。例如，由于《刑法》第 123 条将暴力危及飞行安全罪规定在危害公共安全罪一章，故该条的主要目的是保护飞行安全，其次才是航空器上的人员的人身权利。

由于具体犯罪隶属于类罪，因此，对具体犯罪的法益内容的确定，不宜超出同类法益的范围。例如，刑法将盗窃、侮辱尸体罪规定在刑法分则第六章的第一节即扰乱公共秩序罪中，因此，不能超出类罪的法益范围，认为本罪的保护法益为死者的人格、名誉。

（二）依据刑法对具体犯罪的规定确定法益内容

《刑法》分则条文对具体犯罪的规定，或明或暗、或直接或间接地揭示了其保护的法益内容，因此，要善于依据刑法对具体犯罪的规定以及各种规定之间的关系，确定分则条文的保护法益。具体来说，要通过刑法条文对保护法益的明确规定（参见《刑法》第 252 条）、通过刑法条文规定的行为特征（参见《刑法》第 226 条）、结果特征（参见《刑法》第 309 条）、行为对象特征（参见《刑法》第 254 条）、犯罪所违反的法规内容（参见《刑法》第 322 条）、犯罪滋生之物、供犯罪行为使用之物的性质（参见《刑法》第 367 条）等确定法益内容。

在确定具体犯罪的法益时，还必须善于使用各种解释方法，认真分析条文之间的相互关系，注重刑法的协调性。

第二节　犯罪客观要件

一、犯罪客观要件概述

犯罪客观要件，是刑法规定的，说明行为对刑法所保护的法益的侵犯性，而为成立犯罪所必须具备的客观事实特征；它说明某种犯罪是通过什么行为、在什么情况下对刑法所保护的法益造成了什么后果。犯罪客观要件的内容首先是危害社会的行为，危害行为是一切犯罪的共同要件，任何犯罪的成立都必须有刑法规定的危害行为。除了危害行为以外，行为对象、危害结果、危害行为与危害结果之间的因果关系，也是客观方面的重要内容，但一般认为它们不是一切犯罪的共同要素，只是某些犯罪的构成要素。

二、危害行为

（一）危害行为的概念

危害行为，是指在人的意识支配下实施的危害社会的身体活动。首先，危害行为是人的身体活动或者动作，包括积极活动与消极活动。由于危害行为是人的身体活动，是客观的、外在的现象，故思想被排除在危害行为之外，随之被排除在犯罪之外。言论本身不是犯罪行为，但发表言论则是一种身体活动，因而也是行为。其次，危害行为是人的意识支配的产物，或者说是意识的外在表现。因此，无意识的举动被排除在危害行为之外。例如，人在睡梦中或者精神错乱下的举动，在不可抗力作用下的举动，在身体完全受强制下的举动等，就不属于刑法上的危害行为。最后，危害行为必须是在客观上侵害或者威胁了法益的行为，如果行为根本不可能侵害和威胁法益，就不是刑法上的危害行为。某种行为是否具有侵害法益的紧迫危险，应以行为时存在的所有客观事实为基础，并对客观事实进行一定程度的抽象（抽象的方法是舍弃阻止结果发生的事实），同时站在行为时的立场，原则上按照客观的因果法则进行判断。

（二）危害行为的类型

刑法理论没有争议地将危害行为区分作为与不作为两种类型。

1. 作为

作为，是指行为人以积极的身体活动实施刑法所禁止的危害行为。从表现形式上看，作为是积极的身体动作；从违反法律规范的性质上看，作为直接违反了禁止性的罪刑规范。例如，刑讯逼供行为，必须是积极的身体动作，这直接违反了严禁刑讯逼供的罪刑规范。作为也有多种表现形式，如，利用自己的四肢等实施的作为，利用物质性工具实施的作为，利用动物实施的作为，利用自然现象实施的作为，利用他人实施的作为等。

2. 不作为

不作为，是指行为人在能够履行自己应尽义务的情况下不履行该义务。从表现形式上看，不作为是消极的身体动作；从违反法律规范的性质上看，不作为不仅违反了刑法的禁止性规范，而且直接违反了某种命令性规范（义务性规范）。如，遗弃罪中的不提供扶助的行为，表现为没有扶养不具有独立生活能力的人，该行为不仅违反了《刑法》第261条的禁止性规范，而且直接违反了其他法律中的命令性规范。

刑法理论一般将不作为犯罪分为两种类型：一是纯正不作为犯或真正不作为犯，即刑法明文规定只能由不作为构成的犯罪。二是不纯正不作为犯或不真正不作为犯，即行为人以不作为形式实施的通常为作为形式的犯罪。我国刑法理论认为，许多犯罪既可能由作为构成，也可能由不作为构成。这种情况下的不作为犯，就是不纯正不作为犯。例如，《刑法》第416条所规定的不解救被拐卖、绑架的妇女、儿童罪，就是纯正不作为犯。再如，行为人以不作为的方式导致他人死亡的，则是不纯正不作为犯。成立不作为犯在客观上必须具备以下条件：

（1）行为人负有实施特定积极行为的法律性质的义务。这种义务一方面要求是法律性质的义务；另一方面要求的内容是实施特定的积极行为。这种义务的来源主要有：第一，法律、法规明文规定的义务。如，我国《婚姻法》规定，父母对子女有抚养教育的义务，子女对父母有赡养扶助的义务。因此，拒不抚养、赡养的行为，可能构成不作为犯罪。第二，职务或者业务要求的义务。如，国家机关工作人员有履行相应职责的义务，值勤的消防人员有消除火灾的义务等。第三，法律行为引起的义务。如，合同行为、自愿接受行为等可能导致行为人负有实施一定积极行为的义务。第四，先前行为引起的义务。这是指由于行为人的某种行为使刑法所保护的合法权益处于危险状态时，行为人负有排除危险或者防止危害结果发生的特定积极义务。如，成年人带着儿童游泳时，负有保护儿童生命安全的义务。先前行为包括犯罪行为。道理很简单：既然过失行为能成为先前行为，过失犯罪行为当然也能成为先前行为；既然过失犯罪行为能使行为人产生作为义务，故意犯罪行为更能使行为人产生作为义务。但是，当先前的作为犯罪与由此引起的不作为犯罪仅侵害同一法益，或者后者侵害的法益包容了前者侵害的法益时，只能从一重罪论处；否则应实行数罪并罚。例如，故意伤害他人后，产生救助他人的作为义务；如果不履行作为义务，对死亡结果具有故意的，仅认定故意杀人罪；因为生命法益包含了身体法益。再如，非法采伐珍贵树木砸伤他人后，采伐者具有救助义务；如果故意或者过失不救助导致他人死亡的，应当实行数罪并罚。

（2）行为人能够履行特定义务。法律规范与法律秩序只是要求能够履行义务的人履行义务，而不会强求不能履行义务的人履行义务。至于行为人能否履行义务，则应从行为人履行义务的主观能力与客观条件两方面进行判断。

（3）行为人不履行特定义务，造成或者可能造成危害结果。不作为的核心是行为人没有履行义务，行为人在应当履行义务而不履行义务的期间所实施的其他行为，不是该不作为的内容，也不影响不作为的成立。例如，锅炉工在当班时，故意不给锅炉加水，造成锅炉爆炸的事故，这就是不作为犯罪。至于锅炉工当班时实施了其他何种行为，则不是不作为的内容。不作为之所以能够成为与作为相并列的行为，在于它与作为一样，造成或者可能造成危害结果，或者说它与作为一样，侵害或者威胁了刑法保护的法益。因此，在行为人没有履行义务的情况下，倘若即使行为人履行义务也不能防止结果发生时，就不能认定为不作为犯罪。

符合上述条件，就具备了不作为犯罪的客观要件。但有以下几点值得注意：①行为符合不作为犯罪的一般客观条件，并不直接成立犯罪，只有当某种不作为符合具体的犯罪构成时才成立犯罪。因此，即使存在某种"不作为"，但并不符合具体犯罪的构成要件时，也不能认定为犯罪。例如，我国《消防法》规定："任何人发现火灾时，都应当立即报警。"据此，发现火灾的人具有报警的法律义务。发现火灾的人没有报警的，虽然是一种不作为，但并不成立放火罪，也难以成立其他任何犯罪。②在行为人对他人的生命具有救助义务时，并不必然成立故意杀人罪，而有可能成立遗弃罪或者其他犯罪。值勤消防人员有扑灭火灾的义务，其不履行灭火义务的行为，并不必然成立放火罪，而可能成立玩忽职守罪或者其他犯罪。概言之，对不作为（尤其出于故意时）如何定罪，是罪刑各论需要研究的问题。③行为虽然在客观上造成了损害结果，但不是出于故意或者过失，而是由于不能抗拒的原因所引起的，不是犯罪（不可抗力）。所谓不能抗拒，是指行为人虽然认识到自己的行为会发生损害结果，但由于当时主客观条件的限制，不可能排除或者防止结果的发生。例如，行为人赶马车时，马意外受惊后向人行道奔跑。行为人虽然认识到不制止马的奔跑可能造成他人死伤，但行为人无论如何也不能制止马的奔跑，结果造成他人死亡。对于这种不可抗力，不能追究行为人的刑事责任。

区分作为与不作为具有重要意义，特别是不作为概念的确立，有利于合理确定犯罪范围，正确区分罪与非罪；在许多情况下，也有利于区分此罪与彼罪、一罪与数罪。

（三）危害行为的时间、地点与方法

对于大多数犯罪而言，刑法并没有要求行为人在特定的时间、地点、以特定方法实施，在此意义上说，行为的时间、地点、方法不是犯罪构成的共同要件。但有三点应当注意：

（1）有的条文明文要求行为必须在特定的时间、地点或以特定的方法实施。例如，《刑法》第340条与第341条规定的非法捕捞水产品罪与非法狩猎罪，就将禁渔期、禁猎期、禁渔区、禁猎区、禁用的工具、方法等作为构成要件。

（2）有的条文明确将特定的时间、地点、方法作为法定刑升格的条件或从重处罚的情节。如，《刑法》第237条规定。以暴力、胁迫或者其他方法强制猥亵、侮辱妇女罪的，处5年以下有期徒刑或者拘役，而聚众或者在公共场所当众犯强制猥亵、侮辱妇女罪的，处5年以上有期徒刑。

（3）即使刑法没有明文将行为的时间、地点、方法规定为影响定罪与量刑的因素，行为的时间、地点与方法也会影响行为本身的社会危害性程度，因而成为量刑的酌定情节。

三、行为对象

行为对象（也称犯罪对象）是犯罪行为所作用的，法益的主体或者物质表现。如故意杀人罪的"人"，盗窃罪中的"公私财物"就是犯罪对象。特定的犯罪对象在某些犯罪中是构成要件，行为只有作用于特定的对象，才能构成犯罪。例如，只有当行为人拐骗了不满14周岁的儿童时，才可能成立拐骗儿童罪。特定的犯罪对象在某些犯罪中影响此罪与彼罪的区分。如，盗窃财物与盗窃枪支，分别构成盗窃罪与盗窃枪支罪。

行为对象与组成犯罪行为之物有别。例如，贿赂是组成受贿罪、行贿罪之物，而不能认为是受贿罪、行贿罪的对象；再如，赌资是组成赌博罪之物，而不是赌博罪的对象。行为对象与行为滋生之物有别。行为滋生之物，是指犯罪行为所产生的物。例如，行为人伪造的文书、制造的毒品等，不是行为对象。行为对象与供犯罪行为使用之物有别。供犯罪行为使用之物主要是指犯罪工具。例如，使用伪造的信用卡进行诈骗时，伪造的信用卡不是行为对象，而是供犯罪行为使用之物。行为对象与作为犯罪行为的报酬取得之物有别。例如，行为人杀人后从雇请者处得到的酬金或者物品，也不是行为对象。

行为对象与犯罪客体的关系较为密切：行为对象反映犯罪客体，犯罪客体制约行为

对象。根据刑法理论的通说，二者存在明显区别：

（1）行为对象所呈现的是事物的外部特征，它一般不能决定犯罪的性质；而犯罪客体所表现的是行为的内在本质，因而决定犯罪的性质。

（2）特定的行为对象只是某些犯罪的构成要件；而犯罪客体是一切犯罪的共同构成要件。

（3）行为对象并非在任何犯罪中都受到侵害；而犯罪客体在一切犯罪中都受到了侵害或者威胁。

（4）行为对象不是犯罪分类的根据，因为行为对象相同并不意味着犯罪性质相同；而犯罪客体则是犯罪分类的根据，因为犯罪客体要件相同意味着犯罪性质相同。

四、危害结果

（一）危害结果的概念

危害结果是危害行为给刑法所保护的法益所造成的具体侵害事实与危险状态。如，杀人行为造成他人死亡的事实，盗窃行为造成公私财产损失的事实，就是危害结果。再如，醉酒后驾驶车辆在高速公路逆行所造成的具体公共危险，也是危害结果。

危害结果是由危害行为造成的，危害行为是因，危害结果是原因引起的后果；不是危害行为造成的结果，就不是危害结果；危害结果固然是危害行为引起的，但不能认为，任何危害行为都必然造成危害结果。

危害结果是表明刑法所保护的法益遭受侵犯的事实特征，因而是反映社会危害性的事实。如果某种事实现象并不反映行为的社会危害性，即使它是危害行为造成的，也不能认为是危害结果。当然，危害结果与社会危害性不是等同的概念。

危害结果既包括危害行为已经实际造成的侵害事实，也包括危害行为对法益造成的危险状态。所以，可以将危害结果分为侵害结果与危险结果。但是，行为本身的危险性质，不是危害结果，而是行为的属性。

（二）结果形态与犯罪类型

1. 侵害犯与危险犯

根据结果的样态，可以将犯罪分为侵害犯与危险犯。侵害犯是指以造成一定的法益侵害为条件的犯罪，如，以剥夺人的生命为要件的故意杀人罪（既遂）就是侵害犯；危险犯则是以发生法益侵害的危险为要件的犯罪。危险犯还可以分为具体的危险犯与抽象的危险犯。具体的危险犯中的危险，是在司法上以行为当时的具体情况为根据，认定行为具有发生侵害结果的危险；我国《刑法》第114条所规定的放火罪、爆炸罪，就是具体的危险犯。抽象的危险犯中的危险，是在司法上以一般的社会生活经验为根据，认定行为具有发生侵害结果的危险。大体可以认为，抽象的危险，是一种类型性的危险；我国刑法所规定的盗窃、抢夺枪支、弹药罪就是抽象的危险犯。

2. 行为犯、结果犯与结果加重犯

行为犯是指行为终了与结果发生之间没有时间间隔的犯罪（不需要认定因果关系）；结果犯是指行为终了与结果发生之间有一定时间间隔的犯罪（需要认定因果关系）。例如，故意杀人罪是结果犯，非法侵入住宅罪是行为犯。

结果加重犯，也称加重结果犯，是指法律规定的一个犯罪行为（基本犯罪），由于发生了严重结果而加重其法定刑的情况。故意伤害致死是其适例。结果加重犯具有以下特征：

（1）行为人实施基本犯罪行为，但造成了加重结果，基本犯罪行为与加重结果之间具有因果关系。如果加重结果不是由于基本行为造成，则不成立结果加重犯。根据结果加重犯的构造，结果加重犯应是对基本犯罪行为对象造成加重结果。例如，只有对故意伤害对象造成死亡的，才属于故意伤害致死。但对行为对象的范围不能作僵硬的限制，而应注意认识错误的情形以及基本犯罪行为的特点。例如，A本欲伤害B，但由于发生认识错误而伤害C，导致C死亡的，也成立结果加重犯。

（2）行为人对基本犯罪具有故意或者过失，对加重结果至少有过失。首先，从刑法的规定上看，行为人对基本犯罪一般持故意，但对基本犯罪持过失时，也可能是结果加重犯。如，《刑法》第132条规定的铁路运营安全事故罪，行为造成严重后果时属于基本行为，行为造成特别严重后果时，至少包含了结果加重犯。其次，对加重结果至少有过失（至少有预见可能性），如果对加重结果没有过失，则不成立结果加重犯。其中，部分结果加重犯对加重结果只能是过失，如故意伤害致死，行为人对死亡只能是过失，如果持故意则是故意杀人罪，而不是伤害罪的结果加重犯。部分结果加重犯对加重结果既可以是过失也可以是故意，如抢劫致人重伤、死亡的，属于结果加重犯，行为人对重伤、死亡既可能是过失，也可能是故意（但是，不存在对基本犯罪持过失，而对加重结果持故意的结果加重犯）。这需要根据犯罪的性质以及法定刑、犯罪之间的关系进行分析，得出正确结论。

（3）刑法就发生加重结果加重了法定刑。加重了法定刑，是相对于基本犯罪的法定刑而言，即结果加重犯的法定刑高于基本犯罪的法定刑。如果刑法没有加重法定刑，结果再严重也不是结果加重犯。例如，遗弃行为致人重伤或死亡的，因为没有加重法定刑，不成立结果加重犯。

由于刑法对结果加重犯规定了加重的法定刑，故对结果加重犯只能认定为一个犯罪，并且根据加重的法定刑量刑，而不能以数罪论处。

3. 即成犯、状态犯与继续犯

从结果的发生与犯罪的终了的关系，可以将犯罪分为即成犯、状态犯与继续犯。即成犯，是指一旦发生法益侵害结果，犯罪便同时终了，犯罪一终了法益就同时消灭的情况。故意杀人罪便是如此。状态犯，是指一旦发生法益侵害结果，犯罪便同时终了，但法益受侵害的状态仍在持续的情况。如，盗窃罪。继续犯，是指在法益侵害的持续期间，实行行为在持续或者犯罪构成符合性在持续的情况。危险驾驶罪与非法拘禁罪是其适例。

（三）危害结果的意义

危害结果作为犯罪客观方面的一个重要因素，具有重要意义。

1. 区分罪与非罪的标准之一

当危害结果是犯罪构成要件时，如果行为没有造成法定的危害结果，就不成立犯罪，过失犯罪便是如此。

2. 区分犯罪形态的标准之一

不管人们以什么标准区分犯罪的既遂与未遂，可以肯定的是，在通常情况下，只有发生了危害结果，才可能成立犯罪既遂。例如，在故意杀人罪中，没有发生死亡结果的，不可能成立故意杀人既遂。

3. 影响量刑轻重的因素之一

在一切犯罪中，危害结果对量刑都起影响作用。因为危害结果是反映社会危害性的事实现象，刑罚必须与犯罪的社会危害性相适应，所以，危害结果的发生与否、轻重如何，必然影响量刑。危害结果对量刑的影响作用表现为三种情况：

（1）作为选择法定刑的根据。例如，《刑法》第234条根据伤害行为造成的结果不同，规定三个幅度的法定刑。据此，故意伤害造成他人轻伤的，司法机关应选择3年以下有期徒刑、拘役或者管制这一法定刑；造成重伤的，应选择3年以上10年以下有期徒刑这一法定刑；致人死亡或者以特别残忍手段致人重伤造成严重残疾的，应选择 10 年以上有期徒刑、无期徒刑或者死刑。

（2）作为法定的量刑情节。如，中止犯没有造成损害的，应当免除处罚；造成损害的，应当减轻处罚。

（3）作为酌定的量刑情节。当刑法没有将危害结果规定为法定刑升格的条件和法定量刑情节时，危害结果的情况便是酌定量刑情节。

五、因果关系与结果归属

（一）我国传统的因果关系理论

我国传统刑法理论所讨论的因果关系，是指危害行为与危害结果之间的一种引起与被引起的关系。其中的"引起"者是原因（危害行为），"被引起"者是结果（危害结果），而因果"关系"本身不包括原因与结果，只包含二者之间的引起与被引起的关系。

由于因果关系是事物之间的一种引起与被引起的关系，这种关系本身是客观的，不以任何人的意志为转移；于是，因果关系的有无，只能根据事物之间的客观联系进行判断，因而是一种事实的判断。正因为如此，我国传统刑法理论将哲学上的因果关系理论运用到刑法中来，产生了必然因果关系说与偶然因果关系说的争论。

必然因果关系说认为，当危害行为中包含着危害结果产生的根据，并合乎规律地产生了危害结果时，危害行为与危害结果之间就是必然因果关系；只有这种必然因果关系，才是刑法上的因果关系。偶然因果关系说的基本观点是，当危害行为本身并不包含产生危害结果的根据，但在其发展过程中偶然介入其他因素，由介入因素合乎规律地引起危害结果时，危害行为与危害结果之间就是偶然因果关系，介入因素与危害结果之间是必然因果关系；必然因果关系与偶然因果关系都是刑法上的因果关系。该学说还认为，不能将条件与原因绝对分开，条件是相对于根据而言的，条件和根据都是原因，只是处于不同的等级和层次而已。从重要性来说，与根据相比，条件是次要的、第二位的；但就必要性来说，条件与根据都是不可缺少的。只有根据和条件相互作用，才能产生结果。只有根据没有条件，结果就不会发生，也就谈不上原因。

（二）国外的因果关系学说与客观归责理论

1. 国外的因果关系学说

（1）条件说

条件说认为，行为与结果之间存在着"没有前者就没有后者"的条件关系时，前者就是后者的原因。条件说认为，条件关系是指实行行为与结果之间的关系，因此，即使预备行为产生了结果，也不存在因果关系。例如，甲为了毒死朋友乙，向装有红酒的酒杯中投放毒药后，将酒杯放在自己家里的书架上，但碰巧丙到甲家拜访，发现书架上杯中的红酒，将红酒一饮而尽后死亡。由于甲没有故意杀人的实行行为，所以不成立故意杀人既遂，而是过失致人死亡与故意杀人预备的竞合。条件关系所说的结果，只限于现实产生的结果。例如，甲开车撞了乙，依受伤的程度判断乙将在 5 小时后死亡，但 2 小时后乙被丙开车撞死。在此，作为条件关系的结果，是 2 小时后的死亡结果，而不是 5 小时后的死亡结果。

（2）原因说

原因说主张以某种规则为标准，从导致结果发生的条件中挑选出应当作为原因的条件，只有这种原因与结果之间才存在因果关系。如，有人主张最后的一个条件是原因，有人认为异常的行为是原因，有人提出决定结果发生方向的条件是原因，有人提倡最有利的条件是原因，如此等等。但是，要从对结果起作用的诸多条件中挑选一个条件作为原因，不仅是极为困难和不现实的，而且会导致因果关系认定的随意性。况且，结果的发生，并非总是依赖于一个单纯的条件，在不少情况下，应当承认复数条件竞合为共同原因。所以，原因说在大陆法系国家刑法理论中已经没有地位。

（3）相当因果关系说

相当因果关系说是基于条件说过于扩大因果关系的范围而产生的。该说认为，根据一般社会生活经验，在通常情况下，某种行为产生某种结果被认为是相当的场合，行为与结果之间就具有因果关系。"相当"是指该行为产生该结果在日常生活中是一般的、正常的，而不是特殊的、异常的。相当因果关系说具有两个特色：一是排除条件说中不相当的情况，从而限定刑法上的因果关系范围；因为相当因果关系的认定，是在行为与结果之间具有条件关系的前提下，附加了"相当性"的要求。二是以行为时一般人的认识为标准判断行为与结果之间是否具有相当性。关于相当性的判断基础，理论上有三种学说：客观说主张以行为时的一切客观事实作为基础进行判断；主观说主张以行为人认识到或可能认识到的事实为基础进行判断；折中说主张以一般人能认识到的以及行为人特别认识到的事实为基础进行判断。例如，甲的行为导致乙受轻伤，乙是血友病患者，因流血不止而死亡。客观说认为，既然行为时乙患有血友病，不管甲是否知道这一事实，甲的行为与乙的死亡之间具有因果关系。主观说认为，如果甲知道或者应当知道乙是血友病患者，则甲的行为与乙的死亡之间具有因果关系；否则不具有因果关系。折中说认为，如果行为时一般人能知道乙是血友病患者或者甲特别知道乙是血友病患者，则甲的行为与乙的死亡之间具有因果关系；否则不存在因果关系。

（4）合法则的条件说

合法则的条件说认为，因果关系并不是"没有该行为就不会发生该结果"的关系；只有根据科学知识，确定了前后现象之间是否存在一般的合法则的关联后，才能进行个别的、具体的判断。换言之，在认定因果关系时，首先确认存在一般的因果关系（因果法则），即确认是否存在可以适用于特定个案的自然科学的因果法则；然后认定"具体的因果关系"，即确认具体的事实是否符合作为上位命题的因果法则。所以，合法则的条件说所称的"合法则"，并不是指条件说所主张的逻辑性条件，也不是指相当因果关系说所称的生活经验，而是指当代知识水平所认可的法则性关系。易言之，因果法则关系的存在，必须得到当代最高科学知识水平的认可，如果根据这种科学知识难以理解，则不能承认因果关系。当然，如果经验法则与科学法则并不矛盾，这种经验法则也包含在"合法则"中。

2. 客观归责理论

客观归责理论将因果关系与归责问题相区别，因果关系以条件说为前提，在与结果有条件关系的行为中，只有当行为制造了不被允许的危险，而且该危险是在符合构成要件的结果中实现（或在构成要件的保护范围内实现）时，才能将该结果归责于行为。所以，实行客观归责必须具备三个条件：一是行为制造了不被允许的危险；二是行为实现了不被允许的危险；三是结果没有超出构成要件的保护范围。

（1）制造不被允许的危险

现代社会是一个充满危险的社会，许多危险行为对社会发展具有重要意义，因而得到允许。所以，只有制造了不被允许的危险，才可能将结果归责于行为。第一，如果行为减少了对被害人已经存在的危险，就排除客观归责。第二，如果行为没有减少法益损害的危险，但也没有以法律上的重要方式提高法益损害的危险时，也不能将结果归责于行为。例如，行为人以杀人故意劝他人跑步，即使他人因跑步被车撞死，也不能将该死亡结果归责于行为人。第三，如果行为人仅仅修改了自然的因果经过，没有在整体上恶化被害人的状况时，则排除客观归责。第四，行为人虽然制造了危险，但如果危险被允许，则排除客观归责。

（2）实现不被允许的危险

进行客观归责的前提是，在结果中实现了由行为人所制造的不被允许的危险。因此，下列情形下排除客观归责：第一，行为虽然对法益制造了危险，但结果的发生并不是由该危险所致，而是偶然与危险同时发生时，排除客观归责。第二，行为没有实现不被允许的危险时，排除客观归责。第三，行为没有引起注意规范的保护目的所包含的结果时，排除客观归责。

（3）结果没有超出构成要件的保护范围

在通常情况下，只要行为人制造并实现了不被允许的危险，就可以进行客观归责。但是，具体犯罪的构成要件有特定的保护范围或保护目的，如果所发生的结果不包括在构成要件的保护范围或者保护目的之内，就不能将结果归责于行为人。第一，行为人参与他人的故意的自损行为时，不能将他人的自损结果归责于行为人。第二，在被害人意识到他人行为对自己法益的危险性，却同意他人实施给自己造成危险的行为时，不能将由此产生的结果归责于行为人。第三，在防止结果的发生属于他人的责任领域时，该结果不属于行为人的行为所符合的构成要件的保护目的之内的结果，不能将结果归责于行为人。

如前所述，在行为犯的场合，由于行为与结果同时发生，所以，不需要判断因果关系与客观归责的问题。

在许多结果犯中，构成要件要素及其关系解决了因果关系与客观归责问题，故不需要另行判断。例如，诈骗罪客观构成要件的内容是，行为人实施欺骗行为，对方产生认识错误，并基于认识错误处分财产，行为人取得财产，被害人遭受财产损失，其中也要求对象的同一性。行为人取得的财产正是被害人基于认识错误处分的财产，而被害人之所以产生认识错误，就是因为行为人实施了欺骗行为。所以，必须将被害人的财产损失结果归属于行为人的欺骗行为。倘若行为人虽然实施了欺骗行为，但被害人并没有陷入认识错误，而是基于同情给予行为人以财物的，则不能认为被害人存在财产损失，不可能将被害人财产损失的结果归属于诈骗行为，行为人仅成立诈骗未遂。不难看出，诈骗罪的这一系列要素，已经解决了因果关系与结果归属问题。

由于杀人、伤害等罪的实行行为缺乏定型性，所以，当结果表现为他人伤亡时，引起该结果的行为是否属于刑法上的杀人、伤害行为，就难以下结论。于是，需要讨论因果关系与结果归属问题——伤亡结果是否由行为人的行为所引起。但是，将具有条件关系的行为宣布为不法的杀人、伤害行为不一定是有意义的，因为将一个行为宣布为不法的目的是禁止这种不法行为，或者说使一般人不实施这种不法行为。说一个行为造成了他人死亡（事实），并不意味着该行为是违反规范的（价值）；将一个有重大因果偏离的结果归属于行为人，并不利于预防一般人造成这种结果。所以，必须目的性地判断什么行为是不法行为。这正是客观归责理论的要义。概言之，广义的客观归责理论首先从存在论的角度判断伤亡结果与行为之间是否具有因果关系，在得出肯定结论的前提下，再通过规范评价，得出能否将该结果归责于该行为的结论。

我们应当先分别讨论各种构成要件要素（行为主体、实行行为、行为对象、结果、因果关系等），同时将传统刑法理论所讨论的因果关系分为两个部分因果关系与结果归属。其中的因果关系，是基于存在论的事实判断；结果归属则是基于刑法目的的规范判断。不过，由于案件与判断的复杂性，很难将二者完全分离。事实上，因果关系的判断就可能包含规范判断，规范判断中也可能包含因果关系的判断。

（三）因果关系的判断

因果关系所讨论的是实行行为与法益侵害结果之间的因果关系。行为本身是否具有造成法益侵害结果的危险性，是对实行行为的判断，原则上不应当作因果关系的判断。换言之，因果关系中的原因，只能是类型化的实行行为，而不包括预备行为。因此，如果行为本身不具有法益侵害的危险甚至减少了法益侵害的危险，就不是实行行为，其与结果之间的关系就不是刑法上的因果关系。基于同样的理由，因果关系的判断以具有结果回避可能性为前提。如果缺乏结果回避可能性，就可以直接否认实行行为，因而可以直接否认因果关系。

另一方面，因果关系中的"结果"是指具体的、特定样态、特定规模、特定发生时间与地点的法益侵害结果（具体结果观），而不是抽象意义上的结果。例如，即使是被害人死亡，也要分清是毒死还是渴死，是流血过多死亡还是窒息死亡，是被合法处死还是被非法杀害，如此等等。

在整个客观世界中，各种现象普遍联系，相互制约，形成了无数的因果链条。一种现象相对于被它引起的结果而言是原因，而它本身又是被某种现象引起的结果。所以，在认定因果关系时，一方面要善于从无数因果链条中抽出行为与结果这对现象；另一方面又不能割断事物之间的联系。例如，司法机关发现某种结果时，要查出谁的行为引起了该结果，先研究这一孤立的行为与结果之间的因果关系。但仅此还不够，还要注意普遍联系，查明该行为是否由他人的行为引起，查明该结果是否导致了其他结果。

因果关系总是特定条件下的客观联系，故不能离开客观条件认定因果关系。例如，A刺伤B，伤势并不严重，但B因为患血友病而不治身亡，应当肯定A的行为与B的死亡结果之间具有因果关系。至于行为人是否认识到或者是否应当预见被害人存在疾病或者具有特殊体质，只是有无故意、过失的问题，不影响因果关系的判断。

行为与结果之间有无因果关系基本上以条件说或者合法则的条件说为标准进行判断。当能确定没有实行行为就没有侵害结果时，就可以肯定二者之间具有因果关系。例如，甲、乙二人没有意思联络，分别向丙的食物中投放了致死量50%的毒药，二人行为的重叠达到了致死量，丙吃食物后死亡。在这种情况下，由于甲、乙二人的行为分别都对丙的死亡起作用（可谓多因一果），故应肯定存在因果关系。

（四）结果归属的判断

结果归属是一种规范评价，建立在事实的因果关系基础之上。当行为与结果之间具有前述因果关系时，需要再进行结果归属的判断。只有当结果应当归属于实行行为时，行为人才对结果负责。

1. 一般规则

（1）危险的现实化

只有当行为与结果之间具有条件关系，而且行为的危险已经现实化为侵害结果时，才能将该侵害结果归属于行为。

首先，没有结果回避可能性时，不能将结果归属于行为。如护士在注射抗生素时没有为患者做皮试，患者因注射抗生素而死亡。但事后查明，即使做皮试也不能查出患者的特殊反应。由于结果不具有回避可能性，故不能将死亡结果归属于护士的行为。

其次，危险没有现实化时，不能将结果归属于行为。例如，甲以杀人故意用枪将被害人打伤后，被害人在医院遇到火灾被烧死。在此，枪杀的危险并没有现实化，故不能将死亡结果归属于枪杀行为。在这种死因不同（中枪身亡与烧死）的案件中，只要采用具体的结果观（如毒死与渴死是两种不同的死亡结果），就容易判断行为的危险是否现实化。再如，A将水性不好的C推入水库后离开现场，但C立即就能够抓住身边的可以保住性命的木板，此时与A没有意思联络的B迅速拿走了这块木板，导致C溺水身亡。不能认为A的行为的危险性已经现实化，而应将死亡结果归属于B的行为。

最后，行为没有引起注意规范的保护目的所指向的结果时，不能将结果归属于行为。也即，行为虽然违反了注意规范，但所造成的结果并不是注意规范所禁止的结果时，排除结果归属。例如，A 酒后在封闭的高速公路上驾驶机动车，撞死了突然违章横穿高速公路的 B。禁止酒后驾驶的规范，是为了防止因丧失或减弱控制车辆的能力而造成伤亡结果，所以，不能将 B 死亡的结果归责于 A 的酒后驾驶行为。

（2）构成要件的效力范围

在某种意义上说，构成要件效力范围的判断，实际上是对实行行为与结果本身的判断。

首先，在防止结果的发生属于他人负责的领域时，该结果不能归属于行为人的行为。例如，机动车驾驶者甲撞伤乙后，警察立即将具有救助可能性的乙送往医院，但途中发生事故导致乙死亡。由于防止死亡结果的救助义务已经属于警察负责的范围，故不能将死亡结果归属于甲的行为。

其次，在结果不是构成要件禁止内容时，排除结果归属。例如，刑法规定强奸罪是为了保护妇女的性行为自主权，所以，强奸行为造成的社会影响不是强奸罪构成要件禁止的内容，因而不能将社会影响归属于强奸行为。

2. 具体判断

在通常情况下，结果归属并不存在特别疑问。值得讨论的问题是，在案件存在介入因素的场合，如何判断结果归属。总的来说，需要考虑四个方面的因素：一是行为人的实行行为导致结果发生的危险性大小；二是介入因素的异常性大小；三是介入因素对结果发生的作用大小；四是介入因素是否属于行为人的管辖范围。例如，在同样是介入了医生的重大过失引起被害人死亡的案件中，如果先前的行为只是导致被害人轻伤，则不应将死亡结果归属于先前行为；如果先前行为造成被害人濒临死亡的重伤，则能够将死亡结果归属于先前行为。但是，在被害人受伤后数小时，他人故意开枪杀死被害人的，则不能将死亡结果归属于先前的伤害行为。介入情况的异常与否，对判断因果关系也具有意义。前行为必然导致介入情况、前行为通常导致介入情况、前行为很少导致介入情况、前行为与介入情况无关这四种情形，对判断因果关系所起的作用依次递增。但是，如果介入因素是行为人的管辖范围，那么，通常能够将结果归属于行为人的行为。具体来说，值得详细讨论的是以下三种介入类型。

（1）介入被害人行为的情形

在不少案件中，被告人实施行为后介入了被害人的行为，导致了结果的发生。在这种场合，要综合考虑上述四个方面的因素，得出妥当结论。第一，被告人实施的行为，导致被害人不得不或者几乎必然实施介入行为的，或者被害人实施的介入行为具有通常性的，即使该介入行为具有高度危险，也应当肯定结果归属。例如，甲点燃乙身穿的衣服，乙跳入水中溺死或者心脏停止跳动死亡的，或者甲对乙的住宅放火，乙为了抢救婴儿而进入住宅内被烧死的，应将乙的死亡结果归属于甲的行为。第二，被告人实施的行为，导致被害人介入异常行为造成了结果，但考虑到被害人的心理恐惧或者精神紧张等情形，其介入行为仍然具有通常性时，应当肯定结果归属。例如，A 向站在悬崖边的 B 开枪，B 听到枪声后坠崖身亡的，或者 A 瞄准湖中的小船开枪，船上的 B 为躲避而落入水中溺死的，应将 B 的死亡归属于 A 的行为。第三，虽然介入了被害人不适当或者异常的行为，但是，如果该异常行为属于被告人的管辖范围之内的行为，仍然能够将结果归属于被告人的行为。例如，在深水池与浅水池没有明显区分的游泳池中，教练员没有履行职责，不会游泳的练习者进入深水池溺死的，练习者的死亡要归属于教练员的行为。第四，虽然介入被害人不适当行为并造成了结果，但如果该行为是依照处于优势地位的被告人的指示而实施的，应当将结果归属于被告人的行为。例如，非法行医的被告人让身患肺炎的被害人到药店购买感冒药治疗疾病，导致被害人没有得到正常治疗而死亡的，应当将被害人的死亡结果归属于被告人的非法行医行为。第五，被告人实施行为后，被害人介入的行为对造成结果仅起轻微作用的，应当肯定结果归属。例如，甲伤害乙后，乙在医院治疗期间没有卧床休息，因伤情恶化而死亡的，或者乙在旅途中被甲打伤，乙为了尽快回原居住地，导致治疗不及时而死亡的，应将乙的死亡归属于甲的行为。第六，如果介入了被害人对结果起决定性作用的异常行为，则不能将结果归属于被告人的行为。例如，甲杀乙，乙仅受轻伤，但乙因迷信鬼神，而以香灰涂抹伤口，致细菌侵入体内死亡。

（2）介入第三者行为的情形

在结果的发生介入了第三者行为的案件中，也应综合考虑前述四个因素进行合理判断，但最重要的是判断谁的行为对结果发生起到了决定性作用，同时也要考虑第三者介入的可能性与盖然性；不能简单地认为，"凡是第三者故意介入造成结果的，就不能将结果归属于前行为"。第一，与前行为无关的介入行为导致结果发生的，不得将结果归属于前行为。在前述因果关系断绝的场合，虽然甲投放毒药的行为具有导致死亡结果的高度危险，但事实上是乙的开枪行为导致了丙的死亡，故只能将丙的死亡归属于乙的行为。第二，当被告人的伤害行为具有导致被害人死亡的高度危险，介入医生或者他人的过失行为而未能挽救伤者生命的，依然应当将死亡结果归属于伤害行为。第三，被告人实施危险行为后，通常乃至必然会介入第三者的行为导致结果发生的，应当肯定结果归属。例如，甲将爆炸物扔到乙的身边，乙立即踢开爆炸物，导致附近的丙被炸死的，应当将丙的死亡归属于甲的行为。第四，被告人实施危险行为后，介入了有义务防止危险现实化的第三者的行为时，如果第三者能够防止但没有防止危险，不能将结果归属于被告人的行为。例如，甲伤害乙后，警察赶到了现场。警察在将乙送往医院的途中车辆出故障，导致乙失血过多死亡的，不得将乙的死亡结果归属于甲的行为。第五，被告人的前行为与第三者的介入行为均对结果的发生起决定性作用的，应当将结果归属于二者。例如，甲刺杀了儿童丙后逃离，丙的母亲乙发现后能够救助而不救助，导致丙因失血过多而死亡的，应当将丙死亡的结果同时归属于甲的作为与乙的不作为。

（3）介入行为人行为的情形

可以肯定的是，倘若行为人的前行为与后行为（介入行为）实际上是一个实行行为，那么，应当将结果归属于该行为。例如，甲用石块反复击打被害人乙的头部，在乙没有任何反应之后，甲为了探明乙是否确已死亡，再次用木棒击打乙的头部。在这种情况下，由于后行为也是杀人行为，而且与前行为属于同一个实行行为，所以，不需要查明是前行为还是后行为造成死亡，就能将死亡结果归属于甲的一个杀人行为。但是，行为人的前行为与介入行为不是一个实行行为的情况下，需要判断的是将结果归属于前行为，还是归属于后行为。这在前行为与后行为的主观心理状态不同的场合，以及前后行为的性质不同的场合，具有重要意义。第一，在故意的前行为具有导致结果发生的高度危险，后来介入了行为人的过失行为造成结果时，应当将结果归属于前行为。例如，甲以杀人故意对乙实施暴力，导致乙休克；甲以为乙已死亡，为了毁灭罪证，将乙扔入水库溺死。对此，应将死亡结果归属于故意的前行为。第二，在故意的前行为具有导致结果发生的高度危险，后来介入了行为人故意实施的另一高度危险行为时，如果能够查明结果是由前行为还是后行为造成，则不存在疑问；如果不能查明结果发生的具体原因，则需要判断前后哪一行为的危险性大，一般将死亡结果归属于危险性大的行为；如果两个行为的危险性相当，或许可以将结果归属于后行为。第三，在过失的前行为具有导致结果发生的高度危险，后介入的故意或者过失行为直接造成结果时，应当将结果归属于后行为。例如，甲过失导致乙重伤，为了逃避刑事责任，故意开枪杀死乙。对此，应认定为过失致人重伤罪与故意杀人罪，实行并罚。第四，故意或者过失的前行为具有导致结果发生的高度危险，后介入的故意或者过失行为并不对结果起决定性作用的，应当将结果归属于前行为。第五，在后行为对结果的发生具有决定性作用，而前行为通常不会引起后行为时，应当将结果归属于后行为。第六，在前后均为过失行为，两个过失行为的结合导致结果发生时，应当将两个过失行为视为构成要件的行为（过失并存说）。

（五）因果关系、结果归属与刑事责任

认定因果关系、确定结果归属不等于认定刑事责任。认定某种行为与某种危害结果之间具有因果关系，以及肯定结果应当归属于行为，只是确立了行为人的行为造成了特定危害结果。一方面，行为人的行为与所造成的结果在客观上是什么性质、在刑法上属于何种类型，这不是因果关系、结果归属所能解决的问题，需要根据刑法的规定判断行为与结果的性质。另一方面，应否负刑事责任不仅取决于客观事实，还取决于行为人对自己行为及所造成的结果的心理状态；在具有因果关系的情况下，行为人可能没有刑法所要求的故意与过失，因而，不可能追究行为人的刑事责任。所以，有因果关系不等于有刑事责任。

第三节　犯罪主体

一、犯罪主体概述

一般来说，犯罪主体是指刑法规定的实施犯罪并且承担刑事责任的人（包括自然人与单位）。事实上，犯罪主体这一概念存在两种含义：一是指已经实施了刑法所规定的犯罪的行为人即犯罪人；二是指犯罪主体的条件，即具备何种条件才能成为犯罪主体，才可能承担刑事责任。作为犯罪构成的一个要件，所研究的是后者，即犯罪主体要件。

《刑法》总则规定了犯罪主体的一般要件，如，《刑法》第17条对犯罪主体的年龄条件做了规定，第18条对辨认控制能力做了规定；刑法分则的部分条文规定了犯罪主体的特殊要件，如有的条文规定犯罪主体必须是国家机关工作人员，有的条文规定犯罪主体必须是现役军人等。犯罪主体要件是实施犯罪行为的人本身必须具备的条件，包含人的自然属性（如年龄、性别等）与社会属性（身份、单位的性质等）的条件。

根据刑法的规定，犯罪主体分为自然人犯罪主体与单位犯罪主体，因此，犯罪主体要件也相应地分为自然人犯罪主体要件与单位犯罪主体要件。自然人犯罪主体又分为两种情况：一般犯罪主体与特殊犯罪主体；单位犯罪主体也可以分为两种情况：无特别限定的企业、事业单位，机关、团体与特定的企业、事业单位、机关、团体。

二、自然人犯罪主体

自然人犯罪主体的一般要件是：达到刑事法定年龄、具有辨认控制能力；但某些犯罪除了要求行为人具有这两个条件外，还必须具有特殊身份。此外，自然人是否具有实施合法行为的期待可能性，决定了能否对之进行谴责，所以，期待可能性也是需要在犯罪主体中讨论的内容。

（一）刑事法定年龄

1. 刑事法定年龄的概念

刑事法定年龄，是指刑法所规定的，行为人承担刑事责任必须达到的年龄（也称刑事责任年龄）。如果行为人没有达到刑事法定年龄，就不能从刑法上对其予以谴责，其实施的行为就不可能成立犯罪，故刑事法定年龄事实上是犯罪年龄。达到刑事法定年龄，是自然人犯罪主体必须具备的条件之一。

2. 刑事法定年龄的规定

我国《刑法》基于我国的政治、经济、文化的发展水平，少年儿童接受教育的条件，依据我国的地理、气候条件，根据国家对少年儿童的政策，对刑事法定年龄作了如下规定。

（1）不满14周岁的人，一律不负刑事责任，即不满14周岁的人所实施的任何行为，都不构成犯罪。刑法理论称之为绝对无刑事责任时期或完全无刑事责任时期。

（2）已满14周岁不满16周岁的人，犯故意杀人、故意伤害致人重伤或者死亡、强奸、抢劫、贩卖毒品、放火、爆炸、投毒罪的，应当负刑事责任。此即相对负刑事责任时期。刑法做出这样的限定，除了考虑到犯罪的严重性之外，还考虑了犯罪的常发性。还有一些犯罪或许重于这里所列举的犯罪，但由于处于这一年龄阶段的人不可能实施或者很少实施，刑法未作规定。这里的"故意杀人""故意伤害致人重伤或者死亡"包括刑法分则所规定的以故意杀人罪、故意伤害（限于重伤与致人死亡）罪论处的情形（参见《刑法》第238条第2款）；对于15周岁的人绑架他人后故意杀害被绑架人的，应按故意杀人罪追究刑事责任；其中的"强奸"包含奸淫幼女，但已满14周岁不满16周岁的人与幼女发生性关系，情节轻微、尚未造成严重后果的，不应追究刑事责任；"抢劫"应包含抢劫枪支、弹药、爆炸物、危险物质；"投毒"是指投放毒害性、放射性、传染病病原体等物质。

（3）已满16周岁的人犯罪，应当负刑事责任。即已满16周岁的人对一切犯罪承担刑事责任，此即完全负刑事责任时期。

（4）已满14周岁不满18周岁的人犯罪，应当从轻或者减轻处罚。此即减轻刑事责任时期。

除上述规定之外，《刑法》第17条第4款还规定，因不满16周岁不予刑事处罚的，责令他的家长或者监护人严加管教；在必要的时候，也可以由政府收容教养。《刑法》第17条之一规定："已满七十五周岁的人故意犯罪的，可以从轻或者减轻处罚；过失犯罪的，应当从轻或者减轻处罚。"显然，这一规定并不是因为已满75周岁的人的责任能力减少，而是基于人道主义与刑事政策的理由（特殊预防的必要性减少）。

3. 刑事法定年龄的认定

法定年龄是指实足年龄，而不是指虚岁。实足年龄以日计算，并且按公历的年、月、日计算。行为人分别过了14周岁、16周岁、18周岁生日，从第二天起，才是分别已满14周岁、16周岁、18周岁。例如，行为人1990年1月1日出生，从2004年1月2日起，才算已满14周岁。

法定年龄应当从出生之日计算至行为之日而不是结果发生之日。例如，行为人在实施杀人行为时不满14周岁但死亡结果发生时已满14周岁的，不能追究行为人故意杀人罪的刑事责任。因为犯罪是行为，辨认控制能力必须是"行为时"的辨认控制能力，那么，法定年龄也必须是"行为时"的年龄；虽然行为与结果具有密切联系，但行为不包含结果，结果也不包含行为。

关于跨法定年龄阶段的犯罪，应当注意如下两种情况。

（1）行为人已满16周岁后实施了某种犯罪，并且在已满14周岁不满16周岁期间也实施过相同的行为。至于应否一并追究刑事责任，则应具体分析。如果已满14周岁不满16周岁期间所实施的是《刑法》第17条第2款规定的特定犯罪，则应一并追究刑事责任；否则，就只能追究已满16周岁以后所犯之罪的刑事责任。

（2）行为人在已满14周岁不满16周岁期间，实施了《刑法》第17条第2款规定的特定犯罪，并在未满14周岁时也实施过相同行为，对此不能一并追究刑事责任，只能追究已满14周岁后实施的特定犯罪的刑事责任。

（二）辨认控制能力

1. 辨认控制能力的概念

辨认控制能力，是指行为人对自己行为的辨认能力与控制能力，也称刑事责任能力。

辨认能力，是指行为人认识自己特定行为的性质、结果与意义的能力；控制能力，是指行为人支配自己实施或者不实施特定行为的能力。辨认能力是控制能力的基础和前提，没有辨认能力就谈不上有控制能力。控制能力则反映辨认能力。有控制能力就表明行为人具有辨认能力。但在某些情况下，有辨认能力的人可能由于某种原因而丧失控制能力。所谓具有辨认控制能力，是指同时具有辨认能力与控制能力；如果缺少其中一种能力，则属于没有辨认控制能力。

2. 辨认控制能力的种类

根据刑法的规定以及司法实践，对行为人的辨认控制能力可作如下分类。

（1）完全辨认控制能力，即行为人对刑法规定的所有犯罪都具有辨认控制能力。根据刑法的规定，已满16周岁并且精神正常的人，都是具有完全辨认控制能力的人。

（2）相对辨认控制能力，即行为人对刑法规定的特定严重犯罪具有辨认控制能力。根据刑法的规定，已满14周岁不满16周岁的人，是有相对辨认控制能力的人，只对故意杀人等8种犯罪承担刑事责任。

（3）部分辨认控制能力，是指由于某种精神病导致对某一类犯罪没有辨认控制能力，而对其他犯罪具有完全辨认控制能力。如诉讼方对诬告陷害罪没有辨认控制能力，但对其他犯罪具有辨认控制能力。

（4）减轻辨认控制能力，即行为人由于年龄关系而对犯罪行为的辨认控制能力低于正常人。根据刑法的规定，已满14周岁不满18周岁并且精神正常的人，属于减轻辨认控制能力的人。

（5）限制辨认控制能力，即行为人由于精神障碍而对犯罪行为的辨认控制能力明显减弱或者减低。达到刑事法定年龄，但尚未完全丧失辨认或者控制自己行为能力的精神病人，具有限制辨认控制能力。

（6）无辨认控制能力，即行为人对一切犯罪都没有辨认控制能力。包括两种情况：一是行为人没有达到刑事法定年龄，法律认定他们一律没有辨认控制能力；二是行为人虽然达到刑事法定年龄，但由于精神病而对一切犯罪不具有辨认控制能力。通常所说的无辨认控制能力是指后一种情况。

3. 辨认控制能力的认定

在判断行为人的辨认控制能力时，需要注意以下问题。

（1）对于无辨认控制能力的判断，应同时采用医学标准与心理学标准。即首先判断行为人是否患有精神病；其次判断是否因为患有精神病而不能辨认或者不能控制自己的行为。前者由精神病医学专家鉴定，后者由司法工作人员判断。司法工作人员在判断精神病人有无辨认控制能力时，除了以精神病医学专家的鉴定结论为基础外，还应注意以下几点：第一，要注意审查精神病的种类以及程度轻重，因为精神病的种类与程度轻重对于判断精神病人是否具有辨认控制能力具有极为重要的意义。第二，要向精神病人的左邻右舍调查其言行与精神状况。第三，要进一步判断精神病人所实施的行为与其精神病之间有无直接联系。

（2）间歇性精神病人在精神正常的时候犯罪的，应当负刑事责任。即间歇性精神病人实施行为的时候，如果精神正常，具有辨认控制能力，就应当追究其刑事责任；反之，如果实施行为的时候，精神不正常，不具有辨认控制能力，该行为便不成立犯罪，因而不负刑事责任。由此可见，间歇性精神病人的行为是否成立犯罪，应以其实施行为时是否具有辨认控制能力为标准，而不是以侦查、起诉、审判时是否精神正常为标准。

（3）尚未完全丧失辨认或者控制自己行为能力的精神病人犯罪的，应当负刑事责任，但是可以从轻或者减轻处罚。

（4）醉酒的人犯罪应当负刑事责任。

（5）又聋又哑的人或者盲人犯罪，可以从轻、减轻或者免除处罚。

（三）特殊身份

特殊身份是指行为人在身份上的特殊资格，以及其他与一定的犯罪行为有关的，行为人在社会关系上的特殊地位或者状态。如，男女性别、亲属关系、国家工作人员等。这些特殊身份不是自然人犯罪主体的一般要件，只是某些犯罪的自然人主体必须具备的要件。

特殊身份必须是行为人开始实施犯罪行为时就已经具有的特殊资格或已经形成的特殊地位或者状态，因为实施犯罪才在犯罪活动或者犯罪组织中形成的特殊地位（如首要分子）不是特殊身份。特殊身份是行为人在人身方面的特殊资格、地位或状态，并具有一定的持续性，因此，特定犯罪目的与动机等心理状态，不宜归入特殊身份。特殊身份总是与一定的犯罪行为密切联系的，与犯罪行为没有联系的资格等情况，不是特殊身份。例如，在叛逃罪中，国籍以及是否国家工作人员与犯罪行为有密切联系，属于特殊身份；但在故意杀人罪中，国籍以及是否国家工作人员与犯罪行为没有密切联系，因而不是特殊身份。特殊身份既可能是终身具有的身份，也可能是一定时期或临时具有的身份，这取决于身份的类型与刑法的规定。特殊身份既可能是由于出生等事实关系所形成的身份，如，男女、亲属关系；也可能是由于法律规定所形成的身份，如，证人、依法被关押的罪犯；还可能是同时由于事实关系与法律规定所形成的身份，如，对于年老、年幼、患病或者其他没有独立生活能力的人负有扶养义务的人，一方面有基于亲属关系所形成的自然身份，另一方面也有基于法律规定的法定身份。

根据我国《刑法》分则的规定，特殊身份主要包括以下几类。

（1）以特定公职为内容的特殊身份，如国家工作人员、司法工作人员、邮政工作人员、税务机关工作人员等；

（2）以特定职业为内容的特殊身份，如，航空人员、铁路职工、医务人员等；

（3）以特定法律义务为内容的特殊身份，如，纳税人、扣缴义务人等；

（4）以特定法律地位为内容的特殊身份，如，证人、鉴定人、记录人、翻译人等；

（5）以持有特定物品为内容的特殊身份，如，依法配备公务用枪的人员等；

（6）以参与某种活动为内容的特殊身份，如，投标人、公司发起人等；

（7）以患有特定疾病为内容的特殊身份，如，严重性病患者；

（8）以居住地和特定组织成员为内容的特殊身份，如，境外的黑社会性质组织的人员等。

作为犯罪主体要件的特殊身份，只是针对该犯罪的实行犯而言，至于教唆犯与帮助犯，则不受特殊身份的限制。例如，贪污罪的主体必须是国家工作人员或者受国家机关、国有公司、企业、事业单位、人民团体委托管理、经营国有资产的人员，但这只是就实行犯而言，不具有上述特殊身份的人教唆或者帮助具有上述特殊身份的人犯贪污罪的，成立共犯。

（四）期待可能性

所谓期待可能性，是指根据具体情况，有可能期待行为人不实施不法行为而实施其他合法行为。期待可能性的理论认为，如果不能期待行为人实施其他合法行为（换言之，行为人在当时的情况下只能实施违法行为），就不能对其进行谴责，因而不能以犯罪论处。

问题是，如何判断行为人是否具有合法行为的期待可能性，这便是期待可能性的判断标准问题。行为人标准说主张，以行为时的具体状况下的行为人自身的能力为标准。如果在当时的具体状况下，不能期待该行为人实施适法行为，就表明缺乏期待可能性。可是，如果行为人本人不能实施适法行为，就不期待其实施，那么就没有法秩序可言。而且，这一学说不能说明确信犯的责任，因为确信犯大多认为自己的行为是正当的，倘若以行为人为标准，这些人就缺乏期待可能性，因而不能承担责任，但事实上并非如此。平均人标准说认为，如果对处于行为人状态下的通常人、平均人，能够期待其实施适法行为，则该行为人也具有期待可能性；如果对处于行为人状态下的通常人、平均人，不能期待其实施适法行为，则该行为人也不具有期待可能性。但是，此说没有考虑到对平均人能够期待而对行为人不能期待的情况，这就不符合期待可能性理论的本意。法规范标准说或国家标准说主张，以国家或者国家的法秩序的具体要求为标准，判断是否具有期待可能性。因为所谓期待，是指国家或法秩序对行为人的期待，而不是行为人本人的期待，因此，是否具有期待可能性，只能以国家或法秩序的要求为标准，而不是以被期待的行为人或平均人为标准。然而，期待可能性的理论本来是为了针对行为人的人性弱点而给予法的救济，所以，应考虑那些不能适应国家期待的行为人，法规范标准说则没有考虑这一点；而且究竟在什么场合国家或法秩序期待行为人实施适法行为，是一个不明确的问题，因此，法规范标准说实际上没有提出任何标准。

其实，上述三种学说只是把握了期待可能性判断标准的部分侧面，它们之间的对立并无重要意义。就行为人的身体的、心理的条件等能力而言，必须以具体的行为人为基准，而不可能以一般人为基准，但这并不意味着，以"因为是这个行为人所以没办法"为由而不以犯罪论处。"平均人"也不意味着统计学意义上的平均人，而是具有行为人特性的其他多数人，是判断行为人是否具有期待可能性的技术性概念，因为只有与他人比较，才能判断特定的行为人是否具有期待可能性。所以，所谓行为人与平均人之间不一定有实质的差别。法规范标准说与行为人标准说也不是对立的。因为期待可能性的判断，并不是单纯从行为人一方的他行为可能性的观察就可以得出合理结论，而是要考虑法秩序的需要。换言之，期待可能性的判断，是对个人与法秩序之间的紧张关系的一种判断。

结局只能是，站在法益保护的立场，根据行为人当时的身体的、心理的条件以及附随情况，通过与具有行为人特性的其他多数人的比较，判断能否期待行为当时的行为人通过发挥其能力而不实施违法行为。以已婚妇女的事实重婚为例，以下情形没有期待可能性，不应以重婚罪论处：结婚后因遭受自然灾害外流谋生，与他人形成事实婚姻的；因配偶长期外出下落不明，造成家庭生活严重困难，又与他人形成事实婚姻的；因强迫、包办婚姻或因婚后受虐待外逃，与他人形成事实婚姻的；已婚妇女在被拐卖后，与他人形成事实婚姻的。但是，上述妇女又与他人前往婚姻登记机关登记结婚的，并不缺乏期待可能性。

三、单位犯罪主体

（一）单位犯罪概述

一般来说，单位犯罪是指公司、企业、事业单位、机关、团体为本单位牟取非法利益，经单位集体研究或者由负责人决定，由单位直接责任人员具体实施的犯罪。据此，单位犯罪具有以下特征。

（1）单位犯罪是公司、企业、事业单位、机关、团体犯罪，即单位本身犯罪，而不是单位的各个成员的犯罪之和。

（2）单位犯罪是经单位集体研究决定或者由负责人员决定，由直接责任人员实施，并且与其经营、管理活动具有密切关系的犯罪；单位一般成员实施的犯罪，不属于单位犯罪；与单位的经营、管理活动没有任何关系的犯罪（如故意杀人等）不可能成为单位犯罪。

（3）单位犯罪一般是出于为本单位牟取非法利益的目的；为单位谋取合法利益的行为不可能成立任何犯罪，仅仅为单位个别或少数成员谋取非法利益的行为也不是单位犯罪。

（4）单位犯罪一般是以单位名义实施的，但这不是绝对的。

单位犯罪的上述特征，决定了单位犯罪的刑事责任的特点：

（1）单位犯罪的刑事责任具有整体性，即单位的刑事责任是单位整体的刑事责任，而不是单位内部各成员的刑事责任。

（2）单位犯罪的刑事责任具有双重性，即对于单位犯罪，原则上除了追究单位整体的刑事责任外，还要追究单位直接负责的主管人员和其他直接责任人员的刑事责任。直接负责的主管人员，是在单位实施的犯罪中起决定、批准、授意、纵容、指挥等作用的人员，一般是单位的主管负责人，包括法定代表人。其他直接责任人员，是在单位犯罪中具体实施犯罪并起较大作用的人员，既可以是单位的经营管理人员，也可以是单位的职工，包括聘任、雇用的人员。应当注意的是，在单位犯罪中，对于受单位领导指派或奉命而参与实施了一定犯罪行为的人员，一般不宜作为直接责任人员追究刑事责任。对单位犯罪中的直接负责的主管人员和其他直接责任人员，应根据其在单位犯罪中的地位、作用和犯罪情节，分别处以相应的刑罚。

（3）单位犯罪的刑事责任具有局限性，即一方面，单位不可能成为一切犯罪的主体，因而不可能对一切犯罪承担刑事责任，从法律规定上说，只有当刑法规定了单位可以成为某种犯罪的主体时，才可能将单位认定为犯罪主体；另一方面，对犯罪的单位本身，只能适用有限的刑罚方法，即只能判处罚金，而不能判处其他刑罚。

特别需要注意的是，单位犯罪以刑法明文规定单位应受刑罚处罚为前提。即只有当刑法规定了单位可以成为某种犯罪的行为主体时，才可能将单位认定为犯罪主体。《刑法》第30条规定："公司、企业、事业单位、机关、团体实施的危害社会的行为，法律规定为单位犯罪的，应当负刑事责任。"这表明，刑法没有规定单位可以成为行为主体时，只能由自然人作为行为主体。换言之，某种犯罪行为"由单位实施"，但刑法没有将单位规定为行为主体时，应当而且只能对自然人定罪量刑。全国人大常委会2014年4月24日《关于〈中华人民共和国刑法〉第三十条的解释》明确规定："公司、企业、事业单位、机关、团体等单位实施刑法规定的危害社会的行为，刑法分则和其他法律未规定追究单位的刑事责任的，对组织、策划、实施该危害社会行为的人依法追究刑事责任。"

（二）单位犯罪主体的认定

根据《刑法》第30条的规定，单位犯罪的主体，必须是依法成立并有合法经营、管理范围的公司、企业、事业单位、机关、团体。个人为进行违法犯罪活动而设立的公司、企业、事业单位实施犯罪的，或者公司、企业、事业单位设立后，以实施犯罪为主要活动的，不以单位犯罪论处。个人盗用单位名义实施犯罪，违法所得由实施犯罪的个人私分的，不属于单位犯罪，应依照刑法有关自然人犯罪的规定定罪处罚。

总的来说，《刑法》第30条规定的"公司、企业、事业单位"，既包括国有、集体所有的公司、企业、事业单位，也包括依法设立的合资经营、合作经营企业和具有法人资格的独资、私营公司、企业、事业单位。但这并不意味着任何单位都可以实施任何单位犯罪。因为有的单位犯罪要求单位具有特定的所有制性质，如，《刑法》第387条规定的单位受贿罪的犯罪主体只能是国家机关、国有公司、企业、事业单位、人民团体；有的单位犯罪要求单位具有特定的职能性质，如，《刑法》第396条第2款所规定的犯罪主体，只限于司法机关与行政执法机关；有的单位犯罪要求单位具有特定义务，如，构成逃税罪的单位必须具有纳税义务或者扣缴义务。

符合我国法人资格条件的外国公司、企业、事业单位，在我国领域内实施危害社会的行为，符合我国刑法构成犯罪的，应当依照我国刑法关于单位犯罪的规定追究刑事责任。个人为在我国领域内进行违法犯罪活动而设立的外国公司、企业、事业单位实施犯罪的，或者外围公司、企业、事业单位设立后在我国领域内以实施违法犯罪为主要活动的，不以单位犯罪论处。

涉嫌犯罪的单位被撤销、注销、吊销营业执照或者宣告破产的，应当根据刑法关于单位犯罪的相关规定，对实施犯罪行为的该单位直接负责的主管人员和其他直接责任人员予以追诉，对该单位不再追诉。涉嫌犯罪的单位已被合并到一个新单位的，对原犯罪单位及其直接负责的主管人员和其他直接责任人员应依法定罪量刑。人民法院审判时，对被告单位应列原犯罪单位名称，但注明已被并入新的单位，对被告单位所判处的罚金数额以其并入新的单位的财产及收益为限。

第四节　犯罪主观要件

一、犯罪主观要件概述

犯罪主观要件，是指刑法规定成立犯罪必须具备的，犯罪主体对其实施的危害行为及其危害结果所持的心理态度。这种心理态度，是行为人受刑法的谴责所必须具备的条件。犯罪心理态度的基本内容是故意与过失（合称为罪过）；此外，还有犯罪目的与动机。罪过与犯罪客观要件密切联系：罪过是对危害行为与危害结果的故意与过失；罪过必须表现在一定的危害行为中；罪过只能是行为时的心理态度，罪过的有无以及罪过形式与内容都应以行为时为准，而不以行为前或行为后为准。刑法总则明文规定了故意与过失的含义，任何犯罪的成立都要求行为人主观上具有故意或者过失；不具有故意与过失的行为，不可能成立犯罪。在某些情况下行为人可能对法律或者客观事实发生认识错误，这种认识错误可能影响其刑事责任，因而需要研究。

二、犯罪故意

（一）故意的概念

根据《刑法》第 14 条第 1 款的规定，犯罪故意，是指明知自己的行为会发生危害社会的结果，并且希望或者放任这种结果发生的心理态度。犯罪故意由两个因素构成：一是认识因素，即明知自己的行为会发生危害社会的结果；二是意志因素，即希望或者放任这种结果发生。二者的有机统一才是犯罪故意：一方面，任何犯罪的故意都必须同时存在认识因素与意志因素；另一方面，认识因素与意志因素之间具有内在联系，突出地表现在，行为人所认识到的结果与所希望或者放任的结果必须是同一的，而且意志因素以认识因素为前提。

（二）故意的种类

根据刑法的规定，故意可以分为直接故意与间接故意。

1. 直接故意

直接故意，是指明知自己的行为会发生危害社会的结果，并且希望这种结果发生的心理态度。直接故意是认识因素与意志因素的统一。

（1）直接故意的认识因素是明知自己的行为会发生危害社会的结果。第一，行为人明知自己行为的内容与危害性质。认识到行为的危害性质却仍然实施该行为，就说明行为人具有主观恶性。第二，行为人明知自己的行为会发生某种危害结果。对危害结果的认识不要求很具体，只要求认识到危害结果的基本性质。例如，故意杀人时，只要求认识到有人会死亡即可，不要求具体认识到谁在什么具体时刻死亡。对危害结果的明知包括明知危害结果必然发生与明知危害结果可能发生两种情况；行为人所明知的是哪一种情况，应以行为人自身的认识为准，不以客观事实为准。对危害结果的明知表明行为人认识到自己的行为与危害结果之间的因果关系，但只要求行为人认识到因果关系的基本部分，不要求对因果关系发展的具体样态有认识。第三，某些犯罪的故意还要求行为人认识到刑法规定的特定事实，如特定的时间、地点、对象等。例如，窝藏罪的成立要求行为人明知自己所窝藏的是犯罪的人。

（2）直接故意的意志因素是希望危害结果发生。这里的危害结果是指行为人已经明知会发生的那种危害结果；希望是指行为人积极追求危害结果的发生，发生危害结果是行为人实施危害行为所直接追求的目标。

2. 间接故意

间接故意，是指明知自己的行为可能发生危害社会的结果，并且放任这种结果发生的心理态度。

间接故意的认识因素与直接故意的认识因素基本相同，区别在于：直接故意既可能是明知自己的行为必然发生危害结果，也可能是明知自己的行为可能发生危害结果，而间接故意只能是明知自己的行为可能发生危害结果。间接故意的意志因素是放任危害结果发生。这里的危害结果也是行为人已经明知的危害结果。放任是对危害结果的一种听之任之的态度。即行为人为了追求一定的目的而实施一定行为时，明知该行为可能发生某种危害结果；行为人既不是希望危害结果发生，也不是希望危害结果不发生，但仍然实施该行为，也不采取措施防止危害结果发生，而是听任危害结果发生；结果发生与否，都不违背行为人的意志。例如，甲为了掩盖自己贪污罪行，企图放火烧毁会计室，深夜放火时发现乙在会计室睡觉，明知放火行为可能烧死乙，但仍然放火，也没有采取任何措施防止乙死亡，乙果真被烧死。甲的目的在于烧毁账目，不是希望乙死亡，而是对乙的死亡持听之任之的态度，这便是放任的心理态度。由此可见，放任是以行为仅具有导致结果发生的可能性为前提的。

间接故意犯罪主要发生在以下两种情况：一是行为人为了实现某种非犯罪意图而放任危害结果的发生，如，狩猎人为了击中野兽而对可能击中他人持放任态度；二是行为人为了实现某种犯罪意图而放任另一危害结果的发生，如，为了抢劫财物而使用暴力放任被害人死亡，或者为了杀妻而在妻子碗内投放毒物时，放任孩子的死亡。

（三）故意与法律认识错误

法律认识错误，与故意是否需要认识到行为的违法性，是一个问题的不同侧面。故意的成立是否要求行为人认识到自己行为的违法性，在国内外都存在不同观点。

在我国，故意的成立原则上不要求行为人现实地认识到行为的违法性。首先，当行为人认识到自己实施的是危害行为、会造成危害结果，并希望或者放任这种结果发生时，就反映出行为人积极侵犯法益的态度；并不是只有认识到违法性时，才能反映这种态度。其次，违法性是社会危害性的法律表现，既然要求行为人认识到行为的社会危害性，就没有必要还要求行为人认识到违法性；《刑法》第 14 条也没有要求行为人认识到违法性。再次，如果因为不知刑法就不承担故意犯罪的刑事责任，则不利于鼓励公民学法、知法，也会造成严重的不公平现象。换言之，如果故意的成立以违法性的认识为前提，则导致知法者成立故意犯罪的可能性大，而不知法者成立故意犯罪的可能性小，这与法秩序不相符合。最后，如果要求故意的成立以违法性的认识为前提，那么，司法机关一方面根据行为人对危害行为及结果的认识与意志来区分故意与过失；另一方面又要根据对违法性的认识来区分故意与过失，当二者存在冲突时，便难以认定罪过形式。

但是，在特殊情况下，如果行为人由于不知法而不能认识行为的危害性与危害结果，则不成立故意。这主要有两类情况：第一，因为不知道法律的存在而不能认识行为的危害性。例如，某种行为（如捕杀麻雀）历来不被法律禁止，人们历来不认为该行为是危害行为、该行为的结果是危害结果；但后来国家颁布法律宣告禁止实施该行为（将麻雀列入国家保护的鸟类）；在这种情况下，如果行为人由于某种元凶确实不知该法律，不知自己的行为是违法的，也就不可能明知自己的行为会发生危害社会的结果，因而，不具备故意的认识因素，不成立故意。这表面上看是因为不知行为的违法性而不成立故意，实际上是因为不知行为的危害性而不成立故意。第二，由于误解法律而不能认识行为的危害性。即行为人虽然知道某种法律的存在，但对有关内容存在误解，而且不清楚自己的行为是否具有危害性时（尤其在部分经济领域、在行为同时存在利弊的场合），因为信赖司法机关或者其他有权机关的解释或者依赖低层次的法规，而实施了法律所禁止的行为时，因为没有认识到行为的危害性，也不能成立故意犯罪。例如，司法机关对法律条文作了错误解释，而且该解释具有法律效力，行为人根据该解释实施了某种并没有被该解释视为犯罪的行为时，行为人没有认识到行为的违法性，因而也没有认识到行为的危害性；即使法律的真实含义是禁止该行为，或者后来效力更高的有权解释认定该行为构成犯罪，也不能追究行为人的故意犯罪责任。

与违法性认识相关还有两种情况：一是行为人误认为自己实施的是刑法所禁止的犯罪行为，其实该行为并未被刑法禁止。这种情况被称为幻觉犯。例如，行为人以为与现役军人配偶通奸是犯罪，在实施通奸行为后自动投案，但刑法并没有将这种行为规定为犯罪。显然，这种认识错误不会导致其行为构成犯罪。因为认定犯罪的法律标准是刑法规定的犯罪构成，既然某种行为并未被刑法禁止，就不能因为行为人误认为是犯罪而认定有罪。二是行为人对自己实施的犯罪行为在罪名、罪数、量刑等方面有不正确的理解。例如，行为人误认为自己以造成被保险人伤残的方法骗取保险金的行为仅成立保险诈骗罪，而刑法规定该行为成立保险诈骗罪与故意伤害罪。这种认识错误既不影响故意的成立，也不影响量刑，因为司法机关只能根据案件事实与刑法规定确定罪名、罪数与刑罚，而不是根据行为人对罪名、罪数、量刑的认识确定罪名、罪数与刑罚。

（四）故意与事实认识错误

事实认识错误，是指行为人的认识内容与客观事实不一致。对事实的认识错误分为具体的事实认识错误与抽象的事实认识错误。

1. 具体的事实认识错误

具体的事实认识错误（具体的事实错误），是指行为人认识的事实与实际发生的事实虽然不一致，但没有超出同一犯罪构成的范围，即行为人只是在某个犯罪构成的范围内发生了对事实的认识错误，因而也被称为同一犯罪构成内的错误。具体的事实错误主要包括对象错误、打击错误与因果关系错误。

（1）对象错误

具体的事实错误中的对象错误，是指行为人误把甲对象当作乙对象加以侵害，而甲对象与乙对象体现相同的法益，行为人的认识内容与客观事实仍属同一犯罪构成的情况。例如，行为人本欲杀甲，黑夜里误将乙当作甲进行杀害。刑法理论一般采取法定符合说：刑法规定故意杀人罪是为了保护人的生命，而不只是保护特定甲或者特定乙的生命，因此，只要行为人主观上想杀人，而客观上又杀了人，那么就符合故意杀人罪的构成要件，成立故意杀人罪的既遂。

（2）打击错误

打击错误也称方法错误，是指由于行为本身的差误，导致行为人所欲攻击的对象与实际受害的对象不一致，但这种不一致仍然没有超出同一犯罪构成。例如，行为人举枪射击甲，但因没有瞄准而击中了乙，导致乙死亡。

根据法定符合说，在上述情况下，行为人主观上具有杀人的故意，客观上的杀人行为也导致他人死亡，二者在刑法规定的故意杀人罪的犯罪构成内是完全一致的，因而成立故意杀人既遂。问题是，行为人本欲杀甲，但因为行为误差，同时导致甲与乙死亡的，应如何处理？一般认为，行为人对甲与乙都成立故意杀人既遂，但由于只有一个行为，所以应按想象竞合犯以一罪论处。

（3）因果关系错误

因果关系错误，是指侵害的对象没有错误，但造成侵害的因果关系的发展过程与行为人所预想的发展过程不一致，以及侵害结果推后或者提前发生的情况。因果关系错误主要有两种情况：狭义的因果关系错误、事前的故意与犯罪构成的提前实现。

狭义的因果关系错误，是指结果的发生不是按照行为人对因果关系的发展所预见的进程来实现的情况。例如，甲以杀人的故意用刀刺杀乙，使乙受伤，但乙为血友病患者，因流血过多而死亡。再如，甲为了使乙溺死而将乙推入井中，但井中没有水，乙摔死在井中。又如，甲以杀人故意向乙开枪射击，乙为了避免子弹打中自己而后退，结果坠入悬崖而死亡。要解决因果关系的认识错误问题，关键是要明确故意的成立所要求的对因果关系的认识，是一种什么程度的认识。一般来说，行为人对自己的行为与危害结果之间的因果关系的认识，或许是必要的，但充其量只要求认识其基本部分，即只要求行为人认识到自己实施的行为会发生危害社会的结果就够了，而不要求对因果关系发展的具体样态有明确认识。因为行为人对因果关系的基本部分有认识，就能说明行为人对法益的保护所持的相对态度；对因果关系发展的具体样态的认识如何，并不影响行为人的非难可能性程度。所以，行为人对因果关系发展的具体样态的认识错误，不影响故意犯罪既遂的成立。换言之，指向同一结果的因果关系发展过程的错误，在犯罪构成的评价上并不重要，因为既然行为人具有实现同一结果的故意，现实所发生的结果与行为人所实施的行为具有因果关系，就必须肯定行为人对现实所产生的结果具有故意，因而成立故意犯罪既遂。

事前的故意，是指行为人误认为第一个行为已经造成结果，出于其他目的实施第二个行为，实际上是第二个行为才导致预期的结果的情况。例如，甲以杀人故意对乙实施暴力（第一行为），造成乙休克后，甲以为乙已经死亡，为了隐匿罪迹，将乙扔至水中（第二行为），实际上乙是溺死于水中。在这种场合，第一行为与死亡结果之间的因果关系并未中断，即仍应肯定第一行为与结果之间的因果关系，而且现实所发生的结果与行为人意欲实现的结果完全一致，故应以故意犯罪既遂论处。

犯罪构成的提前实现，实际上是指提前实现了行为人所预想的结果。例如，甲准备使乙吃安眠药熟睡后将其绞死，但未待甲实施绞杀行为时，乙由于安眠药过量而死亡。再如，甲准备将乙的贵重物品搬至院墙外毁坏，但刚拿起贵重物品时，贵重物品从手中滑落而摔坏。要认定这种行为是否成立故意犯罪既遂，关键在于行为人在实施第一行为时，是否已经着手实行，如果能得出肯定结论，则应认定为故意犯罪既遂，如果得出否定结论，则否认故意犯罪既遂。

2. 抽象的事实认识错误

抽象的事实认识错误（抽象的事实错误），是指行为人所认识的事实与现实所发生的事实，分别属于不同的犯罪构成；或者说，行为人所认识的事实与所发生的事实跨越了不同的犯罪构成，因而也被称为不同犯罪构成间的错误。抽象的事实错误只有对象错误与打击错误两种情况：前者是指，行为人误把甲对象当作乙对象加以侵害，而甲对象与乙对象体现不同的法益，分属不同的犯罪构成。例如，行为人本欲盗窃一般财物，却误将枪支当作一般财物进行盗窃。这种认识错误超出了犯罪构成的范围，行为人所认识的事实（盗窃财物）与现实所发生的事实（盗窃枪支）分别属于不同的犯罪构成。后者是指，由于行为本身的误差，导致行为人所欲攻击的对象与实际受害的对象不一致，而且这种不一致超出了同一犯罪构成。例如，行为人本欲射击乙，但因没有瞄准，而将乙身边价值近万元的宠物打死。同样，行为人所认识的事实（杀人）与现实所发生的事实（毁坏财物）分别属于不同的犯罪构成。抽象的事实错误实际上存在两种类型：一是主观方面轻而客观方面重，即行为人本欲犯轻罪，客观上却是重罪的犯罪事实，本欲毁坏财物却杀害了人就是如此。二是主观方面重而客观方面轻，即行为人本欲犯重罪，客观上却是轻罪的犯罪事实，本欲杀人却打死了宠物就是如此。

一般认为，不同犯罪构成之间的错误原则上排除故意的成立或者仅成立故意犯罪未遂。例如，行为人本欲杀害宠物但实际上却致人死亡。根据法定符合说，行为人虽然具有毁坏财物的故意，但对人的死亡充其量是过失；如果故意毁坏财物罪不处罚未遂，那么，只能成立过失致人死亡罪。反之，行为人本欲杀人但实际上却打中了他人身边的宠物。行为人具有杀人的故意与行为，行为也具有导致他人死亡的危险性，但客观上没有致人死亡；而过失毁坏财物不具有可罚性，故成立故意杀人未遂。

但是，在抽象的事实错误的场合，不能仅根据行为人的故意内容或仅根据行为的客观事实认定犯罪，而应在故意内容与客观事实相符合的范围内认定犯罪，也即，承认在重合的限度内成立轻罪的既遂犯（倘若重罪成立未遂犯，则轻罪的既遂犯与重罪的未遂犯属于想象竞合关系）。例一，A出于盗窃财物（轻罪）的故意实际上却盗窃了枪支（重罪）时，由于主观上没有盗窃枪支的故意，故不能认定为盗窃枪支罪；A具有盗窃罪的故意，也实施了盗窃行为，枪支同时具有财产价值，因而可以评价为财物，于是，A的行为同时符合了盗窃罪的客观要件与主观要件，故应认定为盗窃罪。例二，B将他人占有的财物误认为是遗忘物而据为己有。B虽然在客观上实施的是盗窃行为（重罪），符合盗窃罪的客观要件，但主观上仅具有侵占遗忘物（轻罪）的故意，缺乏盗窃罪的故意，只能认定为侵占罪。例三，C以为是尸体而实施奸淫行为，但事实上被害人当时并未死亡。行为虽然符合强奸罪（重罪）的客观要件，但主观上仅有侮辱尸体（轻罪）的故意，只能认定为侮辱尸体既遂。

（五）故意的认定

关于犯罪的认定，在司法实践中还要注意以下几点。

（1）要将犯罪故意与一般生活意义上的"故意"相区别。犯罪故意具有社会危害性的特定内容，具体表现为对自己实施的危害行为及其危害结果的认识与希望或放任态度，而一般生活意义上的"故意"只是表明行为人有意识地实施某种行为。例如，行为人进行正当防卫时所具有的是一般生活意义上的"故意"，而不是刑法上的故意。

（2）要将犯罪故意与单纯的认识或者单纯的目的相区别。故意是认识因素与意志因素的统一，因此，既不能用意志因素代替故意，也不能用认识因素代替故意。用"具有……目的"代替犯罪故意时，可能将间接故意排除在故意之外；用"认识到……"代替故意时，可能将过于自信的过失归入故意。这都是不妥当的。例如，不能因为行为人认识到自己的驾驶行为违反了交通规则，就认定其成立故意犯罪。

（3）要将总则条文规定的"明知"与分则条文规定的"明知"相区别。刑法总则规定犯罪故意的认识因素是"明知"自己的行为会发生危害社会的结果，刑法分则某些条文对犯罪规定了"明知"的特定内容（参见《刑法》第312条）。这两种"明知"既有联系又有区别。总则上的"明知"是故意的一般构成要素，分则上的"明知"是故意的特定构成要素；只有具备分则中的"明知"，才能产生总则中的"明知"；但分则中的"明知"不等于总则中的"明知"，只是总则中的"明知"的前提。

（4）要将合理推定与主观臆断相区别。这里的推定是指根据客观事实推导行为人的心理状态。客观事实是检验行为人心理状态的根据，通过运用证据而得出结论与通过推定而得出结论之间仅仅是一种程度上的区别。司法机关可以运用推定方法证明行为人有无故意心理状态，如，根据行为人接受赃物的时间、地点、品种、数量、价格等推定行为人是否明知是犯罪所得的赃物。当然，推定必须以客观事实为根据，这是与主观臆断的区别所在；推定时应允许被告人提出相反证据以克服推定在特殊情况下的虚假性；推定方法只应在"故意"有无不清、又无法找出证据证明时加以运用，不得一概以推定方法代替调查取证。

三、犯罪过失

（一）过失的概念

根据《刑法》第15条第1款的规定，犯罪过失，是指应当预见自己的行为可能发生危害社会的结果，因为疏忽大意而没有预见，或者已经预见而轻信能够避免的心理状态。过失与故意均统一于罪过的概念之下，故二者具有相同之处：过失与故意都是认识因素与意志因素的统一，都说明行为人对法律的保护持悖反态度。但是，过失与故意又是两种不同的罪过形式，各自的认识因素与意志因素的具体内容不同，过失所反映的主观恶性明显小于故意，所以，刑法对过失犯罪的规定不同于故意犯罪。首先，过失犯罪均以发生危害结果为要件，而故意犯罪并非一概要求发生危害结果。其次，刑法规定"过失犯罪，法律有规定的才负刑事责任"，"故意犯罪，应当负刑事责任"，这体现了刑法以处罚故意犯罪为原则，以处罚过失犯罪为例外的精神。最后，刑法对过失犯罪规定了较故意犯罪轻得多的法定刑。

（二）过失的种类

根据刑法的规定，过失可以分为疏忽大意的过失与过于自信的过失。

1. 疏忽大意的过失

疏忽大意的过失，是指应当预见自己的行为可能发生危害社会的结果，因为疏忽大意而没有预见，以致发生这种结果的心理状态。

疏忽大意的过失是一种无认识的过失，即行为人没有预见到自己的行为可能发生危害社会的结果；没有预见的原因并非行为人不能预见，而是在应当预见的情况下由于疏忽大意才没有预见；如果行为人小心谨慎、认真负责，就会预见进而避免危害结果的发生。但从司法实践来看，判断行为人是否具有疏忽大意的过失，并不是先判断行为人是否疏忽大意，而是先判断行为人是否应当预见自己的行为可能发生危害结果，如果应当预见而没有预见，就说明行为人疏忽大意了。因此，认定疏忽大意过失的关键是确定应当预见的前提与应当预见的内容。

应当预见的前提是行为人能够预见。应当预见显然是一种预见义务，这种义务不仅包括法律、法令、职务与业务方面的规章制度所确定的义务，而且包括日常生活准则所提出的义务。但是，国家只是要求那些有能力履行义务的人履行义务，即应当履行是以能够履行为前提的，所以，预见义务以预见可能为前提。而预见可能因人而异，需要具体确定。在判断行为人能否预见自己的行为可能发生危害结果时，应当把行为人的知能水平与行为本身的危险程度以及行为时的客观环境结合起来进行考察。有些行为人，按其知能水平来说，能够预见危险程度高的行为可能发生危害结果，但不能预见危险程度低的行为可能发生危害结果；有些行为人，在一般条件下能够预见某种行为可能发生危害结果，但在某种特殊情况下，由于客观环境的限制，却不能预见某种行为可能发生危害结果；在同样客观环境下或对于危险程度相同的行为，有的行为人知能水平高因而能够预见危害结果，有的行为人知能水平低因而不能够预见危害结果。总之，需要具体情况具体分析。

应当预见的内容是法定的危害结果。过失犯罪以发生危害结果为构成要件，构成要件是由刑法规定的，所以，行为人应当预见的结果不是一般意义的结果，也不是任何危害结果，而是刑法分则明文规定的危害结果。例如，在过失致人死亡时，行为人所应当预见的是自己的行为可能发生他人死亡的危害结果。

行为人能够预见因而应当预见自己的行为可能发生危害社会的结果。因为疏忽大意而没有预见，因而导致危害结果发生的，就成立疏忽大意的过失犯罪。

2. 过于自信的过失

过于自信的过失，是指已经预见自己的行为可能发生危害社会的结果，但轻信能够避免，以致发生这种结果的心理状态。

过于自信的过失是有认识的过失。行为人已经预见自己的行为可能发生危害社会的结果，同时又轻信能够避免危害结果，这就是过于自信过失的认识因素。行为人之所以在已经预见危害结果的情况下还实施该行为，是因为他轻信自己能够避免危害结果的发生，这表明行为人希望危害结果不发生。轻信能够避免，是指在预见到结果可能发生的同时，又凭借一定的主客观条件，相信自己能够防止结果的发生，但所凭借的主客观条件并不可靠、并不充分。轻信能够避免主要表现为过高地估计自己的主观能力，或者不当地估计了现实存在的客观条件对避免危害结果的作用。

过于自信的过失与间接故意具有相似之处，如二者均认识到危害结果发生的可能性，都不是希望危害结果发生，但二者的区别也是明显的：间接故意是放任危害结果发生，结果的发生符合行为人的意志，而过于自信的过失是希望危害结果不发生，结果的发生违背了行为人的意志；间接故意的行为人是为了实现其他意图而实施行为，主观上根本不考虑是否可以避免危害结果的发生，客观上也没有采取避免结果发生的措施，而过于自信过失的行为人之所以实施其行为，是因为考虑到可以避免危害结果的发生；从法律用语上看，间接故意是"明知"危害结果可能发生，而过于自信的过失是"预见"危害结果可能发生。

（三）过失的认定

根据《刑法》第16条的规定，行为在客观上虽然造成了损害结果，但是不是出于故意或者过失，而是由于不能抗拒或者不能预见的原因所引起的，不是犯罪。

在认定疏忽大意的过失时，应当与意外事件进行严格区分。意外事件与疏忽大意的过失有相似之处，即都没有预见自己行为的结果，客观上又都发生了结果，但前者是不能够预见、不应当预见，后者是能够预见、应当预见，只是疏忽大意才没有预见。在这个问题上，应当从分析行为入手，根据行为本身的危险程度、行为的客观环境以及行为人的知能水平，判断行为人在当时的情况下能否预见结果的发生，而不能站在事后的立场进行判断；不能因为结果严重就断定行为人能够预见、应当预见；也不能因为行为人所实施的是不道德或一般违法行为，就认定行为人能够预见危害结果的发生。

在认定过于自信的过失时，不能将合理信赖认定为轻信能够避免，例如，汽车司机在封闭的高速公路上驾驶汽车时，因合理信赖行人不会横穿公路而正常行驶，如果行人违反交通规则横穿公路而被汽车撞死的，该汽车司机不承担过失犯罪的刑事责任；不能将遵循了行为规则的行为认定为过于自信的过失，例如，从事科学试验的人总是预见了试验失败的可能性，但只要他们遵循了科学试验规则，即使试验失败造成了损失，也不能认定为过于自信的过失。

由于业务及其他社会生活上的关系，在特定的人与人之间、人与物之间形成了一种监督与被监督关系。监督者对被监督者的行为，在事前要进行教育、指导、指示、指挥，在事中要进行监督，在事后要进行检查；对自己所管理的事项，要确立安全的管理体制。进行这种监督与管理，是监督者的义务或职责。如果监督者不履行或者不正确履行自己的监督或者管理义务，导致被监督者产生过失行为引起了危害结果，或者由于没有确立安全管理体制，而导致危害结果发生，监督者主观上对该危害结果就具有监督过失。监督过失可以分为两种类型：一是因缺乏对被监督者的行为的监督所构成的狭义的监督过失；二是由于没有确立安全管理体制所构成的管理过失。

四、犯罪的目的与动机

（一）犯罪目的

虽然不具有故意与过失的行为不可能成立犯罪，但在某些情况下，具有故意的行为也可能不成立犯罪，因为某些犯罪的成立除了要求故意以外，还要求特定的目的。犯罪目的，是指犯罪人主观上通过犯罪行为所追求的非法利益、状态或者结果。这里的犯罪目的，不是指直接故意中的意志因素，而是指故意犯罪中，行为人通过实现行为的直接危害结果后，所进一步追求的某种非法利益、状态或者结果，如，刑法分则所规定的非法占有目的、牟利目的等。这种犯罪目的，是比直接故意的意志因素更为复杂、深远的心理内容。这种目的的意义如下：

（1）在某些犯罪中是区分罪与非罪的标准之一。刑法分则明文规定某些犯罪以具有特定目的为要件；如果行为人主观上不具有这种特定目的，则不构成犯罪。如赌博罪必须"以营利为目的"，否则不构成犯罪。这种犯罪称为目的犯。

（2）在某些犯罪中是区分此罪与彼罪的标准之一。例如，同是收买被拐卖的妇女、儿童，如果出于出卖的目的，就构成拐卖妇女、儿童罪（也是目的犯）；如果不具有该目的，则仅成立收买被拐卖的妇女、儿童罪。

（3）影响量刑。犯罪目的不同，说明行为人的主观恶性不同，进而影响量刑。

（二）犯罪动机

犯罪动机，是指刺激、促使行为人实施犯罪行为的内心起因或思想活动，它回答行为人基于何种心理原因实施犯罪行为。故犯罪动机的作用是发动犯罪行为，说明实施犯罪行为对行为人的心理愿望具有什么意义。产生犯罪动机需要具备两个条件：一是行为人内在的需要和愿望；二是外界的诱因与刺激。

犯罪动机是某些犯罪的构成要件要素。例如，《刑法》第 399 条所规定的"徇私""徇情"以及《刑法》第 423 条所规定的"贪生怕死"等动机，就属于构成要件要素。当然，动机的主要作用是影响量刑。同一犯罪的动机多种多样，不同的犯罪动机能够说明行为人的主观恶性不同，反映出特殊预防的必要性不同，这是量刑所必须考虑的因素。

第四章

刑事责任

第一节　刑事责任的概念

一、刑事责任的含义界定

从近代刑事责任理论角度而言，刑事责任思想主要建立在西方资产阶级早期制定的刑法理论的基础上。目前，刑法理论中主要遵循的原则为"责任主义"，即"没有责任就没有刑罚"。正常情况下，责任主义涵盖的内容主要有两个层次：其一，以归责为核心的责任主义；换言之，没有犯罪就不会出现刑罚。从实践角度而言，主要指的是行为人受到心理上的主观思维影响做出的一系列行为，譬如，主观行为和谴责行为等；这种行为在某种程度上可以满足犯罪行为的核心构成要件。其二，以量刑为核心的责任主义。这主要指的是，在判定行为人承担的刑事法律后果时，需要对诸多因素进行综合考量与评价。换言之，判定行为人应当承担的刑事处罚不能高于或者超出根据其责任应当承担的刑罚。在这种责任主义中，量刑标准主要围绕着行为人的归责情况来进行，譬如，对行为人应当承担的责任作出评价；又如对其犯罪因素做出评价等。日本著名学者大塚仁表示，针对违法性行为进行评价时，主要围绕两方面来进行，一是责任判断；二是违法判断。

关于责任的含义研究，德国学界表示，按照概念对责任进行划分，可将其分为三种类型，一是责任原则；二是满足刑罚标准的相关责任；三是量刑责任。其中，责任原则主要指的是，行为人在做出某些行为后需要承担的责任，而法律会对这种责任进行评价，由此制定出与之相符的刑罚。满足刑罚标准的相关责任主要指的是，根据行为谴责可能性对否定要件展开评价。量刑责任主要指的是，针对量刑涉及的各项因素进行综合考虑后，对行为人需要承担的法律责任和法律后果等进行评价。

关于刑事责任，目前在英国和美国等诸多发达国家的刑法理论中并未进行深入的研究与探索。英美学者主要将重点放在刑事责任有关的构成要素上。另外，根据英美等国学术界现有的刑法文献内容可知，学界的研究主要集中在两个方面：一是刑事责任；二是刑事责任的基本原则。从内容角度而言，内容研究主要围绕着犯罪构成要件来进行。以大陆法系角度而言，关于"刑事责任"的词语较少，但是"责任"二字涉及较广。部分学者表示，法系中提到的"责任"二字本意与"刑事责任"有一定的相似之处。譬如，佐佐木养表示：责任主要指的是行为人如若做出某些行为后，触犯了法律构成要件，那么其需要承担社会谴责等，这属于一种无价值类型的判断。刑事责任主要指的是行为人所做出的行为满足法律构成要件而采取一种无价值判断的社会谴责。佐伯千仞表示，"责任"的含义较多，在实践中，虽然责任所处的运用场景不同，其含义也不同，但是在本质上"责任"主要的用途是为了"追究责任"或者"承担责任"。就刑法学角度而言，责任虽然拥有"责任谴责"这种合理的解释与定义，但是其在谴责之前需要以主观角度来对行为人的行为进行判断。譬如，责任必须由两方面相加，一是责任能力；二是故意或过失。德国学者威尔采尔提出的责任主义刑法理论在德国法系界极具代表性。其针对责任进行研究时，主要围绕着刑事责任本质、功能及规则等角度进行。其表示，责任主要有两种含义：一是广义含义。从广义角度而言，刑事责任主要是指涉及行为意志的各项行为具备的可谴责性。二是狭义含义，从狭义角度而言，刑事责任主要指的是承担责任和谴责。

综上所述，笔者认为，广义角度上刑事责任代表的是对心理状态或者危害行为进行分析后，明确责任能力与责任范畴；狭义上的刑事责任则是对犯罪行为进行有效的刑法惩罚。

二、刑事责任的论点学说

关于刑事责任有关的内容研究，虽然在国内学术研究的时间较短，但是诸多研究者对这一话题进行研究时，争议性较大，且不同研究者选取的研究视角不同，得到的研究成果也不尽相同，具体如下所述。

（一）法律后果说

倡导法律后果说的学者认为，刑事责任主要指的是，行为人所做出的行为触犯了法律法规后需要承担的相应法律后果；譬如，《中国大百科全书·法学》中明确提出，"刑事责任"主要指犯罪主体在开展违法犯罪活动后，在法律上需要承担的相关后果。部分学者表示，刑事责任主要是指以法律为核心，行为人如若触犯了法律对于自由或者生命等提出的各项要求，那么就需要承担一定的法律责任，履行法律义务，承担法律后果。

（二）法律义务说

倡导法律义务说的学者一致表示，刑事责任主要是指法律上行为人应当承担的法律义务或者惩罚义务等。譬如，"犯罪人在从事某些犯罪活动时触犯了国家制定的刑事法律规范，这种情况下，犯罪人必须承担相应的刑事处罚"。"因为犯罪分子做出的行为违反了刑事法律规范，所以需要承担一定的刑事责任"。

（三）否定评价说

倡导否定评价说的学者一致表示，刑事责任主要是国家立法部门对犯罪行为或者犯罪人制定的一种否定评价或者谴责。譬如，"按照国家立法机构制定的刑事法律法规来对犯罪人做出的一系列犯罪行为进行否定，并从道德和政治等角度对这种行为进行评价。"著名学者张明楷表示，刑事责任主要指的是，行为人做出的某些行为已经满足了犯罪行为的定罪标准，经国家司法部门评审后，对这种行为进行否定，并追究行为人应当承担的责任和履行的法定义务。

（四）法律关系说

倡导法律关系说的学者一致表示，刑事责任是法律关系的一种总称。譬如，"刑事责任能够准确界定犯罪人需要承担的法律责任，属于一种有效的刑事法律关系，是刑事诉讼和劳动改造等诸多法律条例的总称。"

（五）法律责任说

倡导法律责任说的学者一致表示，刑事责任具备一定的特殊性，属于法律责任范畴。譬如，著名研究者马克昌表示，刑事责任本质上是指行为人在触犯国家法律后，经国家审判机关进行审判和评价后给出的一种审判意见，即刑事处罚，通过刑事处罚能看出法律对这种行为的认定状态为否定。

（六）刑事负担说

倡导刑事负担说的学者一致表示，刑事责任主要是指，国家对犯罪人做出的一系列犯罪行为进行强制性惩罚，并让犯罪人承担一定的刑事负担。譬如，"承担刑事责任的相关行为人在做出违法犯罪行为之后，需要承担这类行为引发的一系列法律后果和刑法惩罚。"

综上所述，关于刑事责任，国内研究者在研究环节所选取的研究视角不同，因而得到的研究结论和解释定义等也有所不同。哈夫特是德国历史上著名的刑法学家，其表示，如若将责任问题归纳到刑法问题中，就必须了解和熟知责任概念。然而，目前学术界对此概念的了解较少。围绕着法律来对责任进行解释和定义，是否能准确地把握责任的概念。显然，这种概念在实践中，并未得到有效运用。著名学者何秉松表示，在对刑事责任有关的概念进行解释和定义时，如若仅以法律的角度作为出发点，显然，这种解释并不全面。从本质上来说，刑事责任主要源于犯罪，是刑事诉讼的核心与基础，会与刑事诉讼活动的全流程进行融入。基于此，刑事诉讼活动进展情况不同，则刑事责任给出的解释也不尽相同。另外，何秉松还表示，想要对刑事责任进行解释和定义，就需要从两方面来着手：一是行为人。从行为人角度来看，刑事责任主要指的是，由于行为人所做出的各类行为触犯了现行法律法规，所以，需要承担相应的法律责任和刑事后果。二是国家。从国家角度来看，刑事责任主要指的是，国家为制止或者约束犯罪行为和犯罪活动出现，所制定出的一种有效的法律制度和法律规定，在法律范围内，一旦行为人做出的行为越过法律界限，则需要承担法律后果，受到法律谴责。

著名学者陈浩然给出的解释为：刑事责任属于一种动态性的概念，所处环境不同，情况不同，则拥有的解释和定义等也不尽相同。如若围绕刑法惩罚来对刑事责任进行解释与定义，则刑事责任是指行为人做出的行为触犯了现行刑事法律，按照法律规定和法律要求，行为人需要为这种行为承担法律惩罚和相关义务。如若围绕国家制定刑罚的初衷来对刑事责任进行解释和定义，则刑事责任主要是指，国家利用刑事惩罚的方式来对行为人做出的一系列犯罪行为进行的否定评价和谴责。如若围绕刑罚权来对刑事责任进行解释和定义，则刑事责任是指，解决犯罪人和国家两者呈现出的刑事法律关系问题。所以，从刑罚角度对"刑事责任"进行解释和定义，其主要指的是行为人做出的某些行为触犯了法律规定，且违背了法律要求行为人履行的义务和责任后，行为人应当承担的相关法律后果。笔者认为，这种定义不但阐明了刑事责任拥有的义务性，而且更体现出刑事责任拥有的权利性，能够作为国家对犯罪人犯下的一切罪过行为进行评价与谴责的重要基础。

第二节　刑事责任理念的发展历程

本质而言，刑事责任主要的目的是阐明刑事责任拥有的合理性与科学性。刑法领域的研究者在研究时所选取的研究视角不同，而得到的研究成果也有所差异。其中，在刑法责任上所处对立面的理论主义有两种：一是形式古典主义；二是形式实证主义。关于两种主义的发展情况，具体如下。

（一）结果责任论

结果责任论属于责任观念的范畴，是一种出现时间最早的责任观念，侧重点往往会放在行为所产生的不良危害结果上。在对行为人追究刑事责任时，无须建立在行为人意见或者行为谴责上。譬如，某个人将一把锋利的匕首挂在墙面上，而另一个人从这个地方经过，不小心将匕首碰掉，匕首掉落过程中对这个人造成了伤害。面对这种问题，在追究责任时，主要的责任主体在于将匕首挂在墙面上的人。究其根源在于，其将匕首挂在墙面上才出现了匕首伤人的情况。在社会发展早期，尤其在17世纪，这种以"绝对责任"作为主观过错的判定方式运用得非常普遍。早期，在对犯罪人应当承担的责任进行衡量时，主要按照其做出的行为和行为导致的后果来进行，无须考虑其他因素。譬如，行为现象或犯罪认知等。基于此，刑事责任在这种时代中常被称为"结果责任时代"。

从某种意义上说，结果责任拥有的变化形式还有两种类型：其一，团体责任。即团体中的某些成员作出的行为触犯了法律，整个团队都需要为之承担相应的刑事责任；著名学者李悝撰写的《法经》一书中明确提出，一人犯罪株连九族。此观点即是团体责任最早的雏形。其二，物体责任。即动植物或者自然现象等需要承担相应的刑事责任。譬如，以古代日本而言，一位帝王外出去往法胜寺时，突然遇到狂风大雨，帝王一怒之下，命令手下"囚雨"；再如，西欧封建时期，日耳曼法明确表示，即便犯罪人已死亡，在追诉其应承担的责任时，仍需要将其抬上法庭；又如，清朝初期，明朝的崇祯皇帝上吊自杀的树，被认定为"罪槐"等。

我国古代封建社会时期，针对故意和过失两者进行了明确的法律规定，主要目的是为了对两者进行有效区分。其中，故意罪处罚相对重，而过失罪则处罚相对较轻。譬如，《唐律·斗讼律》中明确提出：面对过失杀人的犯罪人，需要根据案件的情况进行赎论等。从这一点上便能看出，封建社会对过失的定义主要是：在主观犯罪上，犯罪人并未对他人产生严重的损害，而实际中却出现了意外事件。基于此，本质上讲，归罪现象在客观事实上依然存在，而这种归罪责任则被认定为属于客观责任。

在结果责任中，结果责任并非指的是某些事物出现结果后，从事这类事物的人需要对事物后果承担责任。而是某些结果即便不是某些人所创造的，但是，一旦出现结果后，也需要让其承担结果责任。利用这种方式来防止结果对社会秩序带来影响。《名公书判清明集（下）》一书中对于明代的某个判决案件进行了详细记录：儿子在朝廷上状告自己的父亲，理由为自己的妻子被父亲强奸。而法官在听到这种状告理由后，并未对状告事实进行调查，就令衙门守卫重打儿子 100 杖，并对其妻子重打 60 杖。官员采取这种方式是为了解决三者出现的矛盾和冲突。在判决下发后，给出的理由为：父亲虽然犯下了过错，但是作为子女不能不孝顺自己的父亲。即便是出现了这种事情，儿子将妻子逐出家门即可，为何要将这类丑事外扬。由此可知，封建社会在处理这类事件时，结果的真实性不能作为判定依据，而作为判定依据的理由为"道德乱伦"。

结果责任论之所以出现，是因为受到诸多因素带来的影响，但是，最为核心的因素在于，早期社会中人类愚昧的思想和无知，进而将自己视为物体来对待；人类对于自身的力量并未充分认知，所以，受到人类思想中潜在的"魔法"影响，即便行为产生了非常严重的后果，人类判定责任的依据是寻求神明裁判；根据《汉穆拉比法典》中记载的内容：如若有人在丈夫面前状告其妻子红杏出墙，则妻子需要以跳河的方式来验证自己的清白。如若没有被河水淹死，则妻子为清白；反之则为有罪。发展至 18 世纪中期，魔法统治随着时代发展逐渐退出历史舞台，这种情况下，结果责任论也随之消失。

现如今，在现代化的社会背景下，尤其涉及与政治有关的领域，为了规避公共危险事件的出现对政府政权带来不利影响，政府会借助结果责任的方式来约束公众行为。譬如，让处在某些事件中的人成为犯罪分子的替罪羊。这一点和古装电影中的某些情节相似，深受皇帝宠爱的嫔妃出现难以救治的疾病后，皇帝命令御医，如若不能医治好嫔妃的疾病，那么就让御医为嫔妃陪葬。所以，皇帝明确自己想要的结果后，御医就需要想尽一切办法来实现，否则就必须为嫔妃陪葬。由此可见，御医的生和死完全由皇帝来决定。在人类文明的快速进步和发展中，结果责任论逐渐消退。

（二）道义责任论

道义责任论最早出现在 18 世纪，其主要是建立在形式古典学派倡导的自由意志论的基础之上。所谓道义责任论主要指的是：以违法行为为核心，以谴责性为基础，对刑事责任拥有的本质意义进行探索和研究。道义责任论明确表示：行为人出现了反道德或者是反伦理的行为，且主观上出现了违法行为或违法意识，并满足刑法谴责的相关要求，那么在法律上，行为人就必须承担相应的责任和后果，这即为刑事责任的最佳解释。道义责任论非常重视人在意志上的自由性，犯罪人以自由意志为基础做出的各类犯罪行为，在道义理性评价上，会为这种行为给予否定意见；如若行为人无视理性要求，并做出了严重的违法行为，就必须承担来自道义的谴责和评价。日本学者小野清一郎表示，道义责任主要指的是行为人在做出某些违法行为前，明知不可为而为之，但毅然决然地做出这种行为决定，便会受到道义谴责和道义对行为作出的否定评价。基于此，道义责任的核心在于"道义"二字。

将行为人拥有的主观心理和刑事责任两者进行相联系的观念，其诞生主要受到诸多因素带来的影响。

其中，各类影响因素中，影响程度最大的是此概念在早期的刑法中就已经存在，并且是古老刑法文化的重要组成部分。在人类社会的早期发展中，依据结果责任论对刑罚结论进行判定时，故意与过失两者一般不是必须考虑的因素，但是在某种情况下也是需要考虑的重要因素。从欧洲国家角度来看，此观念最早出现在古罗马时期，是十二铜表法的核心构成。古罗马人在阐明责任有关的问题时，会用一个"恶意"，即"dolus"来进行解释与定义，这也是"故意"的概念。发展至16世纪初期，意大利著名研究者对这种概念进行研究后，对其表示极度的认可。另外，这些研究者在对"故意"概念进行研究时，还融入了"过失"概念。

在工业革命结束之后，随着自然科学的不断发展，祛魅化相继诞生。早在18世纪初，自然科学和工业革命两者有着非常紧密的联系。本质而言，自然科学运动属于祛魅化类型的运动，目的在于证实社会中出现的虚无魔力定义，并认为各类事物的出现和产生均有着一定的因果关系，而人类可以对这种关系进行控制和进一步了解。祛魅化运动的快速发展为人类的解放做出了巨大贡献。自此，人类拥有了自由观念、尊严观念以及责任观念。早期人类社会的发展中，启蒙思想家曾针对封建刑法展现出的残酷性进行了严格的批判，并围绕着人道主义精神来对犯罪现象进行主观解释和客观解释。

然而，道理责任论主要是在早期人类制定的刑法中诞生，并受到来自实证主义哲学带来的深远影响。发展至19世纪中后期，实证主义哲学成为科学思考领域的"引导者"，倡导实证主义哲学的研究者认为，思考任何事情时，均需要建立在"实证"的基础上。换言之，以科学的方式来对真实的事件进行描述。针对某项回答或者解决某些事物出现的问题时，如若不能依靠经验判断，则这类问题便属于"虚假问题"，即实证主义哲学认为凡事均需要以科学的角度来证明。另外，持这一观点的研究者表示，在自然科学中无论是方法论还是世界观等均是哲学的基础与核心。

受到实证主义哲学带来的影响，著名学者李斯特等人在围绕刑法责任问题解答时，便以自然角度作为出发点来进行分析与探讨。在古典犯罪论体系中，李斯特等人倡导犯罪应当由两方面所构成：一是外部方面，即"不法"；二是内部方面，即"责任"。内部方面所涉及的各类因素均为"责任"。然而，按照当时研究者给出的解释与定义，这类因素主要集中在两点：一是过失；二是故意。出现这种解释的主要原因在于，虽然两者有着明显的主观性，但是能够体现出心理事实，且这种事实能够得到科学验证。李斯特在1881年撰写的刑法教科书中写道，为了进一步提升法治国家的服务质量和服务效率，必须为之设计构建一套完善的封闭体系，且让该体系能够准确判断和分辨出过失与故意两者的关系。

在刑法学的发展史中，道义责任论为之做出的贡献不容小觑。同时，道义责任论还为现代责任原则提供了重要的依据，它将人的心理和刑法两者进行紧密相连，一方面，让人们不用负责客观行为产生一系列后果，规避人的物化现象出现；另一方面，则让人在法律中有了更多的尊严。

然而，道义责任论本质上还有着一定的缺陷和不足，就是其并没完全解决刑法中遇到的责任问题。另外，其在方法论中也有着一定的问题，即往往将事实本身作为侧重点，忽略了事实评价的重要性。就其在责任问题解决上出现的缺陷而言，根据道义责任论从主观内容中找到责任要素时，并未指出为何要采取这种方式和采取这种方式的优势在于哪里？如若将其运用在现实社会中，即便行为人出现了过失行为或者是故意行为等，其也不会承担相关责任。譬如，免责制定的紧急避险条例中，行为人做出的行为对他人带来了一定的影响，即便有事实证据，行为人也不会受到法律制裁，不会承担法律责任和相应法律后果。

需要引起注意的是，由于道义责任论存在一定的缺陷，所以，在其发展中逐渐诞生了一种以性格论为核心的责任论。这种责任论主要指的是责任对象所做出的各类行为，并非是受到其人格或者是行为等方面的影响，而是受到其性格带来的影响。

德国的迈克尔提出了学术界有名的"性格论责任论"。第二次世界大战结束后，日本学者平野龙一对于这种观点非常认可。迈克尔表示，人的行为和人的本质两者之间有着非常紧密的联系，通过行为进行分析，便能熟知人所拥有的特性和精神特质等。然而，迈克尔并未明确人的行为和人格两者间拥有的关系。著名研究者麦耶指出：动机在某种特殊的环境下能够实现正当化，拥有动机的正当化程度越高，则动机主体接受的刑罚便会越轻；

任何行为均建立在动机的基础上，而动机则源于性格。所以，动机减轻后，性格必然会加重。

日本学者平野龙一提出了两种理论观点：一是人格相当理论；二是人格分层理论。他曾表示，在判断犯罪行为所受到的刑罚处罚时，需要根据犯罪意识呈现出的强弱程度来进行。如若犯罪人拥有的犯罪动机非常明显且强烈，则其受到的刑罚处罚必然也会较重。只要犯罪动机在性格中表现得愈加强烈，则行为人做出的违法行为就越会受到刑罚重罚。换言之，在行为人做出的行为和其拥有的人格对等的情况下，其承担的责任便会较重。另外，他还表示，刑事责任在对行为人进行处理时，需要围绕着行为人的人格来进行。然而，人格固有的差异性导致在刑事责任判断上难度相对较大。如若按照人格分层来判定刑事责任，则分为三种类型：一是可以接受刑罚类型的人格；二是能够发挥出刑罚作用的人格；三是其他性质类型的人格。在实际中，刑罚作用于行为人出现生理障碍或者心理障碍时；譬如，神经症等类型的病状时，产生的作用效果非常小。针对这种病质万不可采取一概而论的方式进行，需要按照病质情况，制定与之相符的刑罚方式。

性格论责任论主要是建立在新派提出的著名预防刑论的基础之上。为了规避在预防目的中新派呈现出的无限制追求，所以将人格理论划分为两种类型：一是人格相当性理论；二是人格分层理论。从某种意义上而言，相比于社会责任论，这种预防刑论所体现出的稳定性和可靠性等均较强。然而，在实践运用中也逐渐显露出了部分问题。

其一，非本意类型的责任。性格论责任论曾表示，对行为相当的人格在理论上进行责任判断，所采用的判断方式比较简单，但是否与其有关的各类行为均有一定的非难性？另外，在实践中，人无论是变成任何模样均需要对自身的人格进行负责。从道义责任角度来看，人应当承担的责任为性格中自我主体的形成部分。从性格论责任论角度来讲，其主要围绕着社会责任论来进行，以防卫社会为目的，要求人们必须承担与自身人格有关的一切责任。

其二，人格分层说的操作也有着一定的难度。平野龙一对于性格论责任论持有非常高的认可度，其在研究中针对人格责任论进行了严厉的批判。并表示，按照性格区分，可以将人承担的责任划分为两种类型：一种为有责主体；另一种为无责主体。然而，虽然在性格论中，人格责任同样被划分为两个层面，但是这两个层面所代表的含义与前者有较大的差异：一是接受刑罚类型的人格；二是不接受刑罚类型的人格。从这一点上可以看出，相比于人格责任论，性格论责任论拥有的优势更大。

其三，从终极意义角度而言，性格论责任论有着一定的"威吓论"味道。其主要是以决定论作为核心，并认为人所呈现出的各类意识均为被决定状态，将刑罚视为一种"附加条件"，通过刑罚来对人的意思做出有效控制。从某种意义上说，人的意识会受到来自刑罚的威吓，这种威吓能够让人们内心产生一种非常可怕的畏惧心理。可是，刑罚所产生的威吓作用究竟有多大？是否能够满足道义责任的原则和标准，且这种威吓是否会影响到人的合法权利或者尊严？因为在威吓作用下，任何残忍刑罚均有着一定的正当性和必要性等特性。

（三）社会责任论

社会责任论最早出现在 19 世纪后期，诞生于欧洲等发达国家中，属于刑事责任理论范畴，建立在人类学和社会学等学派的基础之上。社会责任论的出现为刑法提供了强有力的保障，其主要是以人类拥有的性格倾向为核心。该理论表示，针对社会利益出现了侵犯或者是存在意图的行为等，且为社会利益造成了极大的影响，需要利用法律条例来对这种行为产生的后果进行否定评价。同时，行为人一旦触犯了法律条例，就必须承担相应的惩罚，这种观点被称为"社会责任论"。社会责任论主要是将自由意志作为核心。菲利所提出的"三元论"中表示，任何犯罪无论是轻微还是残忍均属于犯罪者在心理或者生理上的一种状态，而这种状态会受到来自三方面因素带来的影响：一是出生环境；二是生活；三是工作。以此理论作为基础可知，本质上刑事责任主要是一种社会性类型的谴责。从犯罪者角度来看，犯罪本意上并非是犯罪者的自由意志所决定，而是犯罪者感受到自身所处的环境具备一定的危险性，为了解决这种危险性，犯罪者才采取了各种不同的犯罪方式，而这些方式会对社会带来不利的影响，需要犯罪者去承担一定的法律责任；从国家角度来看，犯罪者所做出的一系列犯罪行为均会对社会带来一定的影响和威胁。所以，其行为必须受到谴责，同时还需对这种行为进行否定评价。

（四）规范责任论

规范责任论的出现能够解决心理责任论在实际运用中出现的各类问题，是在社会责任论与道义责任论等相关理论的基础上而延伸出的一种新型理论。相比于心理责任论，规范责任论所强调和重视的自然科学价值有着一定的差异性。规范责任论主要是以法律规范为前提来明确刑事责任，并认为本质上，法律有着非常明显的心理和物理制约能力。在社会成员一致认同和遵守的情况下，依然有部分成员会对规范要求做出侵犯的行为，而侵犯行为一旦属实，则需要承担来自法律的惩罚和谴责。在规范责任论中，行为违法是判定行为人承担相关责任的重要基础，出现刑事责任的主要因素在于其行为违反了刑法规范。规范责任论还表示，无论是故意还是过失等，既能作为判定违法事实和行为人承担责任的重要依据，又能作为行为人接受法律轻罚和重罚的依据。

新康德主义作为规范责任论的核心和重要基础，诞生于 19 世纪中后期，谢林等人以客观唯心主义作为核心进行分析后，得出的观点受到当时德国本土思想界和其他各界的嘲笑和质疑。为了摆脱这种现状，李普曼等人呼吁社会"向康德复归"，并以康德提出的批判性哲学思想为基础，剔除康德提出的"自在之物"观点后，对康德先验论进行了完善和健全。新康德主义明确提出，当为（Sollen）不可能也不会出现在存在（Sein）中。换言之，根据实践经验来对现实情况作出分析，不能从中找到对现实评价的有关规范和标准。新康德主义尝试转变实证主义或者自然主义等观点，让这些观点转向经验实存角度进行发展，并认为经验拥有的实存现象有着非常高的研究价值。受到新康德主义的影响，德国学者弗朗克于 1860 年以人的主观作为出发点对价值进行有效评价，并为之提出了学术界有名的"规范责任"。1907 年之后，富朗克撰写的《论责任概念的构造》提出：责任主要指的是，行为人做出的行为违反了法律义务和法律责任，有着一定的非难可能性，即"在某项禁止活动中，如若某人毅然决然地参与这类活动，则其应当对自身做出的行为承担相应的法律责任。"对于精神障碍患者做出责任判断时出现非难的局面，主要是由于这类行为人所做出的行为并非其心理意愿；对于紧急避险行为不进行责任判断，主要因素在于避险者对于责任能力展现出的认知程度非常差，且行为非故意；对于无认识类型的过失行为进行责任判断时同样有着一定的责任非难性，究其根源在于，行为人在履行其自身应当承担的义务时，所展现出的关心度和关注度非常低，且对法律要求认知程度低，由此形成了这种行为动机。弗朗克曾举例证明，在某家超市的出纳岗位和快递岗位就职的两名男性员工均独立地进行了侵占。其中，出纳员家庭背景非常好，经济条件相对优越，但是没有家人，平日取得的薪酬大多花费在自己的业余爱好上；而快递员的收入水平在中上等，家中的妻子长年卧病在床，且还有子女需要照顾。两人均以非法的方式侵占了他人合法的财产，换言之，两者的行为在故意程度上并无太大的差异。但是，相比于快递员，出纳员需要承担的责任更多，究其根源主要在于快递员所处的情况和环境非常不利，所以，其应当承担的责任比较少。而出纳员的资产相对优越，加上个人负担相对少，因此需要承担更多的责任。

然而，关于规范责任论有关的问题，其并未做出详细的解答。譬如，行为人为什么要按照法律制定的标准来控制自身的行为等。另外，关于行为人对是否有能力和有义务来履行法律规定和法律要求的问题也未做出相应的回答。

譬如，以习惯犯角度而言，行为人不能根据法律要求和法律标准去控制自身的行为或行动，出现这种情况的主要根源在于，在犯罪习惯上，行为人想要对这种习惯进行改变，难度非常大。然而，法律不会因人的习惯不能转变或者不能更改而对犯罪人做出的行为进行从轻或从重处罚。如若犯罪人做出的犯罪行为产生的后果非常严重，则法律会对其重罚。相反，如若犯罪人作出的犯罪行为产生的后果比较轻，则法律会对其轻罚。再如，行为人做出的某些犯罪行为主要是受到一些诱惑影响，在这种情况下，法律是否能够减轻行为人的罪行。显然，这种判断不能完全按照刺激程度来进行。譬如，一个非常漂亮的美女，身穿性感贴身的衣物，在一个公园内游玩，显然，这位美女会让人产生非常强的性刺激。在这种情况下，行为人对这位美女进行了强奸，则不能降低因刺激而做出强奸行为所承担的法律责任。究其原因是，在自由社会中，无论是受到任何诱惑，公民均需要严格遵循法律法规来履行自身的职责与义务。

但是，在当前规范责任论有关概念中，主要是以罗克辛教授的版本为主。

罗克辛对刑事政策进行的研究主要是建立在价值决定上，并认为需要将其与刑法体系进行融合。他表示，在正常情况下，一个科学且合理的规制原理不能完全围绕着判断真假的标准来进行，而是需要综合考虑各项因素。譬如，有益性因素或者有害性因素等。决定性并不一定会影响到行为人做出行为的可能性，立法者在设计刑法条例时，需要建立在对行为人追责和谴责的基础之上。罗克辛还表示，从机能角度来讲，责任拥有两种不同的类型：一是刑法创设机能；二是刑法量定机能。针对行为制定的刑法主要目的在于：第一，利用刑法来约束行为；第二，利用刑法来达到预防犯罪行为出现的效果。从刑罚角度来看，责任是其构成核心，为了规避责任概念的混淆，罗克辛以刑罚预防角度将这类"责任"视为一种"答责性"。

另外，日本学者佐伯千仞表示，从刑法角度来看，由于责任是构成刑法的核心要件，所以，关于责任有关的内容就需要围绕着刑罚目的来进行设计和构建。这种类型的刑罚责任所呈现出的特性，不但指行为人需要了解和遵循法律规定，而且更是对行为人做出某些行为的约束条件。如若行为人在此过程中超出了刑罚责任范畴，则其需要承担一定的刑罚处罚。

以规范责任论角度而言，在对行为人做出的行为进行判责时，需要以他行为可能性为核心，以预防作为基础来明确判责标准。譬如，行为人处在紧急避险环境中，虽然不能对他行为可能性进行否定，但是立法者需要考虑到刑事政策制定的刑罚目的，按照刑罚目的来对其承担的责任进行判定。由于行为人所做出的行为对社会产生的影响较低，属于无害影响，只是受到了某些因素的影响而被迫做出的这种行为，显然，以公共利益的角度来强行制裁行为人，必然有着一定的不合理之处。所以，无论是预防还是特殊预防在本质上无任何处罚意义。佐伯千仞在对过当防卫分析后表示，虽然行为人做出的合法行为有着一定的不可能性，但是，其无须承担可罚性责任。罗克辛表示，西德刑法中明确指出，行为人在恐怖或者是狼狈等情况下做出的过当防卫有着明显的阻却答责性，而行为人在愤怒和激愤等状态下做出的行为不具备阻却答责性。

在规范责任论中，其将刑罚视为国家开展的一种有目的性的活动，目的在于对犯罪进行预防。但是，在实际运用中应当明确指出责任论本质上的问题。

第一，本质上说，责任属于刑罚的重要核心与基础，只有当责任问题得到妥善解决，刑罚问题才会出现。换言之，刑罚问题在出现前，责任问题已经得到了明确。然而，刑罚目的在责任论中却被视为明确答责性的重要标准。

第二，规范责任论在对责任进行解释和定义时，主要围绕着预防目的来进行，这种方式显然没有重视责任中由自由意志引发的各类问题。依靠可罚性来对行为人做出的违法行为进行限制和制约，虽然属于一种有益的和可行的方式，但是违背了责任的初衷。罗克辛表示，刑罚最终的目的是实现综合性预防。

第三，以立法角度来分析刑事责任的发展历程，明确大众认可的责任观，这显然是时代发展的要求，更是刑事责任的要求。譬如，罗克辛以立法作为切入点，以刑法中针对过当防卫做出的解释作为基础，经研究后表示，在特殊环境中，虽然是一种可行的研究方式，但是，理论刑法学需要深入到对象本身呈现出的规律性进行研究。以功利或者实用等角度来获取的解释结果，可能会出现失真的情况。为了规避这种情况，就需要寻找内在规律，明晰内在规律后，才能得到最为有效和最有价值的结论。

（五）人格责任论

威尔是德国历史上非常有名的研究者，他是责任主义刑法理论的支持者和倡导者。威尔在研究中曾尝试将实证主义和古典主义的两种刑罚理论进行融合，并以这种方式来对刑事责任做出合理的解释与定义。其具有代表性的观点为：首先，从广义角度对责任进行定义和解释；其次，以这种责任概念作为核心来协调刑罚和犯罪两者间的关系；最后，提出一种"人格谴责"的刑罚理论。根据威尔对刑罚做出的解释进行分析后得知，刑罚中涉及的责任并非指的是行为，而是对与行为有关的各项意志因素进行有效的评价。基于此，刑事责任是指"故意和过失两种犯罪，正常情况下均是由人格引起的违法行为或者违法生活态度所致，而针对这种人格必须进行谴责"。团藤重光是日本著名学者，他非常认可人格责任论，并表示犯罪行为能够反映出行为人在性格上的真实情况，而非反映其人格对社会带来的危险性情况。换言之，人在社会中生存，可能会做一些坏事，但是也有可能做一些好事。本质上说，通过对合法行为进行分析，便能了解到人格所呈现出的不同特性。

（六）功能责任论

功能责任论主要是以规范责任论作为基础而延伸出的一种新型理论。其倡导的核心在于，行为人做出行为后是否需要承担这种行为带来的后果责任。在对这种责任进行判断时，需要分析行为人是否履行了法定义务，是否遵循法律规定和法律规范，是否对社会发展带来了影响。行为人如若能够履行法定义务，遵循法律制度和法律规范，便不会出现违法行为。行为人之所以出现违法行为，主要是因为行为人实施这种行为的具体因素引起的，一旦属实，则行为人必须承担相应的违法责任。

当前的社会有着明显的价值多元性特性，在这种社会环境下，人类只有熟知并了解各类法律规范和法律制度，才能做出合法行为和合法行动。从某种意义上看，一个人放弃自身的行为权利放弃，则这个人的头脑和思想必将是"愚蠢"的。从现实角度来说，行为人为了扩大自身的利益，无视法律要求，触碰灰色产业链来谋取利益，虽然这种行为被世人唾弃和鄙视，但是在行为人未接受法律制裁前，这些谋取的利益最终归属权依然为行为人。刑法中明确提出，未出现法律规范违法行为，就不会出现利益损伤现象。所以，当前的社会中，人类开展的各项活动和各种行为等均建立在法律规范上，作为社会中的一员，每位公民内心对于其他成员开展的规范行为均有着一定的期待，而这种期待一旦消失，则承担错误的责任人必将成为让公民失望的期待人。想要让社会中的每位成员均按照法律规范来开展活动和做出行为，就必须完善现有的法律规范，发挥其最大的作用与价值。

按照法律规范来约束自身的行为，并遵守和履行法律规范是社会成员需要共同承担的责任和义务。从某种意义上说，"责任"和法律规范中行为人保持的态度有着非常大的关系，通过对行为人的态度进行分析，便能了解到其意志控制上出现的问题。从内容角度来说，"责任"内容并非指行为人为了规避违法行为的出现而采取对自身意志的控制，而是指行为人需要利用意志控制的方式来约束自身的行为和动机。如若社会中的每位成员均能按照法律规范要求来开展活动，则违法行为和违法动机等必将会消失殆尽。基于此，在法律规范中对行为人保持的态度进行分析，便能熟知其对法律规范呈现出的忠诚程度。

如若行为人在做出某种行为时，受到内外部压力的影响，即便行为人对于法律规范有着较高的忠诚度，但是迫于压力，行为人也会做出一些违反法律规定和法律原则的行为。这种情况下，不能对行为人进行谴责，其做出的违法行为主要是建立在无责任基础上。基于此，行为人做出的违法行为将不满足犯罪构成要件。著名学者黑格尔表示，一个长期没有进食的乞丐，为了保命，不得不做出偷窃行为，这种行为一旦出现，将会对某个人的合法权益带来一定的损坏，然而，乞丐所做出的违法行为属于特殊类型的行为，当其生命受到严重威胁和影响后，其只有做出自谋保护的行为，才能做到尊重生命，享受生命权，而其不做出这种行为，则他的生命权必将会被剥夺。如若在命运不幸的情况下做出违法行为，则这种行为也可以视为无责任行为。不然，将无法解释"我凭什么要饿死"这一问题。然而，在面对死亡危险时，行为人毅然决然地选择这种行为。譬如，消防员或者士兵等，那么这是社会对他提出的合法要求和期待。在这种情况下，便不能以"每个人均活着，不想死"来对自己没有承担的责任进行论证。回顾以往的典型案件，行为人在驱车连续撞人后，下车拿刀连续捅伤多人，此案件中，行为人做出这种行为给出的理由是害怕纠缠，而这种理由就能成为行为人伤害他人性命的理由吗？站在行为人的角度来说，他在当时的环境中，只有采取捅伤被害人的方式，才能维护和保护自己的利益。由此可见，利己主义者无视法律规范必然会做出不道德的行为，而尊重和重视法律规范的行为人，在遇到危险行为后，会义无反顾地拯救被害人。

　　如若行为人在事情发生之前做出的行为背离了法律规范要求，则其所做出的事前行为就需要得到法律的量刑。同时，行为人在做出不法行为举动后，行为人对于这种行为有着充分的认知，并转变了其对法律规范的忠诚度，则刑罚量定时需要对这种行为进行考虑。譬如，行为人由于内心憎恨而采取非法的方式对他人产生了伤害，而在伤害结果出现后，行为人内心的憎恨消失，并采取某些行为来弥补自己犯下的过错，那么在刑罚处罚时，必须将行为人做出的补救行为考虑在内，适当进行从轻处罚。反之，行为人没有意识到自己的错误，且未做出补救行为，则应当从重处罚。事后行为人虽然做出了上述举动，但是对于法律规范并未转变原有的认知和态度，则刑法量定环节不能因其做出了补救行为转变刑法量定。譬如，某个从事毒品交易的毒贩，在被公安机关抓获后，为了得到减刑，让自己尽快出狱再从事相应的交易活动，向公安机关检举了其他毒贩信息。公安机关在对毒贩提供的信息进行核查后，即便信息属实，则刑法量刑也不能从轻处罚。究其根源在于，毒贩本质上并未认识到自己从事的毒品交易活动为社会带来的危害，仅以一己私利而向公安机关进行检举，这种行为本质上就没有转变毒贩对法律规范的忠诚度。

　　能否对法律规范有着较高的忠诚度，且利用这种忠诚度来约束自身出现的犯罪动机和犯罪行为，是自由人自身的责任。在信息技术等诸多新兴技术的高速发展中，我们生活在一个透明的社会中，在这个社会中，我们只能从同伴作品中来找到自己存在的价值。所以，这种情况下，我们应当采取怎样的方式来维护自身的尊严呢？在现行的社会规范与自然法则中，我只能在我有限的认知范围和知识范围中，利用我自己的行动来证明我对法律规范的认可度和支持度，这是我获得尊严和维护自身尊严能够做出的最大努力，也是我承担社会责任的一种表现，由此一来，我便有了责任。

正常情况下，责任所涉及的问题在于两方面：一是法律规范中，个人忠诚度问题；二是社会系统中，系统自治能力问题。如若社会中出现的某些冲突问题和矛盾问题等能够在不依靠行为人的基础上得到相应的解决，那么解决这类问题的责任就不应当由行为人来承担。以犯罪行为人角度来讲，如若出现了一种比刑罚处罚更为有效的约束措施，且利用这种措施来代替刑罚，约束犯罪行为人今后的行为，那么犯罪行为人将不再承担相关责任。譬如，行为人对某个美女进行强奸后，为其注射一支试剂，此试剂不会影响犯罪行为人的身体，但是能够让其日后不再犯下此项错误，则犯罪行为人将不会承担这种责任。著名学者雅科布斯表示，任何一种违反了法律规范的行为或者行动等，如若排除放弃规则，那么想要利用归责来解决这类违法行为，就需要对环境进行重新设定。譬如，面对冲动犯人，医学只有创新出一种新型的治疗方式后，才能对这类行为人承担的责任是否免责进行考虑。

总而言之，不能以片面的思维或者方式来解决"责任"有关的问题。本质上讲，责任和人固有的主观心理有着非常紧密的联系。然而，其主要的作用是对人主观心理进行有效的评价。换言之，以"当为"（即"Sollen"）作为出发点对主观心理进行评价，如若评价得到的结果指向消除不合理主观心理的负责主体，则其需要承担一定的责任。另外，"责任"在社会中发挥作用与价值的同时，人也需要承担相应的"责任"。只有这样，才能保障社会的和谐与稳定，这即为功能责任论主要阐明的核心观点。

第三节　刑事责任的发展阶段与解决方式

一、刑事责任的发展阶段

我国刑法学界一般认为，刑事责任自出现到终结，需要经历一个过程。但对这一过程究竟包括几个阶段以及如何确定每一阶段的起始时间，刑法理论上则意见不一。我们主张，这一过程可以分为三个阶段。

（一）刑事责任的产生阶段

这一阶段始于犯罪行为实施之时，终于公安、司法机关立案之日。实际中的危害行为与刑法规定的犯罪构成相符合是应当追究行为人刑事责任的唯一根据，因此行为人实施的行为符合犯罪构成或者说成立犯罪之时，就是行为人的刑事责任产生之日。应当注意的是，由于不同犯罪的结构与形态的复杂性，具体刑事责任的产生时间也互不相同。就故意犯罪来讲，一般而言，行为人开始实施犯罪预备行为时，刑事责任即告产生。但如果某一犯罪的预备行为本身尚不足以成立犯罪，刑事责任只能产生于行为人着手实行犯罪之时。而对于过失犯罪来说，成立犯罪所要求的结果发生时，刑事责任才能产生。应强调的是，在这一阶段，行为人的刑事责任业已客观存在，只是由于某些缘故，司法机关还没有进行追究其刑事责任的活动。其中的原因可能是犯罪尚没有被发现，属于告诉才处理的犯罪而被害人没有告诉等。假如司法机关在长时间内没有开始追究刑事责任的活动，则行为人的刑事责任就可能消灭（《刑法》第87条），从而刑事责任的下一阶段也就不存在了。在刑事责任的产生阶段，可能出现行为人自首或者立功等情况，而这些因素会对行为人的刑事责任程度产生影响。

需要提出的是，我国刑法理论上有一种见解认为，行为人的刑事责任始于人民法院对其做出有罪判决之时，理由是刑事责任系犯罪的法律后果，故只能由犯罪人来承担，而在人民法院做出有罪判决之前，很难说行为人就是犯罪人，因而也就不能要求其承担刑事责任。他们主张，刑事责任的起始必须同时具备两个条件：被告人被查获且证据确凿，其犯罪事实昭然若揭；人民法院依法做出有罪判决，行为人的犯罪事实最终被证实。

但也有学者认为这种观点值得商榷，原因如下：

（1）刑事责任作为犯罪的法律后果，只能是随着犯罪的成立而产生的，所以行为人实施犯罪行为的同时，客观上刑事责任就自然产生了，人民法院的有罪判决只是对这种业已客观存在的刑事责任进行追究，而不是刑事责任产生的条件；否则，只能得出被人民法院追究的犯罪人有刑事责任而没有被追究的犯罪人不存在刑事责任的荒谬结论。

（2）行为人犯罪后，司法机关对其追究刑事责任，这本身就表明刑事责任客观上已经存在，如果行为人根本没有刑事责任，司法机关对其进行追究岂不是无中生有？

（3）从我国刑法的规定来看，刑事责任的开始也总是同犯罪的实施联系在一起的。

例如，《刑法》第 17 条第 1 款规定"已满十六周岁的人犯罪，应当负刑事责任"，而应当负刑事责任是以实际存在刑事责任为前提的，所以这一规定表明，实施了犯罪，客观上即产生刑事责任；《刑法》第 17 条第 2 款、第 18 条第 2 款以下的规定，也都表达了这一刑事责任始于犯罪的实施的思想。

（4）从我国刑法关于追诉时效的规定来分析，也应当认为刑事责任始于实施犯罪之时。追诉时效，是指对犯罪人追究刑事责任的有限期间。根据刑法的规定，犯罪经过一定的期间不再被追诉，也即不再被追究刑事责任，这也说明行为人实施犯罪时即产生了刑事责任；否则，就不可能发生不再追诉的问题。

综上所述，笔者认为主张刑事责任始于人民法院做出有罪判决之时的见解是不恰当的。而之所以会出现这样的认识，是因为没有将应然层面的刑事责任与实然（现实）层面的刑事责任区别开来。实际上，刑事责任产生阶段讨论的是应当负刑事责任的问题，是从应然层面来论证刑事责任的客观属性的。至于实然层面的刑事责任，即刑事责任的现实化，则是刑事责任实现过程中后面的阶段所要解决的一个问题。

（二）刑事责任的确认阶段

刑事责任的确认阶段（即刑事诉讼阶段）是自公安、司法机关立案侦查时起，到人民法院做出的有罪判决生效时止。这一阶段的任务是：确认行为人是否实施了犯罪行为，应否承担刑事责任以及（在得出肯定结论的情况下）确定行为人应负何种程度的刑事责任及以什么方式实现其刑事责任。因此，这是刑事责任实现过程中非常重要的一个阶段。为了保证这一阶段的工作能够恰当并有效地开展，国家立法机关通过制定刑事诉讼法而规定了必要的程序，公安、司法机关必须严格依照这些程序来操作，从而才能正确完成确认刑事责任的任务。如前所言，这一阶段始于立案，立案是指公安、司法机关对于报案、控告、举报、自首等方面的材料，依照管辖范围进行审查，以判明是否确有犯罪事实存在和应否追究刑事责任，并依法决定是否作为刑事案件进行侦查或审判的一种诉讼活动。自公安、司法机关立案侦查时起，指对属公安机关管辖范围的案件，从公安机关立案侦查时起：对属人民检察院管辖范围的案件，从检察机关立案侦查时起：对由人民法院依法直接受理的案件，从人民法院受理时起。公安、检察机关在立案以后进行侦查时，必须客观、公正，实事求是，严禁刑讯逼供和以其他非法方法收集证据。收集证据必须全面，犯罪嫌疑人有罪或者无罪、罪重或者罪轻的证据材料都应收集、调取。在侦查过程中，讯问犯罪嫌疑人、询问证人或者勘验、检查、搜查等活动，都必须符合法律的规定，以保证侦查工作的正当性。

对侦查终结的案件，需要提起公诉的，一律由人民检察院审查决定—人民检察院必须根据《刑事诉讼法》第137条的规定查明：（1）犯罪事实、情节是否清楚，证据是否确实、充分，犯罪性质和罪名的认定是否正确；（2）有无遗漏罪行和其他应当追究刑事责任的人；（3）是否属于不应当追究刑事责任的；（4）有无附带民事诉讼；（5）侦查活动是否合法。经过审查，如果认为犯罪事实已经查清，证据确实、充分，需要追究刑事责任的，检察机关应当做出提起公诉的决定；如果认为不构成犯罪或者有其他法定不起诉情形的，人民检察院应当或者可以做出不起诉的决定。

审判机关对起诉到人民法院的案件进行审查后，认为符合开庭审判条件的，应当决定开庭审判。在审判中需要解决的问题是：（1）行为人的行为是否构成犯罪以及应否负刑事责任？（2）对构成犯罪需要追究刑事责任的，综合考虑各种有关情节，行为人应负何种程度的刑事责任？（3）如何实现刑事责任？即应判处刑罚还是适用非刑罚处理方法，或者是仅仅宣告行为人的行为是犯罪而对其免予刑罚处罚？对需要判处刑罚的，则应确定判处何种刑罚及判处多重的刑罚。这些问题的确定都必须以事实为根据，以刑法的规定为准绳。

上述立案侦查、起诉、审判三个方面的刑事诉讼活动，就大多数犯罪而言是刑事责任确认阶段不可缺少的内容。只有经过这些诉讼活动，刑事责任才能得到确认和实现。

（三）刑事责任的实现阶段

一般而言，刑事责任的实现阶段自人民法院的有罪判决生效时起，到判决所确定的刑罚和非刑罚的刑事制裁措施等执行完毕时为止。由于刑事责任的实现是整个刑事责任问题的结局和归宿，故如果没有刑事责任的实现阶段，则刑法规定刑事责任及司法机关代表国家依法追究刑事责任的活动都将失去意义。所以，刑事责任的产生与刑事责任的确认，都不过是为了使刑事责任得以实现。刑事责任的实现具体包括以下几种情况：（1）判处刑罚（含仅判处主刑、仅判处附加刑和同时判处主刑及附加刑）的，刑罚被执行完毕；（2）宣告缓刑或者决定予以假释的，犯罪人在缓刑或假释考验期内没有再犯新罪、没有发现漏罪、没有违反监督管理规定；（3）仅给予非刑罚的刑事制裁措施的，该制裁措施执行完毕；（4）仅以做出有罪宣告的方式追究刑事责任的，该有罪宣告的判决发生法律效力。

在刑事责任的实现阶段，可能出现刑事责任变更的情况，主要包括以下几种：（1）死刑缓期执行两年期满后减为无期徒刑或者有期徒刑；（2）管制、拘役、有期徒刑和无期徒刑的减刑；（3）由于特赦而免除部分或者全部刑罚的执行；（4）由于遭遇不能抗拒的灾祸以致缴纳罚金确有困难时罚金刑的减免。应当指出的是，这里的刑事责任变更不是改变原来确定的刑事责任的性质，而是根据犯罪人的人身危险性的变化等情况，对其刑事责任的程度予以变更，从而使罪责刑相适应原则在刑事责任实现阶段得到更好的体现。

与刑事责任的实现密切相关的一个概念是刑事责任的终结。对刑事责任的终结，理论上存在两种不同的理解：

（1）刑事责任的终结包括两种情况：第一，因刑事责任的实现而终结，终结时间由于刑事责任实现的方式不同而不同。以刑罚为实现方式的，终结时间为刑罚执行完毕或赦免之时；以非刑罚处理方法为实现方式的，终结时间为非刑罚处理方法执行完毕之时；以单纯宣告有罪而免予刑罚处罚为实现方式的，终结时间为人民法院做出的有罪判决发生法律效力之时。第二，因刑事责任的消灭而终结。刑事责任的消灭是指行为人的行为原本构成犯罪，但在实现刑事责任之前，由于某种法定的原因，司法机关不能再追究刑事责任。从实际情况看，引起刑事责任消灭的原因主要是：犯罪人在被追究刑事责任前死亡；犯罪已过追诉时效期限；告诉才处理的犯罪，没有告诉或者撤回告诉的。在上述场合，刑事责任的终结时间就是上述情况出现之时。

（2）刑事责任的终结仅指刑事责任的实现，而刑事责任的消灭是没有追究行为人的刑事责任，两者的性质与效果完全不同，因此不能将刑事责任的消灭也视为刑事责任终结的表现，否则就是将两种不同性质、效果的情况混为一谈了。笔者认为，两种观点的分歧实际上在于对刑事责任终结的含义理解不同，前者所称的刑事责任终结既包括现实的刑事责任的终结，也包括应然层面的刑事责任的终结，而后者所说的仅仅是指现实的刑事责任的终结。如前所述，对刑事责任既可以从实然层面理解，也可以从应然层面来把握，因此刑事责任可以因其实现而终结，也可以因其消灭而终结。例如，在犯罪未过追诉时效时，犯罪人时刻都处于可以被追究刑事责任的状态中，但如果已过追诉时效，则对行为人不能再追究刑事责任，这一事实本身也就表明了行为人的刑事责任已经终结。不过，上述第二种观点对于我们把握刑事责任终结的各种原因之间的不同点，还是很具有启发意义的。

二、刑事责任的解决方式

刑事责任的解决，是指对业已产生的刑事责任给予处理，使刑事责任得以终结。对于刑事责任的解决方式，我国刑法学界一般是概括为定罪判刑、定罪免刑、消灭处理和转移处理四种。在肯定这种归纳的合理性的同时，笔者认为，实际上在这四种刑事责任的解决方式中，前两种属于刑事责任的实现方式，后两种属于刑事责任的其他解决方式，而刑事责任的实现方式与刑事责任的其他解决方式在性质上是不同的，前者是依法已经追究了行为人的刑事责任，完全实现了刑事责任的内容；后者是不允许或者不能追究行为人的刑事责任，因而实际上没有追究刑事责任。所以，对两种类型的刑事责任解决方式分开来加以论述显得更恰当一些。下面，拟按这样的思路分别对刑事责任的实现方式和刑事责任的其他解决方式进行具体的探讨。

（一）刑事责任的实现方式

刑事责任的实现方式又称刑事责任的实现方法、刑事责任的承担方式，指的是刑事责任可以通过哪些方法来实际承担。前面刑事责任的发展阶段的论述中实际上已经涉及这一问题，但由于刑事责任的实现是整个刑事责任问题的核心，因此这里对刑事责任的具体实现方式作进一步的论述。对刑事责任究竟有哪些具体实现方式，理论上存在不同看法。主要有以下四种观点。

（1）有学者认为，实现刑事责任是指为使犯罪行为人承担其刑事责任而采取的具体行动，因此刑事责任的实现方式包括刑事强制措施、刑事诉讼强制措施和其他强制措施三类。刑事强制措施主要指刑罚；此外，还有免予刑事处分以及予以训诫、责令具结悔过、赔礼道歉、赔偿损失等强制措施。刑事诉讼强制措施指拘传、取保候审、监视居住、逮捕和拘留；不过，只有在行为人的行为经法院做出有罪判决且判决发生法律效力时，此前所采取的刑事诉讼强制措施才能成为实现刑事责任的方法。其他强制措施指被剥夺政治权利的人不得被选举或任命担任某些职务，通过外交途径解决享有外交特权和豁免权的外国人的刑事责任问题。

（2）有学者主张，刑事责任的实现方法是国家强制犯罪人实际承担的法律处分措施，包括刑罚和非刑罚处理方法两大类：刑罚即刑法规定的主刑与附加刑；非刑罚处罚方法指司法机关对犯罪分子直接运用或者由主管部门适用的刑罚以外的各种法律措施，主要包括《刑法》第 36、37 条规定的训诫、具结悔过等处分，第 17 条规定的收容教养，第 64 条规定的责令退赔、追缴违法所得、没收违禁品和犯罪工具。

（3）也有学者认为，刑事责任的实现方式指国家强制犯罪人实际承担的刑事制裁措施，计有基本方式、辅助方式与特殊方式三类。基本方式即给予刑罚处罚的方式；辅助方式即采用非刑罚方法处理的方式；特殊方式即仅仅宣告行为是犯罪而既不给予刑罚处罚也不使用非刑罚处理方法的方式。

（4）另有学者提出，刑事责任的实现方法只有刑罚一种；除此之外，不存在或者说法律并未规定其他实现刑事责任的方法。

在笔者看来，要正确把握刑事责任的具体实现方式，首先须对刑事责任的实现方式（方法）加以界定。实际上，刑事责任的实现方式是指国家制裁犯罪人或者说犯罪人承担制裁的方法，即刑法规定的、以犯罪为前提的、由犯罪人具体承担的法律后果。据此，笔者认为，上述第一种观点将刑事责任的实现方式理解为包括刑事诉讼强制措施和其他强制措施，失之过宽。刑事诉讼强制措施是在刑事责任确认阶段为了保证刑事诉讼程序正常进行而采取的强制性措施，不是在判决有罪确定行为人应负刑事责任时对其的制裁，将刑事诉讼强制措施视为刑事责任的实现方式，混淆了刑事诉讼法上的强制措施与刑法上的刑事制裁措施的界限，而这两类措施在目的和性质上是截然不同的。此外，在这种见解提到的其他强制措施中，被剥夺政治权利的人不得被选举或任命担任某些职务的措施本身属于刑事制裁措施的内容；通过外交途径解决享有外交特权和豁免权的外国人的刑事责任问题也不属于刑事责任的实现方式，因为这种场合连对刑事责任的确认都未完成。上述第二种观点将收容教养、责令退赔、追缴违法所得、没收违禁品和犯罪工具视为刑事责任的实现方式，同样有理解过宽的缺陷。收容教养是对因不满16周岁而不成立犯罪的未成年人采取的一种保护措施；责令退赔和追缴违法所得是使受损失的财产恢复原状的措施；没收违禁品和犯罪工具分别属于行政强制措施与刑事诉讼强制措施。总之，这些措施都不是针对犯罪的刑事责任的实现方式。上述第四种观点则显得过窄。因为根据我国刑法的规定，除刑罚外，非刑罚处理方法和免予刑罚处罚的有罪判决也是对犯罪的否定和对犯罪人的谴责，亦即以犯罪为前提的法律后果。所以比较起来，对刑事责任具体实现方式的认识，当以上述第三种见解为妥。依据这种观点，同时参考前述一些具有代表性的教材的概括，可以将刑事责任的实现方式确定为以下两种。

（1）定罪判刑方式。定罪判刑即人民法院在判决中对犯罪人做出有罪宣告的同时确定对其适用相应的刑罚。定罪，广义上讲，指人民法院根据案件事实和刑法的规定，认定被告人的行为是否构成犯罪以及构成什么性质的犯罪的活动；就其狭义而言，仅指认定被告人的行为构成什么性质犯罪的活动。这里所指的是狭义上的定罪。认定行为人的行为构成什么性质的犯罪，必须以犯罪事实为根据，以刑法规定的犯罪构成为准绳。适用刑罚必须贯彻罪、责、刑相适应的原则。在决定刑罚时，应当根据犯罪的事实、性质、情节和对社会的危害程度，依照刑法的规定判处，做到宽严无误、不枉不纵，使犯罪人承担应负的刑事责任。这种方式是实现刑事责任最基本、最常见的一种方式。

（2）定罪免刑方式。定罪免刑即人民法院在判决中对犯罪人做出有罪宣告，但同时决定免除刑罚处罚。这种方式包括两种情况：一是根据《刑法》第 37 条或第 383 条的规定做出宣告有罪但决定免除刑罚处罚而给予非刑罚方法之处理的判决；二是根据《刑法》第 10、19—22、24、27、28、68、390 条或第 392 条的规定做出宣告有罪但决定免除刑罚处罚的判决。这两种情况都以有罪宣告为前提，而宣告有罪自然意味着存在刑事责任，宣告有罪的判决本身就属于对犯罪行为的否定和对犯罪人的谴责，从而定罪免刑也就属于实现刑事责任的一种方式。这种方式是刑事责任实现的次要、辅助的方式。

（二）刑事责任的其他解决方式

刑事责任的其他解决方式是指刑事责任实现方式之外的其他使刑事责任得以终结的方式。在我国，刑事责任的其他解决方式有以下两种。

（1）消灭处理方式。刑事责任的消灭处理，是指行为人的行为本已成立犯罪而应负刑事责任，但由于存在法律的规定而实际阻却追究其刑事责任的事实，如犯罪已过追诉时效期限，告诉才处理的犯罪中的被害人没有告诉或者在判决确定前撤回告诉，犯罪嫌疑人死亡或者被赦免等，使行为人的刑事责任归于消灭。这时国家便不再追究行为人的刑事责任。这是解决刑事责任的一种补充方式。

（2）转移处理方式。转移处理是指对享有外交特权和豁免权的外国人的刑事责任不由我国司法机关处理，而是根据《刑法》第 11 条的规定通过外交途径予以解决。刑事责任的这种解决方式是按照国际惯例和国家之间相互对等的原则所确定的，是一种解决特定行为人刑事责任的特殊方式。

第五章

刑法学应用：侵犯公民个人信息罪

在经历了农业社会、工业社会以后，随着信息社会的到来，我们的法学研究视角也开始慢慢转移到个人信息的法律保护上来。作为信息的一个重要的分支——个人信息，存在精神价值与经济价值，通过一定的数字化的个人信息，可以勾勒一个物理化的自然人，即通过个人信息可以全面呈现一个自然人的存在，从而使人成为数字化的人，所以，个人信息成为信息社会的重要角色。在刑法领域，个人信息犯罪也随着社会的发展不断改变，犯罪对象从最初的个人信件到现在的行踪轨迹，犯罪的客观行为方式也从最初的窃取演进为出卖等。因此，本文将以侵犯个人信息罪为中心，通过对公民个人信息的刑法界定及初步理论分类、对侵犯公民个人信息的客观犯罪方式等的研究和解读，提出完善个人信息刑法保护的理论构想。

之所以以个人信息犯罪为研究对象，首先，是因为个人信息的重要性。在信息社会，个人信息是人的信息化的存在方式。个人信息被美国誉为"新石油"。在这个时代，个人信息是最大和最有价值的资源之一，堪比石油和黄金。其次，是因为现实中个人信息犯罪的猖獗。大数据时代，如果说恐怖主义是全球安全的最大威胁，个人信息安全以其高危险性、传播迅速、波及面广的特点，无疑将是第二大威胁。更严重的是，个人信息安全威胁就在我们身边，没有时间和空间的限制。只要你打开网络、恶意程序、各类钓鱼网站、黑客攻击等危险就随时都可能泄露或窃取你的个人信息，网民在大量个人信息泄露的同时，财产损失也不断增加。腾讯公司曾承认，他们最关心的就是用户的信息安全。避开网络，现实生活中骗取个人信息的方式也是花样翻新，从问卷调查到微信扫码。根据公开信息显示，互联网中各类平台的用户的账户基本信息逐渐成为不法分子的"香饽饽"，以购物平台为例，几乎所有的平台为刺激用户消费均会对购物信息收集并整合。不法分子通过收集我们的社会关系信息进行诈骗，使亲情、友情成为他们利用的工具。2011年至今，已有11.27亿用户个人信息被不同程度地私自泄露，不仅影响个人生活安宁，甚至个人财产也受到损失。根据这个数据，只要我们上网，个人信息就已经在不知不觉中被窃取甚至利用。再次，是因为理论研究薄弱。在理论研究上，个人信息犯罪是伴随着信息社会而出现的全新类型的犯罪，此种犯罪科技含量高，手段层出不穷，并且个人信息作为其犯罪对象是不同于物质的一种新型存在。我国对其研究几乎刚刚开始，就连一些基本的概念都众说纷纭，所以很有研究的必要。最后，是因为司法实践急需理论指导。例如，目前刑法中，购买、收受、交换、持有个人信息等对合中性行为并未被规定为犯罪，因而不能有效惩治这些严重的危害行为。

刑法作为仅次于宪法的部门法律，可以维护社会秩序，惩治犯罪行为，相较于其他法律有着独特的地位和作用。2016 年以前，立法没有根据该罪的发展现状增加新的条文，两高也没有根据建议出台对本罪的相关司法解释。直到 2016 年出台的《刑法修正案（九）》〔下文简称《刑（九）》〕对本罪条文进行一定程度的修改。对比旧法，新的解释有以下进步：为均衡刑罚配置增加"情节特别严重"的法定刑，却还是未能解决理论和司法实践的热门争议问题：刑罚规定仍有缺陷。实践仍然存在本罪刑罚过轻导致犯罪成本低的问题；越来越多的过失泄露个人信息的行为严重侵犯了公民个人信息的安全，有必要单独设过失泄露公民个人信息罪。

通过对国外相关法律和理论的研究，国际社会针对个人信息的法律保护存在的最大特征是个人信息保护的单独立法化。这种优势是显而易见的，通过单独立法，对不同的侵犯个人信息的行为予以或民事、或行政、或刑事的规范，全方位地保护公民的个人信息。提到公民信息保护法，首先应当介绍的当属德国，德国从 20 世纪 70 年代开始就逐步认识到个人信息的收集与处理可能导致人民权利遭到前所未有的侵害，以《德国黑森州资料保护法》问世为标志，德国开启了个人信息保护的立法大幕，为国际社会树立了榜样。其中，1977 年《德国联邦个人资料保护法》的立法体例为大陆法系国家所效仿，深深影响了大陆法系各国个人信息保护法的立法。1980 年以后，互联网的浪潮席卷全球，英国、日本等各国纷纷制定自己的个人信息保护法。

近几年来，个人信息的刑法保护问题，随着信息社会的高速发展而日益凸显。在很长一段时间里，由于社会观念比较落后，信息产业刚刚兴起，信息方面科学技术不成熟，我国没有十分重视保护个人信息，立法规划也没有向前推进。我们在欣喜近几年立法成果的同时，不能停下探索的脚步。通过大量的案例研究和法律的比较考察，我国目前对于个人信息的法律保护仍有欠缺。本文将以个人信息的刑法保护研究为切入点，指出犯罪行为方式欠缺、该罪刑罚规定不足等的问题。考察域外立法之长，补我国规定之短，虚心借鉴，为我所用。种种尝试与努力，希望能对刑法对侵犯公民个人信息罪的规定有所裨益。

第一节　侵犯公民个人信息罪的基础理论

为了正确认识侵犯公民个人信息罪，首先就需要对公民个人信息有一个全面而准确的了解。本节首先针对作为本罪犯罪对象的个人信息的认定问题，介绍刑法中的个人信息的特征，同时提出了几种个人信息的分类，了解个人信息的特征和分类能帮助我们理解个人信息的内涵。同时，我们不能忽视个人信息与个人隐私存在的差别。其次，剖析了该罪的理论内涵。最后，指出侵犯公民个人信息刑法保护的现实需求。

一、个人信息的认定和分类

刑法意义上的个人信息是指自然人姓名、出生日期、身份证号码、指纹、医疗记录、人事记录、财务情况、社会活动等直接或间接可以识别特定的自然人的信息。个人信息除了具有信息的一般法律特征，例如，传播性、共享性、时效性外，还具有自身独有的特征：第一，刑法中规范的是侵犯公民个人信息罪，可以看出，个人信息的主体为自然人。首先，刑法规制侵犯公民个人信息罪的目的是保护自然人的人格并使其自由发展，因而将该罪划入分则中的第四章——侵犯公民人身权利、民主权利罪这一类罪中，所以，个人信息的主体应该只限自然人。其次，对于法人的信息刑法保护方面，有些学者担心刑法只保护自然人而不保护法人会出现法律漏洞。自然人的个人信息与法人的个人信息不同，对于法人来说不仅不应当保密，甚至必须披露。对于法人比较重要的信息当属商业秘密，对此，刑法中专门设立侵犯商业秘密罪来保护法人的商业秘密安全。最后，法人作为法律拟制的人，并不具有自然人的人格。对法人信息的保护侧重于法人在市场中的经济利益，通过刑法的保护，加强法人经济活动参与的积极性，促成其作为商事主体获益的最大化。对法人信息的保护如果等同于自然人，不仅没有达到促进其发展的目的，反而引起过度限制的不良后果，使法人信息不能自由流动，大大增加交易成本，反而抑制市场经济的发展。给法人信息留出充足且适当的空间，发挥法人信息的积极作用，经济基础决定上层建筑，不可本末倒置。至于本罪保护对象是否保护外国人的个人信息，目前，我国刑法的答案是否定的。我国在国际经济政治舞台上的地位不断提升，国际合作不断加深，应当同等地保护外国人的个人信息，将本罪保护的主体扩大将是一个双赢的选择。第二，个人信息具有鲜明的识别性。个人信息的识别性，是将个人信息与隐私区别开来的最重要特征。通常是指，个人信息本身与信息主体有唯一的联系，通过信息，我们可以确定该关系人，信息本身存在客观的确定性。识别性进一步又可以划分出直接识别性和间接识别性，直接识别性是指通过某一单独的个人信息就能识别该特定信息主体；而间接识别性是指单独依靠该种信息不能识别出特定的人。第三，个人信息具有客观性。关于刑法中的个人信息是否只具有客观性，目前存在两种对立观点：一种是肯定说，该说认为"刑法中个人信息只具有客观性，刑法不会保护单纯的主观的个人信息"；另一种是否定说，该说认为"刑法中个人信息不仅具有客观性也应具有主观性，像评价也属于个人信息，甚至错误的评价也属于个人信息"。笔者认为，刑法领域的个人信息应只具有客观性比较妥当。首先，因为主观个人信息的不具有确定性。一千个人心中有一千个哈姆雷特。例如，对一个人的评价，不同的人对特定的人可能出现截然相反的评价，而且特定的个人的评价也处于变化之中，评价者和被评价者都变动不定，用这变动的信息去锁定特定的个人，这几乎不可能。其次，对于主观的个人信息，刑法中的侮辱罪和诽谤罪可以有效规制。比如甲到处宣扬乙是"领导的一条狗"，导致乙不堪重负自残、自杀等严重后果，甲的行为构成诽谤罪。

为了了解个人信息的内涵和外延，理论界对个人信息进行了分类梳理。信息分类，还具有不可或缺的刑法意义，比如，在认定"严重情节"方面、共同犯罪刑事责任的认定方面，从而有利于定罪量刑。第一，直接个人信息和间接个人信息。这种分类根据是识别度的高低（具体定义见上文）。例如，身份证号、指纹、基因资料等是直接个人信息，识别度高；某段聊天记录、姓名、性别、学历、出生日期等是间接个人信息，具有较低的识别度。换言之，就是"需要同时掌握数样，进行身份拼图后，才有办法确定该人为何。"第二，一般个人信息和敏感个人信息。根据信息主体对个人信息的敏感度不同，把个人信息分为一般和敏感两类。因为世界很多国家在立法中采用了这一种分类方法，这种分类方法也被称为立法分类。根据相关国际组织和国家的定义，敏感个人信息是指涉及种族、政治观点、宗教信仰、身体健康、性生活、犯罪记录、是否工会会员等类信息。每个国家的国情不同，敏感信息的范围也存在区别。对于一般个人信息而言，此种信息因不具有身份认同、宗教等色彩，对于特定群体来说没有过多的人格和精神意义，不像敏感信息那样脆弱。此种分类方法，并不是所有有关的国际组织和国家、地区都采纳，像经合组织、日本、韩国和我国台湾地区都没有在个人信息保护法中明确区分敏感个人信息与一般个人信息。但随着对人权保护的加深，这种分类方法被越来越多的国家采纳。第三，普通群体的个人信息和特别群体的个人信息。考虑到个人信息主体身份的不同，个别个人信息是否需要特别保护的状况也不同，法律应该有所区分。具体到刑法中，这种分类也有类似的制度；对比重婚罪与破坏军婚罪，因为军人主体的不同，破坏军婚罪中的一些犯罪行为并不构成重婚罪。特殊主体需要特殊规定和保护，如此做法有利于法律资源的合理分配。

二、个人信息与个人隐私的区别

个人信息和个人隐私都为人格权所保护，但两者之间仍然存在很大区别：隐私可以被利用，不能否认隐私的财产价值。但是隐私的财产价值往往被精神上的价值体现甚至是替代。隐私被泄露，受害者因为遭受精神折磨可以要求精神损害赔偿。而个人信息在具有精神价值的同时，也具有同等甚至更多的财产价值。例如，犯罪分子收集孕妇的资料，准确了解其生产日期，出卖给奶粉厂商以获取巨大的财产利益。隐私的界定更具主观性，只要隐私主体不愿意公之于众的信息都可以成为个人隐私，当然，前提是不涉及公共利益、不违背道德。这从侧面解释刑法没有将隐私权作为保护对象的原因。个人信息界定具有客观性甚至是法定性。相对于个人隐私，个人信息则具有身份识别性的鲜明特征，通常要求此种信息与个人身份认定、区分有一定的联系，包括能单独表明主体身份的信息（直接个人信息），还是在组合之后才能指明主体身份的信息（间接个人信息）。以法律的角度来看，只有某种信息与个人身份有关联，才可能被定义为个人信息。

隐私通常以个人活动方式体现，且并不需特定的方式物化、固化，如，记载或录制下来。相反，个人信息通常需要被记载下来，在信息时代尤以数字化的表现形式为特征。所以，固定化成为个人信息的必要表现方式。个人信息的作用侧重于"识别"，通过相对人的某种个人信息或组合、排列某些个人信息，能够确定该相对人的身份。例如，就一段电话通话而言，如果我们没有用录音、做笔记等方式将其记录下来，这则通话的内容因缺乏识别性而不属于个人信息，但是可以根据主体对通话内容的态度，在特定情况下成为个人隐私。据此，我们不难预测，当今社会科技发展不断刷新技术极限，当我们可以通过对通信设备上的对话不断以数字化的方式记录、分析，从中分析出用户的交友习惯、社会关系、个人偏好时，这些看起来并不是个人信息的信息，因具有了一定的识别性就能够转化为个人信息。

隐私的主要功能是防止个人的私人生活被打扰，防止个人秘密被肆意公开，能够按照自己的意愿有不想为人所知的一面；而个人信息的设立是为了确保信息主体对其个人信息的自由地支配、利用、自主决定。相应地，侵害个人隐私的方式是非法披露，未经许可收集、买卖个人信息则是侵犯公民个人信息安全的两大犯罪行为方式。为保障个人信息的主体能够对自己的个人信息绝对控制，我国在个人信息保护法草案中规定了直接收集原则，维护信息主体知情权和控制权。个人信息受到侵害往往不是独立的一个主体，而是大规模的群体事件，一旦被泄露，危及范围很大，因而，预防成为个人信息的保护的首要选择。实际生活中个人信息泄露往往是群体事件，且预防成本最低。预防的具体措施，往往是规定个人信息直接收集原则和公示制度，保障信息主体在信息被收集前就了解对方收集目的和用途。而隐私采用保护的手段是事后救济。个人信息在具有个人利益价值的同时，往往具有不可忽视的公共利益，个人信息的安全同样涉及公共安全。隐私只涉及个人人格利益，泄露个人隐私在多数情况下并不会危及公共利益和公共安全。这也就解释了运用刑法保护个人信息安全的必要性。

三、侵犯公民个人信息罪的理论内涵

四要件犯罪构成理论不仅在内容上十分系统，而且能够完整地阐明该罪的基本内涵。作为对刑法个罪的研究，本书会通过传统的犯罪四要件构成理论对本罪展开分析，探讨本罪的有关争议。

侵犯公民个人信息罪的主体在最开始为特殊主体，在学者、法律工作者的共同努力推动下，变更为一般主体，通过扩大对犯罪行为的打击范围，达到了适应市场经济的发展现状目的，实现了突破。《刑法修正案（九）》将出售、非法提供公民个人信息罪及非法获取公民个人信息罪的犯罪主体从特殊主体即国家机关或特定单位工作人员变更为一般主体，包括自然人和单位。达到刑事责任年龄具有刑事责任能力的自然人及单位定罪时，无须考虑犯罪人的身份，只要是实施了侵犯公民个人信息并符合刑法关于刑事责任的其他要求，均可以适用《刑法》第253条进行规制。

侵犯公民个人信息罪主观上要求行为人具有故意，犯罪行为是积极主动的或者是放任不管，且主观恶性需要达到刑法处罚的标准，过失并不构成本罪。对于故意的理解如下：认识因素上行为人应认识自己行为具有必然的或可能的对他人个人信息权的损害后果。这种主观认识从客观表现就可以推知，不需要行为人对其行为有清晰的认识，更不会要求其有违法性的认识。意志因素上，行为人应有希望或者是放任的态度。有人认为该罪只能是直接故意，即只是在明知其行为危险性并主动积极促使犯罪结果发生，才构成本罪。这样的看法实际上会漏掉很多行为，放任信息泄露不仅会造成和直接故意同样的危害后果，甚至会使一些不法分子找到逃避制裁的理由。判断间接故意的方法是看是否发生危害后果。还有的学者建议将本罪规定为目的犯，即若行为人主观上不是为了谋取利益就不构成本罪。就该种观点而言，我们并不否认有一定的合理性，但是这样规定无疑大大缩小了该罪的惩罚范围，现实中不能排除有的行为人就是出于报复或寻求快感而泄露大量个人信息的这种情况的发生。

　　侵犯公民个人信息罪虽然是新设罪名，但规范内容仍是对出售、非法提供公民个人信息罪和非法获取公民个人信息罪的整合。关于本罪的犯罪客体，学者存在以下几种主要观点：公民个人信息的安全；公民的个人信息权；公民信息控制权；公民对于自身提供的个人信息所享有的安全管理权和行销禁止权。上述观点除第一种没有强调公民个人的信息权利之外，都强调个体权利的保护。观察现行刑法的章节体系，本罪位于"侵犯民主权利罪"这一章，本书赞同将该罪的犯罪客体规定为公民的信息权。但是对于侵犯公民个人信息罪的客体，基本上将"公民个体的隐私权"排除在外，因为上文在界定个人信息的概念时，基本认同了个人信息可识别性的最大特征，这同"隐私"有所交叠但绝不可混同。随着科技水平和经济发展水平的提升，每个公民都能深刻地感受到个人信息的不被冒犯关乎自己的生活安宁，也关乎整个社会的安全与和谐。此时，将侵犯公民个人信息罪的客体描述成：公民个人的信息权，会得到越来越多的认同。

　　《刑法修正案（九）》对《刑法》第 253 条侵犯公民个人信息罪的内容进行修改之后，根据新的法条，本罪犯罪的前提是违反国家有关规定，犯罪行为表现为向他人出售、提供、窃取或者以其他方法非法获取，且需达到情节严重的程度。

四、公民个人信息刑法保护现实需求

　　近年来，侵犯公民个人信息的行为屡禁不止，甚至日益猖獗，侵犯公民个人信息犯罪形势越发严峻，而且电信诈骗、网络诈骗等发展为下游犯罪，使社会危害更加严重。此类违法犯罪已经形成了完整的利益链，甚至是灰色产业链。

　　侵犯公民案件涉及被侵犯的公民个人信息种类繁多，几乎可以遍及生活的各个方面，包括公民身份信息、家庭住址这类基本信息。外出时车辆信息、旅游信息，线上购物信息、个人财产相关信息，如，银行卡号，通信信息、征信信息和近年来越来越多的行踪信息、住宿信息。其中，案件数量最多的是传统的涉及公民身份的基本信息，如，身份证号、姓名、户籍所在地信息；其次是涉及财产信息的案件，集中于银行账户和交易明细、移动支付平台、支付宝和翼支付信息、电商购物平台相关信息、游戏账户和密码等信息；最后是行踪轨迹信息，其中多为手机定位信息。其他的还包括车牌号、快递单、购物名单、工作单位、劳动合同信息；等等。

　　犯罪主体方面，近七成被告人是通过购买的方式取得公民个人信息的，通常为线上交易，如 QQ、微信、电子邮件等，线下交易较少。不到两成的被告人是利用职务或工作之便窃取信息，少数犯罪人会利用计算机技术侵入计算机系统窃取公民个人信息，利用职务便利获取个人信息的行为主体主要是机关单位或国家机构人员。

以上表明为了更好地保护公民的个人信息，有必要对个人信息进行细致分类，并作为"情节严重的"重要考量。鉴于此类犯罪被告人主要目的在于出售，若非有强大的市场需求即有大量的购买者，他们是不会铤而走险的，规制购买个人信息的行为是削减他们犯罪动力的有效方式。该类案件犯罪人的刑罚规定较轻，直接导致犯罪成本低，现行刑法不可忽视对侵犯公民个人信息的刑罚的适当改进。

第二节 侵犯公民个人信息罪的立法现状和瓶颈

本节首先探讨了侵犯公民个人信息的立法演进及现状，肯定了多年来立法者对个人信息犯罪刑事立法的种种努力和付出，使个人信息刑法保护不断完善和进步。同时，不可否认的是立法的滞后性，我国侵犯公民个人信息罪立法出现了瓶颈，关于该罪的犯罪方式过于单一和该罪的刑罚存在问题的争议越来越大，同时越来越多的学者建议将过失泄露个人信息行为单独定罪。

一、侵犯公民信息罪的立法现状

1979—2015 年，侵犯公民个人信息罪一直在随着社会的发展而不断变化和不断完善；为对抗法律滞后性的缺陷，立法者一直在不懈地努力。《1979 年刑法》规定该罪犯罪主体是自然人并且没有限制，也就是说已满十六周岁且对自己的行为有辨认或控制能力的自然人均要对此罪负刑事责任。到了 1997 年，犯罪主体被限定为"邮政工作人员"这类特殊主体。《刑法修正案（七）》将这种特殊主体拓宽到金融、电信、交通、教育、医疗等单位，有所放宽，最重要的是自《刑法修正案（七）》开始，单位与自然人一样可以成为本罪的犯罪主体。以上变化体现了科技、经济对刑法的显著影响，互联网的发展开创了信息时代，反过来又加剧了信息犯罪。

《1997 年刑法》将私自开拆、隐匿、毁弃邮件、电报的行为独立成罪，并保留了 1979 年的侵犯通信自由罪。公民个人信息的价值开始受到重视。《刑法修正案（七）》开始使用公民个人信息的术语，确定了公民个人信息的刑法地位，将出售、非法提供和非法获取确定为客观犯罪行为。最后《刑法修正案（九）》将本罪简练为侵犯公民个人信息罪。表面上这个罪经历了由简单到复杂最后再到简单的过程，实际上却将本罪保护的范围扩大化。

关于刑罚的改变。我国刑法一直都保留了对该罪的有期徒刑和拘役的处罚，并且在不断加重，1979 年为一年以下，1997 年为二年以下，《刑法修正案（七）》为三年以下，到了《刑法修正案（九）》跃升为七年，到目前，该罪增加了财产刑。对侵犯公民个人信息的处罚逐步加重，从侧面反映了个人信息价值的不断攀升。对于刑罚，当代刑法学泰斗马克昌认为，"我国指定、适用和执行刑罚的根本目的在于：保护广大公民的合法权益和社会秩序，保障具有中国特色的社会主义建设的顺利进行"。立法者越来越希望通过加重刑罚、严刑峻法来保障刑罚目的的实现。

二、侵犯公民个人信息罪的立法瓶颈

（一）犯罪行为方式设定单一

没有行为就没有犯罪，侵犯公民信息罪的手段不断改变，形式多种多样。但《刑法修正案（九）》中只将出售、提供、窃取和以其他非法获取的行为方式规定为犯罪，存在过于简单的弊端。概括式的规定方式必然导致实践中对侵犯公民个人信息的行为是否构成犯罪存在诸多争议，引起司法实践中定罪的困惑，不能准确打击犯罪。大量的刑事案例表明不法分子只是将侵犯个人信息作为犯罪手段，而目的是侵犯个人信息背后的公民人身、财产安全，形成了从不法获取到出售再转手最后到滥用的一系列犯罪行为，如，绑架罪的犯罪分子通过购买个人信息获取被绑架人的户籍信息、行踪信息；诈骗犯通过购买获悉犯罪对象的财产信息、身份信息等。若简单地以牵连犯规制这些犯罪行为，显然不能有效打击个人信息犯罪。同时，司法实践中也出现了一些新的侵犯公民个人信息的行为。首先是身份盗窃，具有代表性的是罗彩霞案。因为王佳俊冒名顶替，罗彩霞从榜上有名的大学生沦落为打工妹，本该精彩的人生就此改写。而法律只是惩治了王佳俊的父亲，并未对王佳俊定罪。此案就是通过非法冒用他人信息，对个人信息主体进行侵犯的情形，真正的冒用者却没有构成犯罪。在现有刑法中，侵犯公民个人信息罪只针对故意行为，而对于过失泄露公民个人信息的行为，如果所泄露的信息不是国家秘密，将难以定罪处罚，这不利于保护公民个人信息，因此，有必要设立这样一个独立的罪名来追究侵犯公民个人信息的过失行为。司法实践中有数起这样的案例：对公民个人信息负有保管、维护职责的人员，他们在履行职责或者提供服务的过程中获取了公民个人信息之后，未能认真履行这项职责，为了获取非法利益，不法持有大量个人信息，目的是为了向不法购买个人信息相对人提供个人信息。对于持有公民个人信息的行为，法律一概否认了其非法性，持有行为尤其是非法持有具有一定的危险性，一旦持有者主观为恶性，持有行为无疑为其他犯罪行为开启了大门。

（二）刑罚设置存在缺陷

罚金刑作为刑法中的一种刑罚种类，对于打击犯罪尤其经济类型的犯罪具有强大的作用。在侵犯公民个人信息罪的司法实践中，因为绝对不确定的罚金刑，有的法官凭借经验甚至直觉对犯罪分子判处罚金数额，并没有相对统一的标准，对犯罪分子的罚金低至几千元。在相当多的案件中，往往对犯罪分子的获利是不明的，若罚金低于获益，这无疑降低犯罪成本，甚至起到促进犯罪的反作用。因为没有相应的标准，避免不了特殊情况下犯罪分子对法官的贿赂，给权力滥用留下空间，违反罪责刑相适应的原则，有损法律的权威。另一方面，市场经济条件下，个人信息具有巨大的经济价值，许多公司法人为了逐利将黑手伸向个人信息。有的是"挂羊头，卖狗肉"：虽然获得了合法资质，却从事贩卖个人信息的非法产业；还有的通过自己行业的便利，掌握大量个人信息，利用这些信息来牟利，比如中介机构。单位作为侵犯公民个人信息的主体，刑法规定对其可以适用罚金刑。我们不否认罚金刑对于单位犯罪的打击性，但是对于那些经济实力强大的单位，若不规定对其从重处罚，罚金刑的作用会大打折扣。针对侵犯公民个人信息达到刑法的规定而成立犯罪的自然人来说，通常经济实力弱，按地方经济水平处以罚金可以起到打击犯罪的目的，但对于单位来说，若刑法不提高对其罚金刑的处罚幅度，就不足以剥夺他们再次犯罪的能力。因此，应明确规定单位犯罪罚金刑应从重处罚，一方面，提高处罚幅度；另一方面适当降低入罪的标准。在司法实践中对于那些犯罪情节恶劣的单位，更是不可纵容，通过高额的罚金刑起到惩罚犯罪和预防作用。本罪应规定从业禁止的资格刑。主要考虑以下两个方面：首先考虑到从事特定行业的人，如医疗、金融等获取公民个人信息更便利，侵犯公民个人信息的危害性更大；其次，一定程度的从业禁止对于犯罪人的功能而言，具有否定评价和改造的功能，防止其利用职业的便利危害公民的个人信息安全。资格刑在国外已经有了很好的实践。

最后，本罪存在整体刑罚过轻问题。从《刑法修正案（七）》到《刑法修正案（九）》，本罪的刑罚设置处于不断修改和完善之中：总体呈现由轻到重的趋势，体现了刑法对公民个人信息保护力度的加大。《刑法修正案（九）》修改了该罪的刑罚设置，将自由刑的上限提高到七年，自由刑上限的提升并不必然导致司法实践中对犯罪加大处罚；另一方面法律保留了拘役刑。司法实践中，法官因为对"情节严重"的标准不明，又碍于对上诉率的控制，因此往往选择适用拘役刑。轻刑的理论对于应对日益猖獗且后果严重的侵犯公民个人信息罪是不适用的。较重的刑罚体现了个人信息的重要价值，进一步提升法定刑对打击信息犯罪具有重大意义。因此，建议刑法去掉关于本罪的拘役刑，将最低刑提升至一年有期徒刑。

（三）欠缺对过失泄露个人信息行为的规制

从实然的角度，过失不构成本罪。过失构成犯罪的，需要法律明确规定。至于对法律明确规定如何理解，张明楷教授认为，存在"明文说""实质说"和"文理说"，且他赞同"文理说"，在"法律明文规定"的形式理解和罪刑法定主义的要求中寻求平衡。第一种学说从形式上狭义理解"法律有规定"，将会不恰当缩小过失犯罪的成立范围；而第二种学说结合法益保护目的，或者是实质的处罚根据，也将导致对过失犯有意处罚的流弊。而从现行刑法对公民个人信息罪的规定，条文中既没有使用"过失""疏忽"等成立过失犯罪的明示标志词语，也没能在文理上解释为过失犯的"严重不负责任"等表述。但从应然的角度，这是大数据时代我国侵犯公民个人信息罪对公民个人信息保护的不足。过失行为，例如过失泄露公民个人信息的行为，同样会侵犯公民个人信息权，应当被犯罪化。

从理论层面来看，尽管历史上对过失犯坚持以处罚为例外原则，然而随着日益增多的技术化和由此产生的危险（尤其在道路交通中以及在生产管理中），呈现跳跃式增长的态势；在所有的犯罪行为中，已经有大约一半是过失犯罪了。在传统数据环境下，个人信息法益的重要性或许不如生命及健康权重大，但是随着数据时代的发展，个人信息的重要性逐渐提升，个人信息权成为新的重大法益。因此，既要处罚故意行为，过失对个人信息法益造成侵害的，也有处罚的必要。现实生活中，由于过失泄露公民个人信息的行为导致严重危害后果的情况不断发生。例如，中国某家企业在招聘会上将一位女性求职者的登记表遗失，使拾得该登记表格的犯罪分子得以冒充招聘单位欺骗并杀害了该求职者。可见，由过失导致的个人信息泄露带来的后果不能忽视，危害后果补救成本高，甚至不可逆、无法补救。他人通过合法途径收集到个人信息后，自然就负有对个人信息的保密义务。信息收集者无论是提供服务，还是履行职责，凭着其职业规范甚至是个人生活经验，清楚信息泄露将会给信息主体的权益带来侵害，即能够预见法益侵害的可能性。因此，当其能够避免法益侵害却未避免时，在刑法上就有处罚过失犯的理由。不得不说将过失行为排除在本罪之外，是刑法对个人信息保护的疏漏。

第三节　国外公民个人信息法律保护考察及给我国的借鉴

本节主要介绍国外公民个人信息的法律保护，分别为英美法系的英国与大陆法系的德国和日本。英国作为曾经的欧盟成员国，其立法受到了欧盟相关立法的深深影响。日本是在第二次世界大战后快速崛起的国家，其立法也体现了值得借鉴的先进性，努力维持个人信息的安全和经济价值利用最大化之间的平衡。德国在个人信息立法方面有着重要的表率作用，其《德国联邦个人资料保护法》更是作为大陆法系国家个人信息立法的立法体例范本。

一、国外个人信息的法律保护考察

（一）英国个人信息保护法概述

英国沿用"个人资料"这一概念，其立法为英国《个人资料保护法》，该法于 1984 年 7 月 12 日公布，根据 1995 年《欧盟个人资料保护指令》的要求于 1998 年 7 月 16 日修正，修订后自 2000 年 3 月 1 日起生效。该法内容复杂而全面，作为判例法国家，英国将个人信息单独立法，其对于个人信息的重视可见一斑。该法与其之前的法律对比有两点变化不可忽视。首先该法使用范围上突破手工处理的个人信息的限制，扩大到机器自动处理的个人信息。该法第 1 条规定：除本法另有规定外，在本法中"资料"是指符合下列条件之一的信息：根据相应目的所发的指令而以自动化设备方式处理的信息；为了进行自动化处理而记录的信息；作为相关编档系统的一部分或者为了组成相关编档系统的一部分而记录的信息；不符合前三项规定，但是可以组成第 68 条规定的可供查阅记录的一部分的信息。在该条的规定中，前三项规定是关于自动化处理的个人信息的规定，而第四项是关于将适用范围扩展到人工处理的个人信息的规定。其次，该法确定了敏感个人信息的特别保护制度。该法第 2 条规定如下，在本法中，敏感性个人资料是指由以下信息组成的个人资料：种族；政治观点；宗教信仰或其他类似的信仰；是不是工会成员；身体精神状况；性生活；犯罪记录；诉讼记录包括诉讼终结时或者在这些诉讼中法院做出的判决。

个人信息权体系的构建。根据英国《个人资料保护法》第7—14条的规定，信息主体的权利主要体现在以下几方面：第一，要求告知权：信息主体有权要求信息处理者告知自己的个人信息是否正在被处理。第二，拒绝权：拒绝权分为两方面内容。其一，信息主体有权禁止或者要求信息处理者终止处理他的个人信息，当然，如果是合法的处理者，这样做的前提是该个人信息的处理可能导致损害或者不幸。其二，信息主体可以禁止以直接营销为目的的个人信息处理行为。直接营销往往导致个人信息的肆意买卖，使信息主体受到巨大损失。以上权利的行使需要采用书面形式。第三，损害赔偿请求权。对于个人信息在处理中造成的损害，信息主体有权要求获得赔偿。第四，更正权。信息主体有权请求更改、封锁、删除其错误的个人信息。

（二）德国个人信息法律保护现状

在德国，随着信息社会的到来，从20世纪60年代开始，德国政府认识到，个人资料的收集能为政府行使国家权力奠定基础。随着政府机构和民间机构大规模收集和处理个人资料，以及计算机等自动化处理手段在个人信息处理中的广泛应用，不法分子借助网络技术对个人信息大肆侵害。德国法律界敏感地察觉到这种现象，开始了制定、完善个人信息保护法的漫漫长路。早在1970年德国黑森州设立了全球最早的一部个人信息保护法：《德国黑森州个人资料保护法》，但它只是在州立法的层次。直到《德国联邦个人资料保护法》，确立了大陆法系的第一部个人信息法律保护专法，确立了个人信息的基本原则、承认个人信息权，订立了损害赔偿制度，以上表明德国个人信息保护已日臻成熟。它采取统一立法模式，以信息自决权为宪法基础、一般人格权为民法基础，对全部个人信息给予同等保护，成为大陆法系其他国家的立法范本，对大陆法系的个人信息保护的立法实践发挥着某种程度的重要导向作用。

（三）日本个人信息法律保护考察

在日本，立法者没有采用个人信息的定义，将个人信息定义为"个人情报"。《日本个人情报保护法》为日本个人信息保护的基本法，与之相配合，日本还针对国家机关、地方公共团体、独立行政法人等特殊主体，分别制定专门法对其进行规制，起到了对基本法的贯彻和实施作用。企业在经营中掌握了企业员工和消费者的海量个人信息，这些个人信息往往是通过调查问卷、顾客咨询及维修信息单等获得，当然也有很大一部分是通过开放平台等业务合作或者直接购买获得。对于企业而言，消费者个人信息的收集与利用是其开展正常经营的基础。《日本个人情报保护法》对企业课以优先保护个人信息的基础义务，要求企业构建切实有效的个人信息安全技术措施，建立个人信息保护安全管理制度（如，对接触个人信息进行规范），并建立企业个人信息保护自律规范。尤其值得关注的是，该法对互联网企业推出的产品增加了个人信息安全保护义务，确保消费者的个人信息不因使用而泄露或篡改。

二、对国外公民个人信息法律保护的借鉴

对比可以看出，国外对公民个人信息保护主要是通过单独立法确定的，这样能更全面地保护公民信息安全；对我国来说，独立的公民信息安全保护法的立法必须提到日程上来，这样才能与国际社会立法接轨，体现立法的与时俱进。在个人信息的刑法保护方面，首先，可以借鉴英国的敏感性个人信息制度，重点保护公民的敏感信息。其次，同作为大陆法系的我国，应虚心学习德国个人信息法律保护的立法的先进经验。最后，应学习日本设立的企业个人信息保密义务，将过失泄露公民信息的行为单独规定为犯罪。

第四节　侵犯公民个人信息罪的刑法完善构想

通过以上内容的阐述，我们已经对侵犯公民个人信息罪有了全面了解，那么，本章我们将针对本文对个人信息犯罪的三个现实争议提出相应的立法改进。第一，我们需要扩展犯罪的行为方式。首先增加购买、收受、交换、持有等对合中性行为，并增加非法持有行为，从源头打击个人信息犯罪。第二，完善刑罚体系，改绝对不定额罚金为相对确定额罚金，同时提高对单位犯罪的罚金刑幅度，对单位犯罪从重处罚。去掉拘役这种刑罚方式，使本罪最低刑为有期徒刑，更好地打击侵犯公民信息犯罪。第三，将过失泄露个人信息的行为规定为犯罪。

一、扩展犯罪行为方式

在之前的章节中我们已经了解了现行刑法在规制侵犯公民个人信息罪的犯罪行为的局限性，若只是有限地规制出售、提供、窃取等行为，放任其他危害个人信息的行为发生，让法律漏洞为不法分子利用，那么该罪设置的震慑和打击作用将大打折扣。为此，本

文希望刑事立法机关、司法机关及时出台相应的司法解释或者通过单行立法对该罪的客观行为方式进一步扩展和延伸，以期可以全面打击公民个人信息犯罪活动，保障公民信息安全。

通过对相关司法实践和案例的考察，笔者认为还有以下的行为方式可以归入本罪规制。

首先，本罪的对合行为包括购买、收受、交换应当归入犯罪行为之中。目前法律认为购买、收受是出售、提供的对合行为，是中性的，自身并不具有违法性，致使理论研究领域与司法实务领域对此观点各异。购买行为是指以非法使用或出卖为目的，通过财物换取个人信息的行为，现实生活中多是通过非法渠道网上交易。此外，还应包括"以物易物"的交换方式，现实生活中，有很多个人信息犯罪团伙为了犯罪利益最大化而"资源共享"，使受害者范围增大，损失更加惨重；犯罪分子借助交换行为，在节省大量资金的同时也降低了犯罪难度，其本身不可避免地具备刑事非法性，并使受害者范围成倍增加，非法置换信息的双方应被认定为侵犯个人信息罪共犯。

有学者主张购买不应归属于本罪的规制行为，认为购买是一种中性对向行为，"立法制定者既然仅在条文中处罚出售而未谈及购买行为，可以推定他们的意思是没有必要对购买进行刑罚处罚。"因此，购买个人信息并不构成犯罪。笔者认为为了更好地保护公民的信息安全利益，有必要将非法购买、交换行为入罪。理由如下：第一，需求刺激生产，巨大的经济效益是犯罪分子铤而走险的原动力。如果个人信息不被需要，利益链条从根源被切断，也就不会存在上游对个人信息的窃取等侵害行为。购买行为在一定的情况下会衍生教唆的性质，诱使不法分子触碰个人信息刑法保护红线。更可怕的是，购买行为往往是一系列犯罪的开端，购买大量个人信息的犯罪分子或是将信息用于其他犯罪，或是用于专卖谋求巨大利润。第二，购买行为因是不具有暴力获取公民个人信息的和平方式，看起来不足以用法律规制。但是，反观窃取、收买、非法提供信用卡信息罪，我们得知立法者已经开始将信用卡信息中的售卖行为认定与窃取行为同样具有违法性。现实生活中除了信用卡信息外，越来越多的个人信息经济价值巨大，因此，需要将购买个人信息规定为犯罪，对全部个人信息同等保护。第三，可以将购买行为进行合法与非法之区分。成立购买行为的标准可以借鉴该罪对情节严重的规定。基于信息自决权对个人信息进行类似于买卖的处置行为以及基于法律依据或其他合法用途而进行购买不应受法律规制；而对企图利用个人信息牟取暴利或是进行其他犯罪的非法购买行为应给予严厉打击和制裁。

其次，应增加持有行为，并以"非法"为前提对犯罪进行规制。合法的持有行为不具备刑事违法性，因为某些特定原因，保管信息的主体会合法地持有相应的个人信息，刑法坚决抵制的是非法持有行为。为了更好地规范非法持有的行为，可以参考个人信息保护法（草稿）中关于持有信息的规定。国家赋予特定主体持有一定数量公民个人信息的权力，尤其对于政府机关来说，掌握并合理使用公民的个人信息对完善管理和服务有着巨大意义。对于何种持有行为才构成非法，笔者认为可综合考虑以下因素，即持有主体和持有数量两方面考虑：持有主体方面，初步将主体分为国家机关主体和非国家机关主体（自然人、法人等），对于非国家主体来说除了以下合法目的外的持有行为均为非法：为保护公共利益；为防止他人权益受到重大危害而有必要；信息主体同意或授权，且以书面形式；为履行特定的法定义务。持有信息的数量方面：在一定范围内为合法目的而少量持有一定信息并不构成犯罪，具体数量标准考量因素可以参照"情节严重"的规定。

二、完善刑罚设置

在刑法中，我国有必要确立罚金刑的相对额度，具体可仿照美国、日本，中国台湾地区等地罚金刑的设定方式，对罚金刑适用相对固定的模式，既可以防止司法僵化，给予法官合理的自由裁量空间，结合具体案情做出判决，又可以避免法官因其他因素做出不合理的断决，使罚金在司法实践中的实际操作更加科学具体。例如，美国《密西西比法典》规定，身份盗窃的罚金为 5000 美元以下。在明尼苏达州的《刑法典》第 527 条第 3 款中，根据身份盗窃涉及的被害人的人数的不同，罚金数额从 250 美元到 10 万美元不等。《法国刑法典》规定如某种记名信息被泄露将产生损害当事人声誉之后果，或对当事人私生活有损害，未经当事人允许，将其透露给无获取此种信息之资格的第三人的，处 1 年监禁并处 1.5 万欧元罚金。

如果法人由于不谨慎或疏忽大意，发生前款所指的信息泄露，永久性或最长 5 年期间，禁止直接负责人直接或间接从事这种职业性或社会性活动。将剥夺资格的相关条款用于我国对该罪的资格刑上，增加一定的从业禁止规则，预防犯罪分子利用职务之便重复犯罪，侵害公民个人信息，同时也可对相关领域的职工起到警诫和威慑的作用。如，银行、医院等从业人员，若对公民个人信息进行了违法侵害，足以构成犯罪时，司法机关在对其判处刑罚时，可以禁止其将来在此领域内继续从事接触公民个人信息的工作。法人或其他非法人组织若组织侵犯公民个人信息，司法机关可禁止其直接主管人员从事特定的接触大量公民个人信息的经营活动，也可以运用行政处罚的手段撤销其从事某一行业的准入资格。对于事业单位泄露、出卖个人信息的公务人员，应终身禁止其从事个人信息相关公务工作。增加侵犯公民个人信息从业禁止规定，一方面实现了刑法特殊预防的法律效果，抑制了犯罪分子重复犯罪的可能性；另一方面对其他相关行业潜在的不法人员也起到了刑罚一般预防的效果。

适当调整刑罚的设置。上文已经指出，侵犯公民个人信息犯罪案件整体量刑低，这无疑会影响打击犯罪的力度。因此，建议删除拘役刑只保留有期徒刑。侵犯个人信息的案件中能成立犯罪的案件，往往是后果十分严重的案件，这与一般的民事、行政案件是不同的。拘役作为比较轻的刑罚方式，在目前信息犯罪十分猖獗的情况下，同样也降低了犯罪成本，因此建议取消拘役。

三、增设过失泄露个人信息罪

刑法总则规定，过失行为必须有法律明文规定，才构成犯罪。从实然角度出发，目前我国刑法并不处罚过失侵犯公民个人信息的行为。但是从应然的角度，增加过失犯罪的规定有不可忽视的必要性和现实性。首先，从法益保护角度而言，过失侵犯公民个人信息的行为，同样会侵犯公民个人信息权，其危害后果并非由于过失行为有所减损。在大数据时代，网络的放大效应使得侵害个人信息的危害后果难以挽回且不可逆。泄露个人信息后果是十分危险的，特别是那些掌握了大量个人信息的政府机关部门或者银行、医院等行业。主观方面，不仅故意泄露时应当处罚，过失时也应单独定罪，过失不可成为逃避法律制裁的借口。现代社会，个人信息犯罪手段往往技术性强，个别单位为了节省成本，并不在个人信息保护方面投放人力物力，会给犯罪分子大量可乘之机，犯罪成本也会降低。将过失泄露个人信息规定为犯罪，能从源头上打击犯罪，节约司法成本。其次，从域外的立法看，已有处罚过失侵犯公民个人信息的先例，《法国刑法典》规定：如果法人由于不谨慎或疏忽大意，发生前款所指的信息泄露，处永久性或者最长五年期间，禁止直接或间接从事一种职业性或社会性活动。这对我国刑法的立法完善不无借鉴意义。最后，这是刑法回应社会现实的要求，无论是用人单位遗失求职者个人简历，之后求职者生命受到侵犯的后果，还是某知名网站用户信息一夜之间大面积泄露等事件，足见过失侵犯公民个人信息发生的高度盖然性，而非孤立事件。因此，从立法论角度，过失侵犯公民个人信息的行为同样可以构成本罪。通过刑罚的方式督促相关义务人，尤其合法收集和拥有大量个人信息的主体，重视公民个人信息法益，避免危害结果发生，既能实现事后惩罚，也能在一定程度上实现事前预防。对于本罪来说，考虑到过失的主观恶性小，成立犯罪的标准可以参照故意犯罪情节严重的标准。

第六章

刑法学应用：非法吸收公众存款罪

根据《刑法》第 176 条规定，非法吸收公众存款罪，是指违反国家金融管理法规，非法吸收公众存款或者变相吸收公众存款，扰乱金融秩序的行为。从罪状上看，本罪名采取了叙明罪状的方式，但是，其中"非法吸收公众存款""变相吸收公众存款"等概念仍具有高度概括功能，需要进一步解释予以明确。不少学者认为，该罪名具有新型"口袋罪"的特质，如不加以限缩解释，会不当扩大处罚范围，反而掣肘金融创新与经济的良性发展，违反了刑法的谦抑性原则。本章充分运用刑法解释方法，结合司法判例，以解答非法吸收公众存款罪的相关刑法解释疑难性问题，为非法吸收公众存款罪的司法解释与适用提供参考。

在理论和司法实践中，对非法吸收公众存款罪的刑法解释存在的疑难争议问题，主要归结于以下四个方面：第一，对于罪状中"非法吸收公众存款""变相吸收公众存款""扰乱金融秩序"的刑法解释问题；第二，非法吸收公众存款罪的界限问题，包括与民间借贷的区分，与集资诈骗罪的区分；第三，非法吸收公众存款罪的共同犯罪认定问题；第四，非法吸收公众存款罪的单位犯罪认定问题。

第一节 "非法吸收公众存款或变相吸收公众存款"
与"扰乱金融秩序"的刑法解释

《刑法》第 176 条对非法吸收公众存款罪采用了简单罪状的方式定义，其中"非法吸收公众存款""变相吸收公众存款"的行为特征、"扰乱金融秩序"均由行政法规或司法解释对其进行了相关规定，但规定的明确性、合理性、适当性值得进一步研究；在当前非法集资犯罪圈不断扩大的情况下，在对个案进行解释适用时，是否可以依据实质解释立场设置出罪路径，也是刑法解释研究和司法实践应当关注的问题。

一、"非法吸收公众存款"与"变相吸收公众存款"的刑法解释

1998 年 4 月国务院颁布的《非法金融机构和非法金融业务活动取缔办法》（以下简称《取缔办法》）第四条规定："前款所称非法吸收公众存款，是指未经中国人民银行批准，向社会不特定对象吸收资金，出具凭证，承诺在一定期限内还本付息的活动；所称变相吸收公众存款，是指未经中国人民银行批准，不以吸收公众存款的名义，向社会不特定对象吸收资金，但承诺履行的义务与吸收公众存款性质相同的活动。"

该规定首次对非法吸收公众和变相吸收公众存款的概念进行了界定。《最高人民法院关于审理非法集资刑事案件具体应用法律若干问题的解释》所规定的非法吸收公众存款罪的四项行为特征基本与上述《取缔方法》规定一致。但该解释中"承诺在一定期限内还本付息或者给予回报"也是民间借贷的普遍方式，而"社会不特定对象"在司法实践中有时很难界定，"亲友"尤其朋友的概念比较模糊；另外，"公开宣传"这一特征也不是界定"合法"与"非法"的标准，合法的民间融资方式也可能存在公开宣传的问题。以上特征是否非法吸收公众存款的本质特征，是否能够以此准确区分非法吸收公众存款行为与一般的民间借贷融资行为，仍然存在质疑。

（一）"非法"和"变相"的刑法解释

非法吸收公众存款罪是典型的行政犯，其"非法"首先体现在违反金融管理法规，其次是违反了刑法的禁止性规定，侵犯或威胁了刑法所保护的法益。张明楷教授认为，"非法"本身是对违法阻却事由的提示，"在得到行政许可便阻却违法性的犯罪中，提示可能存在违法阻却事由的'非法'，与'未经许可'基本上是一个问题的两个侧面。"《商业银行法》第 11 条规定："未经国务院银行业监督管理机构批准，任何单位和个人不得从事吸收公众存款等商业银行业务。"第 81 条规定："未经国务院银行业监督管理机构批准，擅自设立商业银行，或者非法吸收公众存款、变相吸收公众存款，构成犯罪的，依法追究刑事责任；并由国务院银行业监督管理机构予以取缔。"以上规定可以作为本罪行政违法性的基本依据。从我国近几年对非法吸收公众存款罪进行治理的行政规制与司法实践来看，非法吸收公众存款罪之行政违法性与刑事违法性之间的关系体现出以下特征：

首先，从行政规范文件和司法解释的制定过程来看，非法吸收公众存款罪的刑法解释适用一定程度上依附于行政法规和规章的具体规定。

1998 年国务院颁布的《取缔办法》第四条规定对于"非法"的界定与《商业银行法》

第 11 条规定一致，即吸收资金的行为违背了金融特许行政规定。从该规定开始，国务院及金融管理机构陆续制定了《国务院关于同意建立处置非法集资部级联席会议制度的批复》《国务院办公厅关于依法惩处非法集资有关问题的通知》等一系列的政令、文件或通知，以规制非法集资行为。相应地，公安部、最高人民检察院和最高人民法院也出台了一系列司法解释，包括《最高人民法院关于依法严厉打击集资诈骗和非法吸收公众存款犯罪活动的通知》、《最高人民法院关于审理非法集资刑事案件具体应用法律若干问题的解释》（以下简称《审理非法集资案件解释》）、《最高人民法院关于非法集资刑事案件性质认定问题的通知》、《最高人民法院、最高人民检察院、公安部关于办理非法集资刑事案件适用法律若干问题的意见》（以下简称《办理非法集资案件的意见》）等。《最高人民法院关于审理非法集资刑事案件具体应用法律若干问题的解释》第一条规定中，对于非法吸收公众存款和变相吸收公众存款的界定，即参照了国务院《取缔办法》第四条规定对于非法吸收公众存款和变相吸收公众存款概念的界定；而非法吸收公众存款四个行为特征的归纳，也来源于该条规定的具体内容。

其次，从司法实践中非法吸收公众存款案件的办理过程来看，非法吸收公众存款罪的刑事司法认定一定程度上受到行政认定的影响。

因非法集资案件频发，近几年司法实务的趋向是，以案件的社会影响和行政部门对案件的性质认定作为依据，开展刑事立案侦查、起诉和审判。有不少案件因为涉及人数众多，社会影响恶劣，甚至引发了群体性事件或其他严重后果，政府及相关部门为维护社会稳定通常会先行介入，并首先将案件界定为非法集资案件。《办理非法集资案件的意见》中第一条"关于行政认定的问题"规定："行政部门对于非法集资的性质认定，不是非法集资刑事案件进入刑事诉讼程序的必经程序。行政部门未对非法集资作出性质认定的，不影响非法集资刑事案件的侦查、起诉和审判。公安机关、人民检察院、人民法院应当依法认定案件事实的性质，对于案情复杂、性质认定疑难的案件，可参考有关部门的认定意见，根据案件事实和法律规定作出性质认定。"该规定虽然明确行政认定不是案件的必经程序，但是实际认可了行政认定对刑事案件性质认定具有一定的指导性；而对于虽然可能涉嫌非法吸收公众存款，只要其没有产生不能偿还借款的严重后果、没有引发群体性事件、未影响社会稳定的案件，则司法机关一般不会主动介入立案侦查。

最后，从刑事政策发展趋势来看，非法吸收公众存款罪的刑事政策因行政政策的变化而调整。

行政规制与刑事处罚作为国家调整金融管理秩序的两种不同手段，既紧密联系，又具有性质和程度上的根本差异。值得注意的是，本罪之所以成为近几年影响社会稳定的典型涉众经济犯罪，主要原因就在于，民间金融行业的暴利驱动及行政监管手段的相对缺失，导致了民间融资大厦的急速崩塌，面对急剧增加的社会不稳定因素，刑事手段成为国家在一段时间内调控和治理金融秩序的主要方式。国家一方面积极运用严厉的刑事手段治理非法吸收存款案件；另一方面也正通过制定一系列的行政规范文件规制民间金融市场，且刑事司法趋势受到行政政策的影响。

　　尤其从国家近期对互联网金融的规制来看，更为突出地体现了这一特征。2015 年 7 月 18 日，中国人民银行、工业和信息化部、公安部等十部门联合颁布《关于促进互联网金融健康发展的指导意见》（以下简称《指导意见》），提出了"鼓励创新、防范风险、趋利避害、健康发展"的总体要求和"制定适度宽松的监管政策，为互联网金融创新留有余地和空间"的政策方向，并具体明确了 P2P 网络借贷的合法性——"个体网络借贷平台上发生的直接借贷行为属于民间借贷范畴，受合同法、民法通则等法律法规以及最高人民法院相关司法解释规范。"2016 年 4 月，公安部开始互联网金融专项整治；2016 年 8 月 17 日，银监会、工业和信息化部、公安部、国家互联网信息办公室四部门联合发布《网络借贷信息中介机构业务活动管理暂行办法》，而紧接着，10 月 13 日，国务院办公厅公布了《互联网金融风险专项整治工作实施方案》，对互联网金融风险专项整治工作进行了全面部署安排，其中明确规定："1.P2P 网络借贷平台应守住法律底线和政策红线，落实信息中介性质，不得设立资金池，不得发放贷款，不得非法集资，不得自融自保、代替客户承诺保本保息、期限错配、期限拆分、虚假宣传、虚构标的，不得通过虚构、夸大融资项目收益前景等方法误导出借人，除信用信息采集及核实、贷后跟踪、抵质押管理等业务外，不得从事线下营销。P2P 网络借贷平台和股权众筹平台未经批准不得从事资产管理、债权或股权转让、高风险证券市场配资等金融业务。"随着以上行政政策的变化，"e 租宝""e 速贷"等 P2P 网络平台企业涉嫌非法吸收公众存款罪、集资诈骗罪案相继进入刑事司法程序并被法院判决有罪。

　　综合以上分析，非法吸收公众存款罪刑事违法性的外延本身是一个相对性概念，它随着金融行政法规和政策的调整而发生变化。尤其"变相吸收"中的"变相"就是具有强大涵盖功能的兜底性表述。而《审理非法集资案件解释》第 2 条规定，以列举方式对非法吸收公众存款和变相吸收公众存款进行了进一步的解释，其中第 11 款规定"其他非法吸收资金的行为"再次采用了兜底性条款。用"其他"再解释"变相"这种"双重兜底条款"的司法解释方法，使得非法吸收公众存款的行为方式似乎无穷无尽，但凡是未经金融管理机构许可吸收资金的行为，无论行为人以何种名义融资，只要如果通过社会公开宣传的方式，且其行为最终可以归结为返本付息，均可认定为非法或变相吸收公众存款，这使得资本市场乃至民间借贷领域一片风声鹤唳。如果对于"变相"不进行适当限制，而是进行无止境的扩张解释或类推解释，可能会导致不当扩大处罚范围。

要确定"非法"与"变相"的含义，首先还是应当考察行为是否具有行政违法性，对于符合前置性行政法规的融资行为，阻却刑事违法性，依法不应当认定为非法吸收公众存款罪。以《审理非法集资案件解释》第二条规定列举的"非法吸收公众存款或者变相吸收公众存款"行为第（八）项"以投资入股的方式非法吸收资金的"、第（九）项"以委托理财的方式非法吸收资金的"行为为例。吸收资金入股属于公司法等行政管理法规所规定的企业正常经营行为，只要企业或行为人未承诺保底和固定收益，那么，该行为就符合投资入股人应当承担风险的行政法规定，而不可能涉嫌非法吸收公众存款罪。同理，具备资产管理资质的投资型企业经工商登记后，其从事的委托理财业务只要符合行政法规定，也不可能涉嫌非法吸收公众存款罪。刑法的谦抑性要求立法者应当以最小的支出来获得最大的社会效益。如，立法对于犯罪的外延规定得过于宽泛，则容易导致犯罪扩大化，有悖于刑法谦抑性原则。本罪作为典型的法定犯，其法益保护的是金融存储管理秩序，这本可以通过行政手段、经济手段及政策引导去减少违法犯罪行为，立法对于金融垄断的过于保护容易导致对国民自由权的侵犯；从世界范围来看，发达国家现在正在逐步打破金融垄断的局势，而鼓励合法的民间融资应当是国家立法与政策发展的必然趋势。但纵观国内趋势，今年内，全国严厉打击非法集资犯罪，包括非法吸收公众存款犯罪，这种以"严打"运动方式出现的打击犯罪行为在一定程度上有助于暂时遏制非法集资犯罪的发展趋势，但是，在追求打击效果的同时，也容易造成犯罪打击扩大化的风险；从长远来看，更有可能造成民间借贷与资本市场的萎缩。而且，从这几年对于非法集资犯罪的连续"严打"来看，每年的案件发生率并未减少，这也证明了"严打"对减少和规制犯罪的效果未达到预期目的。从刑法解释的角度而言，对于非法吸收公众存款罪之"非法性"进行严格解释，有助于遏制目前犯罪圈不断扩大的趋势。

（二）关于"公众存款"的理解

1. 公众

参照《取缔办法》对"非法吸收公众存款"和"变相吸收公众存款"的解释来看，"公众"指向首先为"社会不特定对象"，而从其文义射程来看，该指向是片面的，"公众"的含义还应包括更为丰富的内涵。赵秉志教授对本罪"公众"的解释基本界定为"三性"：广泛性、不特定性和行为的公开性，该解释是比较精辟的。

广泛性即人数众多，司法解释对行为对象的人数进行了明确规定，如果行为对象人数未达到规定的标准，那么，只能考虑吸收存款的金额或造成的直接经济损失以及社会影响等因素（司法解释规定的立案标准为"情形之一"），这时"公众"该如何认定？ 3 人以上是否为"公众"？还是 10 人以上为"公众"？笔者认为，司法解释应当对其进行进一步的解释及规定。

不特定性即对象的不确定，排除了单位内部员工、家属集资、朋友间借款或采取行政摊派方式募集资金的情况；但是，如果行为人一方面通过亲友或单位内部员工吸收存款，另一方面又向社会不特定对象吸收存款，在这种情况下，"公众"该如何认定？如果以上情况中行为人采取了向社会公开宣传的方式，且达到了立案标准，则无论吸收对象是否包括了亲友或单位内部员工，均应当认定为"公众"，并追究刑事责任；但如果单位或个人没有采取向社会不特定对象公开宣传的方式，而只是对于单位内部或亲友之间进行宣传，且最终吸收的资金主要来源于单位内部员工或亲友的，则不应认定为非法吸收公众存款罪。同时，《办理非法集资案件的意见》通过对"特定对象"进行否定性解释的方法，进一步扩大了"社会公众"的范围："下列情形不属于《最高人民法院关于审理非法集资刑事案件具体应用法律若干问题的解释》第一条第二款规定的'针对特定对象吸收资金'的行为，应当认定为向社会公众吸收资金：（一）在向亲友或者单位内部人员吸收资金的过程中，明知亲友或者单位内部人员向不特定对象吸收资金而予以放任的。（二）以吸收资金为目的，将社会人员吸收为单位内部人员，并向其吸收资金的。"

行为的公开性是指以向社会公开方式进行宣传。《办理非法集资案件的意见》对于"向社会公开宣传"进行了明确界定："包括以各种途径向社会公众传播吸收资金的信息，以及明知吸收资金的信息向社会公众扩散而予以放任等情形。"这里的"公开"是相对公开，评判标准即受众对信息的普遍知晓，而相对应地，其宣传方式不仅包括了通过媒体、推介会、传单、手机短信等途径，还包括了所谓的"口口相传"。值得强调的是，《办理非法集资案件的意见》将"明知吸收资金的信息向社会公众扩散而予以放任"界定为"向社会公开宣传"，是从行为人主观上对公开宣传方式具有间接故意的角度，界定其行为的公开性。其中，"明知"是认识因素，"放任"是意志因素。

2. 存款

首先，作为一个金融学概念，存款的含义是指"存款人在保留所有权的条件下，把使用权暂时转让给银行或其他金融机构的资金或货币",从其文义来看,其对象应当特指资金或货币。那么,"存款"是否包括实物?关于这一问题,理论界存在争议。有人认为,如吸收的对象为实物的形式,应当认定为"变相吸收公众存款",也有人认为,无论是非法吸收公众存款还是变相吸收公众存款,其对象只能是资金,如果将存款扩大解释为包括实物,则属于类推解释。笔者赞同第二种观点,对于"存款"内涵的理解应当以《商业银行法》等金融法规为依据,其含义不应当超过金融法规规定的"存款"指向范围,而从金融法规的理解来看,其含义应当仅限于资金或货币,不应当包括实物。有观点认为,基于对"变相"的实质理解,吸收能够变成资金的实物,也应当认定为"变相吸收公众存款"。且司法实践中已有类似判例,即永昌县人民法院判决的吴某以赊购小麦方式变相吸收公众存款案。支持该案判决结果的观点认为,吴某赊购小麦具备活期存款的特质,部分农民款到期后,仍然将其存放在吴某处吃利,小麦已成为小麦款,在本质上和活期存款无异。笔者认为,将实物解释为"存款"已经超出了文义的基本射程,而且,"变相"指的是吸收资金的方式多样化,具有隐蔽性,故应当透过形式看实质,对其进行实质解释,但并不表示"存款"之含义也可以随着"变相"手段的实质解释,跨越文义进行解释,该解释方法已经突破实质解释的范畴,而属于类推解释。

其次,存款具有还本付息的特质,这也是其区别于一般投资活动的显著特征(但不能以此区分其与民间借贷行为之间的差异)。国家之所以将存款设置为商业银行的特许经营业务,一方面原因在于国家需要通过对货币资本的控制来调控市场经济秩序与社会秩序;另一方面原因也在于,还本付息业务必须通过有实力的商业银行经营,才能对抗金融风险和保证社会稳定。司法实践中,大量非法吸收公众存款案都是在行为主体不能承担还本付息的责任之后案发。

最后,商业银行吸收存款的对象是针对社会公众,具有不特定性,存款与民间借贷之间的区别也在于此,故"存款"本身就包含了社会性和公开性的特征。

二、"扰乱金融秩序"的解释

对于"扰乱金融秩序"的解释疑难主要围绕其是否属于犯罪构成要件,可否将吸收资金用于正常生产经营作为"未扰乱金融秩序"之出罪事由,以及司法解释中如何认定扰乱金融秩序等问题展开。

（一）非法吸收公众存款罪是行为犯还是结果犯

理论界在本罪是行为犯还是结果犯的问题上存在分歧，这种分歧与对"扰乱金融秩序"的不同理解有关。其一，认为非法吸收公众存款罪是行为犯，"扰乱金融秩序"是对行为属性的描述，这种观点又分为两种意见：一种意见认为，只要行为人向不特定的多数人开展非法的存款业务，为后者知晓就构成既遂，无论是否吸纳了存款；另一种观点认为，只要未经批准非法吸收公众存款或变相吸收公众存款，都违反了金融监管制度，扰乱了金融管理秩序，不论是否造成严重后果，均构成本罪。其二，认为非法吸收公众存款罪是结果犯。持"结果犯说"的观点认为，非法吸收公众存款或变相吸收公众存款只有造成了扰乱金融管理秩序才构成犯罪。还有观点认为，该行为是会危害一般公众的财产安全、破坏社会信用制度与安全的抽象危险犯。

笔者赞同本罪属于结果犯的观点。理由为：第一，从《刑法》第176条的具体规定来看，该规定将"扰乱金融秩序"置于非法吸收公众存款与变相吸收公众存款之后，即是对于结果的描述，如果扰乱金融秩序系行为属性，那么，在非法吸收公众存款与变相吸收公众存款行为本身就包含了违反金融管理秩序含义的情况下，该叙明罪状对于"扰乱金融秩序"再进行列举，则有重复定义之嫌；第二，从金融法规来看，1992年国务院颁布的《储蓄管理条例》中就有"情节严重，构成犯罪的，追究刑事责任"的规定，而之后修订版的《商业银行法》中也有"非法吸收公众存款、变相吸收公众存款，构成犯罪的，依法追究刑事责任"的规定，以上规定非常清晰地描述了本罪系结果犯这一显著特征；第三，从司法解释的具体规定来看，其中关于非法吸收公众存款罪的具体立案标准中对于数额、人数、损失、影响、后果的列举也充分证明了本罪系结果犯；第四，从司法实践来看，对于集资后能够还本付息的行为，办案机关一般不会主动介入，只有当集资主体无法还本付息，且造成社会不稳定后果时，才会作为刑事案件处理。因此，扰乱金融秩序是构成本罪的必要性条件，且是对于行为的危害性结果的概括。

（二）可否将吸收资金用于正常生产经营作为"未扰乱金融秩序"的出罪事由

张明楷教授认为："只有当行为人非法吸收公众存款，用于货币资本的经营时（如发放贷款），才能认定扰乱金融秩序，才能以本罪论处。"这一观点在理论界也得到了广泛支持。另有部分观点认为，非法吸收公众存款罪应当考虑融资目的，如果融资的目的是用于正常生产经营活动，则不能定性为非法吸收公众存款罪。并由此引发非法吸收公众存款罪是否目的犯的讨论。持肯定说的观点认为，刑法规制的是非金融机构以吸收来的资金非法进行信贷活动的行为，而不是吸收公众资金的行为，只有将集资款用于以经营资本和货币为目的的间接融资行为才侵犯国家金融秩序。还有观点认为，应当适用短缩的二行为犯理论作为非法吸收公众存款罪的出罪事由，如果行为人在吸收资金时具备经营货币资本的主观目的，即可充足非法吸收公众存款罪的构成要件，从而将吸收资金用于正常生产经营活动的行为排除在该罪范围之外。持反对说的观点认为，其一，《刑法》第176条并没有规定本罪的构成要求行为人具有将非法吸收或者变相吸收的公众存款用于信贷的目的；其二，司法实践中一些非法吸收或者变相吸收公众存款者，在非法吸收或者变相吸收公众存款后，并不是将吸收的存款用于信贷，而是用于自身的生产、经营活动，如果对这种情况不按本罪处理，显然也不可能按其他犯罪来处理，那就要导致对犯罪行为的放纵。

以上争议的焦点问题实际在于两点，第一，对于刑法条文没有明确规定主观目的的罪名能否认定为目的犯；第二，不以经营货币和资本为目的的吸收存款行为是否具有扰乱金融秩序的社会危害性或刑事违法性。对于第一个问题，现在刑法学界基本认可非法定目的犯这一概念，故已经没有疑问。但是，成立非法吸收公众存款罪是否要求行为人以经营货币或资本为目的？张明楷教授认为，无论是直接目的犯（断绝的结果犯）还是间接目的犯（短缩的二行为犯），其目的只需要存在于行为人的内心即可，不要求有与之相适应的客观事实。本罪显然不是直接目的犯（断绝的结果犯）。而间接目的犯（短缩的二行为犯）的特点是，"完整"的犯罪行为原本由两个行为组成，刑法规定只要行为人以实施第二个行为为目的实施了第一个行为（实行行为），即以犯罪（既遂）论处。吸收存款和发放贷款（典型的经营货币资本行为）之间确实存在一定关联，均是商业银行的基础业务之一，但并非必然的先后顺序，而是并列为商业银行的两项独立业务。而且，对于单纯的民间高利放贷行为是否涉嫌犯罪，理论和实务界存在一定争议，但主流观点认为，该行为本身不具有刑事违法性（不构成非法经营罪），故难以得出吸收存款与经营货币资本两个行为是"完整的犯罪行为"的结论，故用短缩的二行为犯来解释非法吸收公众存款罪也存在逻辑悖论。而且，从客观上分析，非法吸收资金的目的除了货币和资本运营等间接融资以及正常生产经营活动的直接融资方式之外，可能还有其他目的，比如，用于归还债务等，该行为也不具有合法性。因此，不能得出本罪是目的犯的结论。对于第二个问题的解答，实质的争议不在于非法吸收公众存款罪是否目的犯，而在于吸收资金用于生产经营的行为本身是否阻却刑事违法性，因此，需要回溯到立法目的并结合司法实践来考量该行为是否具有侵害法益的危险或实害。

首先，从立法目的来看。刑法的目的是保护法益，法益对违法构成要件的解释具有指导作用。1979 年刑法典制定之前，由于当时经济体制和经济发展程度的客观限制，非法吸收公众存款行为不存在滋生的土壤和环境，1979 年刑法典未对非法吸收公众存款罪作规定，对相关经济犯罪均笼统地以投机倒把罪等罪论处。随着改革开放和经济迅速发展，民间集资行为开始出现，1995 年 5 月《商业银行法》颁布，首次采用"非法吸收公众存款"的表述，并规定构成犯罪的，应当依法追究刑事责任。1995 年 6 月 30 日，全国人大常委会通过《关于惩治破坏金融秩序犯罪的决定》，该决定中第七条关于非法吸收公众存款或者变相吸收公众存款的规定直接为后来《1997 年刑法》修订时所采用，纳入破坏金融管理秩序罪中。从立法过程来看，该罪名的设置是国家对金融和经济进行宏观调控的刑事手段之一，其犯罪化的原因就在于其具有侵犯国家金融管理秩序的危险或后果。支持本罪系目的犯的观点大多认为，本罪侵犯的是国家信贷制度。但是，笔者认为，该观点有失偏颇。而且，为什么刑法仅对非银行主体吸收公众存款的行为进行犯罪化处理，而不将非银行主体的发放贷款行为设置为犯罪行为（违法发放贷款罪的主体系银行或其他金融机构的工作人员）？很明显，刑法设置本罪的立法目的并非是要直接处罚吸收资金之后的发放贷款行为。因此，从立法目的上考量，本罪侵犯的客体或保护的法益是国家金融存储管理秩序而非信贷秩序，前述争议中，认为非法吸收公众存款罪所保护法益是金融信贷秩序，故将集资款用于以经营资本和货币为目的的间接融资行为未侵犯非法吸收公众存款罪所保护法益之观点理论依据不充分，不具有合理性。

其次，从司法解释与司法实践来看。最高人民法院 2011 年《审理非法集资案件解释》规定："非法吸收或者变相吸收公众存款，主要用于正常的生产经营活动，能够及时清退所吸收资金，可以免予刑事处罚；情节显著轻微的，不作为犯罪处理。"该规定实质上认可了非法吸收公众存款罪并非目的犯的观点，并未将吸收资金用于生产经营活动的行为排除在犯罪圈之外，而只是作为量刑上从宽处罚的参考依据，且对定罪免罚或不作为犯罪处理的情形增设了一个附加条件，就是能归还所吸收资金；该规定中"情节显著轻微的，不作为犯罪处理"的依据是《刑法》第 13 条规定，而不是依据行为的目的而阻却责任。但是，地方司法机关的相关司法解释对此有进一步的阐释，且相比最高人民法院的司法解释，在不作为犯罪处理的范围上更为宽泛灵活。例如，2008 年浙江省高级人民法院、浙江省人民检察院、浙江省公安厅联合发布的《关于当前办理集资类刑事案件适用法律若干问题的会议纪要》第 2 条规定："为生产经营所需，以承诺还本分红或者付息的方法，向相对固定的人员（一定范围内的人员如职工、亲友等）筹集资金，主要用于合法的生产经营活动，因经营亏损或者资金周转困难而未能及时兑付本息引发纠纷的，应当作为民间借贷纠纷处理。对此类案件，不能仅仅因为借款人或借款单位负责人出走，就认定为非法吸收公众存款犯罪或者集资诈骗犯罪。"第 4 条规定："为生产经营所需，以承诺还本分红或者付息的方法，向社会不特定对象筹集资金，主要用于合法的生产经营活动，因经营亏损或者资金周转困难而未能兑付本息引发纠纷的，一般可不作为非法吸收公众存款犯罪案件处理。"2016 年《四川省高级人民法院、四川省人民检察院、四川省公安厅关于我省办理非法集资刑事案件若干问题的会议纪要》规定："行为人按生产经营规模所需吸收资金，并主要用于合法的生产经营活动，因经营亏损或资金周转困难而未能及时清退本息引发纠纷，其资产足以还本付息，情节显著轻微的，可不以非法吸收公众存款罪处理。"从以上司法解释的差异性可以看出，随着近几年对非法吸收公众存款案件处理的逐渐深入，司法机关对于非法吸收公众存款罪采取了限缩解释的方法，并明确了吸收资金用于生产经营活动的合法性。虽然四川省的司法解释对于"不以非法吸收公众存款罪处理"有"情节显著轻微"的前提，但相比 2011 年最高人民法院的司法解释，将"能够及时清退所吸收资金"的条件修改为"其资产足以还本付息"，已有了明显进步。

从具体案件的判决结果来看，目前司法实践中对于类似案件的处理结果不一。首先从 2003 年著名的孙大午非法吸收公众存款案判决来看，法院明确认定，孙大午担任董事长的河北大午农牧集团有限公司非法吸收的公众存款用于企业经营，尚未造成吸储款项损失的后果，但该事实仅作为从轻处罚情节，而未作为无罪理由。之后，也有若干判决认定，将吸收资金用于生产经营的行为构成非法吸收公众存款罪。但是，近几年的相似案件判决结果体现出与上述司法解释相应的变化，即有部分法院将吸收资金用于生产经营作为行为人无罪的判决理由。

从破坏金融管理秩序罪的整体设置来看，在秩序、安全与自由的价值权衡中，国家优先保护的是秩序与安全价值，以及社会公共法益，而不是自由价值和个人法益。但是，梳理以上司法解释和两个案件的判决理由，我们可以得出，现阶段司法实践对于非法集资活动的打击开始回归理性，向保障国民自由倾斜。我们解释法条时，不能停留在立法时的语境，主观解释论自身最大的弊端就在于，刑法具有相对稳定性，必须适当适应社会发展需要，这与主观解释论追求立法原意的宗旨背道而驰。以客观解释的立场来考察非法吸收公众存款罪的保护法益，我们不难发现，现阶段的民间集资行为与 1995 年《商业银行法》制定时所规制的非法吸收公众存款行为和变相吸收公众存款行为已存在本质区别，不仅仅是在资金金额上的数十倍甚至数百倍增长，而且，吸收资金的范围和目的也发生了根本变化。基于高利息的极端刺激，近几年出现了"全民金融"的乱象，绝大部分行为人吸收资金的目的均是经营货币资本，而真正吸收资金用于生产经营的企业为极少数，对实体经济造成了极大冲击。因此，前述观点认为，非法吸收公众存款罪的主要打击对象是吸收资金用于经营货币资本的行为，该解释在现阶段具有合理性。另一方面，从保障国民相对自由和市场经济发展的目的出发，以目的解释方法，将吸收资金用于生产经营的行为解释为"未扰乱金融秩序"的合法行为，也符合刑法保护法益的整体目的。

（三）司法实践中如何认定"扰乱金融秩序"

2001 年最高人民法院印发的《全国法院审理金融犯罪案件工作座谈会纪要》指出："非法吸收公众存款或者变相吸收公众存款的，要以非法吸收公众存款的数额、范围以及给存款人造成的损失等方面来判定扰乱金融秩序造成危害的程度。"同年，最高人民检察院、公安部发布的《关于经济犯罪案件追诉标准的规定》第 24 条规定："非法吸收公众存款或者变相吸收公众存款，扰乱金融秩序，涉嫌下列情形之一的，应予立案追诉：（一）个人非法吸收或者变相吸收公众存款数额在二十万元以上的，单位非法吸收或者变相吸收公众存款数额在一百万元以上的；（二）个人非法吸收或者变相吸收公众存款三十户以上的，单位非法吸收或者变相吸收公众存款一百五十户以上的；（三）个人非法吸收或者变相吸收公众存款给存款人造成直接经济损失数额在十万元以上的，单位非法吸收或者变相吸收公众存款给存款人造成直接经济损失数额在五十万元以上的；（四）造成恶劣社会影响的；（五）其他扰乱金融秩序情节严重的情形。"2010 年最高人民法院《关于审理非法集资刑事案件具体应用法律若干问题的解释》中沿用了以上《规定》的具体规定。

从以上规定看，吸收存款的数额、行为对象人数、行为所造成的经济损失、社会影响及其他严重后果都是评判行为是否达到"扰乱金融秩序"危害后果的具体标准。

第二节　非法吸收公众存款罪的界限问题

非法吸收公众存款罪的界限问题在于罪与非罪的界限及本罪与他罪的界限，其中罪与非罪的界限主要体现于本罪与民间借贷、融资等行为之间的区分；本罪与他罪的界限问题主要在于本罪与集资诈骗罪之间的区分。

一、本罪与民间借贷的界限

从形式上看，民间借贷与非法吸收公众存款罪之间存在交叉之处，都是一种还本付息的融资行为，而且从广义上看，非法吸收公众存款甚至也属于民间借贷，只是属于非法借贷。在司法实践中如何区分两者，是一个复杂的难题。

现阶段关于民间借贷的法律规定与司法解释主要为：1991 年最高人民法院《关于人民法院审理借贷案件的若干意见》，1999 年最高人民法院《关于如何确认公民与企业之间借贷行为效力问题的批复》，《合同法》第 196 条关于借款合同的规定以及第 211 条关于借款利息的规定，以及 2015 年 9 月 1 日施行的《最高人民法院关于审理民间借贷案件适用法律若干问题的规定》。从以上规定来看，民间借贷行为是一种民事合同行为，只要双方当事人基于真实意愿且借贷利率合法，均应当受到法律保护。其中对于民间借贷的概念、表现形式、合法定位以及与非法集资行为的区别均没有明确规定。2015 年中国人民银行等十部门发布的《关于促进互联网金融健康发展的指导意见》规定："个体网络借贷是指个体和个体之间通过互联网平台实现的直接借贷。在个体网络借贷平台上发生的直接借贷行为属于民间借贷范畴，受合同法、民法通则等法律法规以及最高人民法院相关司法解释规范。"将网络借贷界定为"直接借贷行为"。而最近发布的非法集资案件相关司法解释中，均没有对如何区分二者进行规定。

理论界对于两者之间的区分有如下几种观点：有观点认为，区分两者应当从吸收资金的对象以及是否具有扰乱金融秩序的后果来看，非法吸收公众存款罪其借贷范围具有不特定的公众性并扰乱金融秩序，具有民间借贷不会造成的严重社会危害性。有观点认为，应当从借款目的或用途进行区分，如借款主要用于生产经营的，为合法借贷融资行为，如借款后用于货币经营或金融信贷业务的，才是法律所禁止的非法吸收公众存款行为。还有观点认为，应当借鉴英国的做法，将长期或多次以非固定期限的还本付息方式的吸收资金的行为界定为非法吸收公众存款行为，对于偶然发生的借贷行为，应当视为合法民间借贷。

笔者认为，以上观点均具有借鉴性，但稍显片面。如果仅从吸收存款对象是否为不特定公众上区分的话，这一"特定"是比较模糊的，有时无法界定，在部分案件中，吸收存款的对象是经过一层层转借贷方式建立起来的，借款人与出借人之间可能存在特定的亲友关系，但与转借人或转贷人之间则可能不存在特定关系；如果仅从扰乱金融秩序的角度来判断，也是难以区分的，因为从结果来判断行为本质，有客观归罪、舍本逐末之嫌；而从借款目的或用途来区分，如前所述，刑法规定和司法解释并没有明确规定非法吸收公众存款必须具有货币经营或金融信贷的目的，司法实践中对于将借款用于生产经营的行为进行定罪处罚的案例也为数不少；从借贷次数和时间来区分二者则更具有片面性。要区分二者，应当综合考虑以上因素，不仅要考虑资金来源，即出借人的具体人数及与借款人之间的关系，还要考虑吸收资金的方式，如是否通过向社会公开宣传方式，是否高息揽储；不仅要考虑借款目的和用途，即是否主要用于生产经营，还要考虑借款的次数、金额、持续时间、社会影响与客观后果。只有在全面分析与考量的基础上，才能对两者进行区分，并作出客观公正的认定。

二、非法吸收公众存款罪与集资诈骗罪的界限

非法吸收公众存款罪和集资诈骗罪虽然分别设置在金融诈骗罪和破坏金融管理秩序罪两个不同的小节之中，但作为典型的非法集资类犯罪，由于两罪主体都是一般主体，主观上都是直接故意，在客观上都有非法募集资金的行为，而且在实践中，两罪的客观表现均可能存在行为人因为各种原因导致不能归还募集资金的后果，因此，两罪在审判实践中极容易混淆，有必要对其进行明确区分。

首先，两罪的犯罪客体存在差别，前者作为典型的非法集资类犯罪，侵犯的是单一客体，即国家金融管理制度；而后者作为金融诈骗类犯罪和非法集资类犯罪的交叉罪名，其客体不仅包括国家的金融秩序，而且包括出资人的财产所有权；其次，从两罪的入罪标准和法定刑来看，集资诈骗罪的入罪标准明显要低于非法吸收公众存款罪，法定刑却要远远重于非法吸收公众存款罪。此外，两罪还存在以下区别：

（一）客观上是否采取了诈骗方法

"使用诈骗方法"是集资诈骗罪的必要构成要件。根据最高人民法院《关于审理诈骗案件具体应用法律的若干问题的解释》第3条规定："诈骗方法"是指行为人采取虚构集资用途，以虚假的证明文件和高回报率为诱饵，骗取集资款的手段。

集资诈骗罪以"非法占有为目的"为构成要件要素，非法吸收公众存款罪的构成要件则不包括这一主观要素。在司法实践中，无论行为人是否以非法占有为目的，在募集资金的方法上可能都存在以高回报率为诱饵的情形，许多投资者也正是看中高回报率才将大量资金借给募集资金人；另外，很多募集资金人在宣传方式中都可能存在虚构经营业绩，甚至虚构集资用途、出具虚假的证明文件等行为，只是集资诈骗罪以此作为典型特征，但这不是区分集资诈骗罪和非法吸收公众存款罪的关键问题。如果募集资金人只是在募集资金

时采取了欺骗手段，但并不以非法占有集资款为目的，那么，如果其行为符合非法吸收公众存款罪的构成要件，仍应当只能认定为非法吸收公众存款罪，而不能定性为集资诈骗罪。

（二）主观上是否以非法占有为目的

是否以非法占有所募集资金为目的是区分集资诈骗罪和非法吸收公众存款罪的关键标准。集资诈骗罪作为目的犯，行为人主观上是为了非法占有所募集的资金，事后不予归还；非法吸收公众存款罪的犯罪构成要件则没有非法占有这一主观目的。

理论上，两罪的区别比较明显，但在司法实践中，因为现实的多样性及复杂性，如何准确判断行为人主观上是否具有"以非法占有为目的"仍然是一个难题，由于对行为人主观心理活动无法取证，司法实践中往往是通过客观行为来推定行为人主观上是否"以非法占有为目的"。1996年最高人民法院《关于审理诈骗案件具体应用法律的若干问题的解释》（以下简称"1996年解释"）第3条这样界定："行为人实施《决定》第八条规定的行为，具有下列情形之一的，应当认定其行为属于'以非法占有为目的，使用诈骗方法非法集资'：（1）携带集资款逃跑的；（2）挥霍集资款，致使集资款无法返还的；（3）使用集资款进行违法犯罪活动，致使集资款无法返还的；（4）具有其他欺诈行为，拒不返还集资款，或者致使集资款无法返还的。"2001年《全国法院审理金融犯罪案件最高人民法院工作座谈会纪要》（以下简称"座谈会纪要"）在对"金融诈骗罪中非法占有目的的认定"中进一步丰富了可以认定为"非法占有为目的"的客观情形："根据司法实践，对于行为人通过诈骗的方法非法获取资金，造成数额较大资金不能归还，并具有下列情形之一的，可以认定为具有非法占有的目的：（1）明知没有归还能力而大量骗取资金的；（2）非法获取资金后逃跑的；（3）肆意挥霍骗取资金的；（4）使用骗取的资金进行违法犯罪活动的；（5）抽逃、转移资金、隐匿财产，以逃避返还资金的；（6）隐匿、销毁账目，或者搞假破产、假倒闭，以逃避返还资金的；（7）其他非法占有资金、拒不返还的行为。"最高人民法院《关于审理非法集资刑事案件具体应用法律若干问题的解释》第四条规定："以非法占有为目的，使用诈骗方法实施本解释第二条规定所列行为的，应当依照刑法第一百九十二条的规定，以集资诈骗罪定罪处罚。使用诈骗方法非法集资，具有下列情形之一的，可以认定为'以非法占有为目的'：（一）集资后不用于生产经营活动或者用于生产经营活动与筹集资金规模明显不成比例，致使集资款不能返还的；（二）肆意挥霍集资款，致使集资款不能返还的；（三）携带集资款逃匿的；（四）将集资款用于违法犯罪活动的；（五）抽逃、转移资金、隐匿财产，逃避返还资金的；（六）隐匿、销毁账目，或者搞假破产、假倒闭，逃避返还资金的；（七）拒不交代资金去向，逃避返还资金的；（八）其他可以认定非法占有目的的情形。"综观以上三个司法解释或者会议纪要，均是通过列举方式明确了哪些客观行为可以用于直接推定行为人主观上的"非法占有目的"。

虽然上述司法解释为司法实践操作提供了便捷有利的途径，但是，在适用上述司法解释时不能一概而论，而应该审慎分析案件具体情况，尤其应当分析行为人不能归还集资款项的具体原因，而不能简单机械地以此来认定行为人"以非法占有的目的"。以客观行为或事实推定主观目的在理论上本身存在硬伤，有违背主客观相统一原则之嫌，在实践中可能落进客观归罪的陷阱。在我国，虽然刑法或诉讼法条文中没有直接规定运用推定方法认定主观目的，但刑法学界和司法实务中均普遍肯定或使用了该方法。陈兴良教授在《论金融诈骗罪主观目的的认定》一文中有这样的观点："从被告人已经实施的违法行为的事实中，推定被告人是自愿犯罪或者具有犯罪意图的，如果被告人未作任何辩解，推定便成立。"高铭暄教授认为："在司法实践中，需要根据证据即客观事实来认定行为人的非法占有目的，或者可以根据客观事实来推定行为人具有非法占有的目的。"张明楷教授也认可应当运用推定方法认定行为人是否具有非法占有目的。值得注意的是，上述学者在肯定该方法的同时，基本都指出了这一方法存在不足之处，只能在没有直接证据证明被告人主观目的的情况下使用，尤其应重视被告人辩解，并综合全案情况予以认定。这是因为，这种事实推定的方法只是一种假设的逻辑推理过程，其推理存在或然性和局限性，而且其推理的前提条件就是办案机关首先已经假设了被告人具有非法占有目的，在这种前提之下，办案机关在收集证据时难免会带有明显的倾向性，而不会收集对被告人有利的证据。而且，在司法实践中，由于办案机关与被告人之间地位的悬殊，被告人的取证权利往往被限制，被告人的辩解被审判机关所采纳的机会微乎其微。在这种情况下，上述几位学者所提出的"如果被告人未作任何辩解，推定便成立"的理论在实践中就可能存在被滥用的风险。

最高人民法院2001年会议纪要规定："但在处理具体案件时要注意：一是不能仅凭较大数额的非法集资款不能返还的结果，推定行为人具有非法占有的目的。二是行为人将大部分资金用于投资或生产经营活动，而将少量资金用于个人消费或挥霍的，不应仅以此认定具有非法占有的目的。"但是，现实中也有很多集资后确实用于生产经营，在经营的过程中，由于管理不善，导致公司出现资金链断裂、无法正常经营、投资者的钱无法回笼，最终导致投资者情绪波动、控告事发，但因案件中涉及的不能返还的非法集资款项数额巨大，为平息社会影响，最终法院定罪时没有考虑被告人确实将部分募集资金投入了生产经营的事实，而以集资诈骗罪定罪处罚。以吴英案为例，公诉机关曾在庭审举证过程中大量列举吴英将所募资金用于购买豪车等个人开支，以此证明吴英"肆意挥霍"而导致集资款不能归还的结果，但实际上，吴英所募集资金的绝大部分实际都用于了投资经营，个人花费实际只占很小一部分，但仍然认定为集资诈骗罪。

在适用最高人民法院《关于审理非法集资刑事案件具体应用法律若干问题的解释》时，除了查明资金的用途与流向之外，还应当考虑案件中是否存在以下事实，以此来判断行为人主观上是否"以非法占有为目的"，进而区分行为人应当定性为集资诈骗罪还是非法吸收公众存款罪：一是行为人筹集资金后是否有真实的立项或经营活动。二是行为人是否具有偿还募集资金的能力、意图以及实际行为。如果行为人对于募集资金确实有真实立项，且指控不能证明行为人不具备偿还资金的能力、意图或行为，则即便行为人当时未能归还资金，但在定性时仍不宜认定为集资诈骗罪，而应认定为非法吸收公众存款罪或者其他罪名更符合罪刑法定的基本原则。

第三节　融资中介机构的共同犯罪认定问题

融资中介机构分为线上和线下两种，在互联网金融普及之前，理财投资公司遍布各地；在 P2P 等网络融资平台建立后，许多融资中介机构都开始青睐于线上经营模式。但无论是线上还是线下民间投融资中介机构，均没有吸收公众存款的资质，只能提供信息媒介服务。《网络借贷信息中介机构业务活动管理暂行办法》第 2 条规定："网络借贷信息中介机构是指依法设立，专门从事网络借贷信息中介业务活动的金融信息中介公司。该类机构以互联网为主要渠道，为借款人与出借人（即贷款人）实现直接借贷提供信息搜集、信息公布、资信评估、信息交互、借贷撮合等服务。"该规定是对网贷中介机构服务内容和性质的专门界定。同时，该办法还明确规定了网贷中介机构有备案登记、审核、信息披露、防范欺诈等风险管理义务，以及禁止从事或者接受委托从事的活动；禁止从事的活动中就包括为自身或变相为自身融资；直接或间接接受、归集出借人的资金；直接或变相向出借人提供担保或者承诺保本保息等行为。笔者认为，该规定实际也适用于线下民间融资机构。

投融资中介机构在非法吸收公众存款案件中，可能扮演两种角色，一种是为他人的吸收资金行为提供居间介绍或担保等服务，利用"多对一"或资金池的模式为涉嫌非法吸收公众存款的第三方归集资金提供帮助；另一种是直接实施非法吸收公众存款的实行行为，自身或关联企业即是集资人，如，2017 年判决的"e 租宝案"就是采取该种方式，"e 租宝"金易融（北京）网络科技有限公司所经营的融资租赁债权转让业务主要项目，就来自其母公司钰诚国际控股集团有限公司旗下的安徽钰诚融资租赁有限公司。

一、中介机构与实际用款人构成共同犯罪的认定

在上述第一种情况下，中介机构可能与用款方构成共同犯罪。在审查中介机构与借款人是否成立共同犯罪时，主要侧重对共同的行为与共同的故意的考察，若借款人或担保人与中介机构之间存在共谋，或者中介机构明知或默许借款人在平台上以多个虚假名义发布大量借款信息，向不特定对象募集资金的，则中介机构与借款人之间构成共同犯罪。至于中介机构在共同犯罪中是正犯还是共犯，则应通过考察其是否对犯罪事实构成支配来决定。在一般情况下，若中介机构直接服务于唯一的某一用款方的，二者之间一般可能构成共同正犯；若中介机构同时服务于多个用款方的，且已经形成资金池的，中介机构事实上是在非法集资犯罪的既遂之后进行的再投资行为，此时若用款方对中介机构的非法集资行为知情且形成了某种物理或心理上的加功效果的，双方应构成共同犯罪，其中，中介机构为正犯，用款方为共犯。

值得注意的是，如果网贷平台未尽到身份真实性核查义务，未能及时发现借款人非法吸收公众存款行为的，主观上为过失，不应认定为非法吸收公众存款罪的共犯。但网贷平台如果不履行《网络借贷信息中介机构业务活动管理暂行办法》所规定的身份真实性核查等安全管理义务，可能涉嫌《刑法修正案（九）》增加的第 286 条之一拒不履行信息网络安全管理义务罪。

在犯罪事实和金额认定上，如果中介机构将款项提供给多个借款人，且与借款人构成共同犯罪的，则中介机构以其吸收的资金总额为共同犯罪金额，各借款人以其各自吸收的资金金额为限在该事实范围内成立共同犯罪。

在主犯和从犯的认定问题上，依据《刑法》第 26 条规定："组织、领导犯罪集团进行犯罪活动的或者在共同犯罪中起主要作用的，是主犯。"第 27 条规定："在共同犯罪中起次要或者辅助作用的，是从犯。"以及《全国法院审理金融犯罪案件工作座谈会纪要》规定："两个以上单位以共同故意实施的犯罪，应根据各单位在共同犯罪中的地位、作用大小，确定犯罪单位的主从犯。"借款人单位和中介机构之间可以区分主从犯。但鉴于理论界对单位之间、单位与个人之间是否成立共同犯罪存在争议，故司法实践中很少认定中介机构与借

款单位之间成立共同犯罪，也未区分主从犯；但对于未以借款单位和中介机构犯罪起诉而以个人犯罪起诉的案件，则区分了主从犯。该种司法倾向应当适当予以纠正，以便在量刑时，对各单位中直接负责的主管人员和其他责任人员区分量刑层次，突出量刑法律依据。

二、中介机构为单独正犯的认定

在第二种情况下，中介机构实施的事实上是犯罪的实行行为，按照犯罪事实支配理论所作之设定，中介机构此时很明显是以自身行为支配着整个犯罪事实，属于正犯。若用款方对中介机构的非法吸收公众存款行为并不知情，其使用了吸收资金的，因其欠缺犯罪的故意，故而应以善意第三人的视角理解其行为，将其行为界定为正常意义的民间借贷行为，不应以犯罪论处。

三、个人中介的行为定性

在一些非法吸收公众存款案件中，行为人之间往往存在多层转借行为，如，A 将款项借给 B，B 又将款项借给 C 和 D，上家和下家之间往往存在 B 这样的"中间人"，又称"捎客"，一旦其中一个环节出现资金断链，则局势如多米诺骨牌一般，整个崩盘。与吴英案相关联的林卫平等人（吴英的借款人）就处于"中间人"这样的位置。对于这样的案件，"中间人"的行为应当如何认定？如果行为人与中间人之间在主观上存在共谋，客观上互相配合并分工，则成立共同犯罪。至于吴英案与林卫平等人非法吸收公众存款案为何分开处理，为何未认定为共同犯罪，主要原因还在于双方主观目的与客观行为不同。

第四节　非法吸收公众存款罪单位犯罪的认定问题

非法吸收公众存款罪的单位犯罪认定疑难问题主要集中于单位犯罪与个人犯罪的区分，以及直接负责的主管人员和其他责任人员的认定问题。

一、非法吸收公众存款罪单位犯罪与个人犯罪的区分

认定非法吸收公众存款之单位犯罪，主要从以下两方面考虑：其一，是否按照单位

的决策程序决定并由直接责任人员实施，即行为是基于单位整体意志实施的还是基于某一个人的意志实施的；其二，所获非法收益是否为单位所享有或者是否以单位名义为本单位全体成员或多数成员所享有。若该两个方面均能形成肯定结论，则可以认定为单位犯罪；若其中任一方面形成的是否定结论，则该中介机构由于欠缺了单位犯罪的构成要素，必然导致主体的不适格，实施了非法集资行为的，只能认定为自然人犯罪，也即只能追究相应责任人员的刑事责任，而当中自然包括该单位的从业人员。

依据《最高人民法院关于审理单位犯罪案件具体应用法律有关问题的解释》第2条规定："个人为进行违法犯罪活动而设立的公司、企业、事业单位实施犯罪的，或者公司、企业、事业单位设立后，以实施犯罪为主要活动的，不以单位犯罪论处。"司法实践中对于大量案件均没有以单位犯罪起诉，而是直接以直接负责的主管人员和其他责任人员个人犯罪进行起诉。

另外，针对单位分支机构或内设机构、部分实施非法吸收公众存款罪的问题，可以依照《全国法院审理金融案件工作座谈会纪要》规定："单位的分支机构或者内设机构、部门实施犯罪行为的处理，以单位的分支机构或者内设机构、部门的名义实施犯罪，违法所得亦归分支机构或者内设机构、部门所有的，应认定为单位犯罪。不能因为单位的分支机构或者内设机构、部门没有可供执行罚金的财产，就不将其认定为单位犯罪，而按照个人犯罪处理，认定为单位犯罪行为。"

《刑法》第30条规定："公司、企业、事业单位、机关、团体实施的危害社会的行为，法律规定为单位犯罪的，应当负刑事责任。"该规定突出的是单位的组织机构特征，合伙企业无论从名称还是组织架构来看，均应当属于企业。最高人民法院《关于审理单位犯罪案件具体应用法律有关问题解释》第1条规定：《刑法》第三十条规定的'公司、企业、事业单位'，既包括国有、集体所有的公司、企业、事业单位，也包括依法设立的合资经营、合作经营企业和具有法人资格的独资、私营等公司、企业、事业单位。"该司法解释所采取的列举方式中，强调的是"具有法人资格"，但是，该列举方式并没有穷尽单位犯罪主体的类型，也没有将具有法人资格作为单位犯罪主体的必要特征。

二、非法吸收公众存款罪单位犯罪中直接负责的主管人员和其他责任人员的责任认定

《全国法院审理金融案件工作座谈会纪要》规定："单位犯罪直接负责的主管人员和其他直接责任人员的认定：直接负责的主管人员，是在单位实施的犯罪中起决定、批准、授

意、纵容、指挥等作用的人员，一般是单位的主管负责人，包括法定代表人。其他直接责任人员，是在单位犯罪中具体实施犯罪并起较大作用的人员，既可以是单位的经营管理人员，也可以是单位的职工，包括聘任、雇佣的人员。应当注意的是，在单位犯罪中，对于受单位领导指派或奉命而参与实施了一定犯罪行为的人员，一般不宜作为直接责任人员追究刑事责任。对单位犯罪中的直接负责的主管人员和其他直接责任人员，应根据其在单位犯罪中的地位、作用和犯罪情节，分别处以相应的刑罚，主管人员与直接责任人员，在个案中，不是当然的主、从犯关系，有的案件，主管人员与直接责任人员在实施犯罪行为的主从关系不明显的，可不分主、从犯。但具体案件可以分清主、从犯，且不分清主、从犯，在同一法定刑档次、幅度内量刑无法做到罪刑相适应的，应当分清主、从犯，依法处罚。"

依照上述规定，单位的主管人员，应当是在单位中对单位事务具有一定的决策、管理、领导、指挥、监督职权的领导人员；就危害行为的作用力及其对造成危害结果的原因力而言，只有在单位犯罪的意志形成中和单位犯罪实行的相关环节中起到了主要或关键作用的人，才谈得上起"直接"作用者，才能予以治罪；其中，明显起次要或者一般作用的人，则不宜作为刑事追诉的对象。因此，单位集资诈骗犯罪中的其他直接责任人员就应是指在单位犯罪意志的支配下具体实施单位犯罪且起作用较大的单位内部一般成员。

综合而言，非法吸收公众存款罪单位犯罪中直接负责的主管人员和其他直接责任人员的认定至少应当是具体实施犯罪行为并起较大作用的人员，并非要将所有工作人员均列入责任人员。同时，笔者认为，依照单位犯罪的刑法规定，只有单位涉嫌犯罪，才能够对直接负责的主管人员和其他直接责任人员进行处罚。而依据《最高人民法院关于审理单位犯罪案件具体应用法律有关问题的解释》第2条规定"不以单位犯罪论处"的情形，承担责任的人员范围应适当缩减，以直接负责的主管人员为限度。目前司法实践中，一旦单位涉嫌非法吸收工作存款罪，则该单位的所有工作人员基本全军覆灭；而且即便未起诉单位犯罪而以个人犯罪起诉的情形，也将单位所有人员全部起诉，该做法不符合单位犯罪的原理，也有违宽严相济的刑事政策，不当扩大了处罚范围。

另外，单位在涉嫌非法吸收公众存款罪时，其直接负责的主管人员和其他直接责任人员往往包括单位的众多工作人员。那么，在单位众多工作人员之间是否存在共同犯罪的问题？有观点认为，单位犯罪不同于共同犯罪，单位可以和单位、也可以和个人之间构成共同犯罪，但是，单位内部的责任人员不能成立共同犯罪，否则就否定了单位犯罪的原理。

最高人民法院相关司法解释则基本认可了单位内部成员可以成立共同犯罪。2000 年 9 月 30 日《最高人民法院关于审理单位犯罪案件对其直接负责的主管人员和其他直接责任人员是否区分主犯、从犯问题的批复》规定："在审理单位故意犯罪案件时，对其直接负责的主管人员和其他直接责任人员，可不区分主犯、从犯，按照其在单位犯罪中所起的作用判处刑罚。"该司法解释虽然作出了"可不区分主、从犯"的原则性规定，但是并未否认单位犯罪内部责任人员可区分主、从犯。前述《全国法院审理金融犯罪案件工作座谈会纪要》规定中也进一步明确解释了在特殊情况下，单位犯罪内部责任人员应当区分主、从犯的审判指导意见。在司法实践中，绝大部分单位犯罪案件其内部责任人员均未区分主、从犯。

单位犯罪的主体虽然是刑法拟制的"人"，具有独立性和整体性，单位的主管人员和其他直接责任人员是基于单位的整体意志，为了单位的利益而实施犯罪，但是，单位的主管人员或其他责任人员之间共同谋划、共同参与实施行为实际具备了共同犯罪多人实施、犯罪意图相同的特征；而另一方面，单位主管人员或其他责任人员之间存在具体分工与协作，对其区分主、从犯更能体现罪刑相适应的基本原则。最高人民法院的相关司法解释对于发展单位犯罪与共同犯罪理论具有积极意义，也为司法实践提供了指导解释。目前非法吸收公众存款罪的主体有很大一部分是单位，甚至有的单位几乎所有工作人员均成为被告人。在这种情况下，对于单位主管人员或其他责任人员之间区分主、从犯更有利于针对行为人的不同地位、作用及情节适用不同的刑罚。

2016 年《四川省高级人民法院、四川省人民检察院、四川省公安厅关于我省办理非法集资刑事案件若干问题的会议纪要》关于"刑事追究人员的范围"规定："行为人是否作为单位犯罪的直接负责人员追究刑事责任，应根据其行为具体判断。如果行为人明知是向社会不特定多数人集资，还积极参与非法集资并收取高额代理费、返点费、佣金等报酬，应当作为单位犯罪的直接责任人员追究刑事责任。对能及时退缴违法所得的，可依法从轻处罚，其中犯罪情节较轻的，可以免除处罚；情节显著轻微，危害不大的，不作为犯罪处理。行为人的职务、岗位职责与非法集资活动密切相关，被动地接受指派、奉命参与实施非法集资流程中部分环节的行为，可以不作为直接责任人员追究刑事责任。行为人帮助他人向社会非法集资，从中收取代理费、好处费、佣金或提成等，构成共同犯罪，应当追究刑事责任，但情节显著轻微、危害不大的，不作为犯罪处理。具有下列情形之一的，可以认定为'情节显著轻微、危害不大'：受雇佣参与非法集资的部分环节，仅领取少量报酬或者提成的；地位作用相对较大，但能及时退清个人涉案违法所得的；其他可以认定为

'情节显著轻微、危害不大的情形'。"该条规定通过充分运用《刑法》第 13 条 "但书" 规定，缩小了刑事处罚范围，值得全国司法机关在办理具体案件时予以参考和借鉴。同时，司法实践之中应当注意，非法吸收公众存款罪往往涉及的受害人数众多，易出现群体性事件，有不少受害人因相关款项无法收回，而向党政部门上访，影响了社会稳定，办案机关在办理案件过程中承受着巨大压力，容易导致司法审判受到行政干预。与此同时，在具体处理案件时，行为人是否归还吸收款项成为是否定罪以及量刑轻重的重要标准，从而导致案件的审判结果存在较大差异。基于此，笔者认为，司法机关在办理案件时，一方面应做好群众的安抚工作；另一方面，应当严格依法审理，如行为人的行为构成非法吸收公众存款罪的，对于案发前已经归还的款项，仍应当计入犯罪金额中，但是可依法从轻处罚；而对于不能归还款项的，在积极劝导被告人归还款项的同时，不能将该情节作为从重处罚的依据。

第七章

刑法学应用：正当防卫的防卫限度

第一节　正当防卫的概念及意义

一、正当防卫的概念

正当防卫的概念，通常是由刑法典予以明确的。各国刑法典关于正当防卫的立法概念归纳起来无外乎以下四种形式：第一，把正当防卫作为一种符合特定的违法阻却事由的行为加以规定；第二，把正当防卫作为一种符合犯罪客观构成要件的行为加以规定；第三，把正当防卫区分为几种不同的防卫类型分别对其概念加以规定；第四，对正当防卫的构成要件及非罪性质加以明确规定。我国 1979 年和 1997 年刑法典采取了第四种立法概念，清晰地厘定了正当防卫的构成要件并且规定其非罪性质，从而在质与量的统一上正确地界定了正当防卫的概念。

根据修订后《刑法》第 20 条第 1 款的规定："为了使国家、公共利益、本人或者他人的人身、财产和其他权利免受正在进行的不法侵害，而采取制止不法侵害的行为，对不法侵害人造成损害的，属于正当防卫，不属于刑事责任。"可见，《1997 年刑法》关于正当防卫的界定与《1979 年刑法》规定相比较，作了较大的修订：第一，将"为了使公共利益，本人或他人的人身和其他权利……"修改为"为了使国家、公共利益、本人或者他人的人身、财产和其他权利……"增加"国家"二字表明正当防卫所保护的也可以是国家利益，以增强社会主义国家人民热爱祖国，维护国家利益至上的观念；第二，增加了对"财产"权利的保护，这是为适应当下市场经济体制发展的需要，解决过去对防卫财产不受非法侵害要求过严的倾向；第三，将防卫人"采取正当防卫行为"修改为"采取的制止不法侵害的行为，对不法侵害人造成损害的，属于正当防卫"。如此使得正当防卫的内容更加明确，说明正当防卫是制止不法侵害行为的正义行为，因而法律允许防卫人对不法侵害人造成损害，这在很大程度上解除了防卫人的思想顾虑。根据新《刑法》的规定，正当防卫的概念，应当表述为：为了使国家、公共利益、本人或他人的人身、财产和其他权利免受正在进行的紧迫的不法侵害而采取的一定限度的损害不法侵害人利益以制止不法侵害的行为。"正当防卫不仅可以保护自己的利益，而且也可以作为保护他人利益之应急方法，将正在发生的威胁限制在'亲属'范围内的做法，我们的法律是不予采纳的。"因此，正当防卫不同于我们一般老百姓所讲的自卫，正当防卫的外延应当大于自卫。

分析正当防卫的概念，笔者认为，凡是正当防卫行为，都同时具备了如下三个基本特征。

（1）正当防卫首先必须是保护合法权益免受不法侵害的行为，即具有防卫性。正如我国台湾地区的学者指出，正当防卫系对现在不法之侵害，出于防卫自己或他人之权利所为适当之反击行为也。个人对当前之紧急危害，予加害者反击，以排除侵害，保护自己或他人之权利。制止不法侵害、保护合法权益是正当防卫的正当性之所在，是确定正当防卫的前提和基础。如果某种行为并不是保护合法权益，而是有损于合法权益，那就不可能成为正当防卫。

（2）正当防卫同时是给不法侵害人造成一定损害的行为，即具有损害性。正当防卫是对正在进行不法侵害的反击行为，保护合法权益免受侵害是正当防卫的实质内容，损害不法侵害人的利益是正当防卫的表现形式。维护合法权益是对不法侵害人造成损害的目的，而损害不法侵害人的利益则是保护合法权益的手段，它们是正当防卫的两个不同的特征，又是紧密联系、辩证统一的。

（3）正当防卫不仅仅是不负刑事责任的行为，而且是有益于社会的正当行为，即具有正当性。正当防卫尽管在形式上具有加害行为的表现形式，可其目的是为了保护合法权益，制止正在进行的不法侵害，损害不法侵害者的利益是必要的。故而，正当防卫与犯罪行为有本质区别，防卫人无须为正当防卫行为而承担刑事责任。进言之，正当防卫更应是为社会所鼓励的正当行为。正当防卫行为不仅是刑法所不禁止的中性行为，而且更是法律所积极倡导的有价值行为。唯有如此，才有可能最大程度地激发和调动广大人民群众与违法犯罪行为进行斗争的自觉性和积极性，更加及时、有效地打击危害社会秩序的重大刑事犯罪活动，以维持社会的稳定和保障国家、社会和广大人民群众的合法权益。

当然，把握正当防卫的概念，还需要和我们日常生活中的一些习语区分开来，比如说见义勇为和正当防卫的关系。见义勇为和正当防卫这两个概念有些相似，都是公民在遭受到特别紧急的情形下，所作出的一种义举。但正当防卫和见义勇为的界限也是明晰的——最大的不同来自两者的所面临的危险源是不同的：正当防卫的场合下行为人遭受的是他人的不法侵害，而见义勇为的情形下行为人遭遇的危险可以是他人的暴力侵害，但也可以是动物猛禽的袭击，甚至是来自于自然力量的冲击。因此，正当防卫行为一般会被视为见义勇为，但见义勇为可能就不是正当防卫。比如，2010 年 3 月 9 日晚 10 时，江西赣州市信丰县大塘埠镇在京创业青年曾庆香和妹夫途经北京六环路小汤山路段时，发现正前方一辆大众甲壳虫车失去控制翻在路边。两人不顾高速路上的危险，迅速将事故车上的央视女记者救出。这时，一辆夏利车因失去控制撞上栏杆。曾庆香和刚刚得到帮助的央视女记者刘薇又马上跑去救援车上被困的人员。不料，一辆金杯车飞驰而来，曾庆香和刘薇被撞出 10 多米远后身亡。显然，曾庆香和刘薇救人的行为是见义勇为，但却不是正当防卫。

另外，正当防卫也不同于自卫。社会上一种比较流行的观点认为，正当防卫其实就是把一般的自卫上升到了一种法定权利的高度。笔者认为，这种观点是值得商榷的。我们通常说自卫，其实就是防卫自身，它与正当防卫还是有一定区别的。自卫指当一个人受到他人的即时非法打击并没有机会为其抵抗打击而诉诸法律时，而对侵犯者采取合理的武力打击以防卫自己不受身体伤害的行为。因此，自卫行为维护的是自己的生命、健康或者财产权利。而正当防卫行为维护的不仅仅是公民自己的合法权利，而且还可以是他人的合法权益，甚至是公共利益和国家利益。显然，正当防卫概念的外延要大于自卫，两者不可混为一谈。

二、正当防卫的意义

我国刑法规定正当防卫制度是为实现刑法的任务而服务的，它赋予公民反击侵害行为的权利，具有积极的社会政治内容，是具有重要意义的一项法律制度。在我们看来，正当防卫制度不仅在理论上具有重大价值，而且也具有重要的实践意义。

理论上看，法律规定正当防卫不负刑事责任，表明我国刑法坚持行为符合犯罪构成是刑事责任的法学根据的立场，某种行为事实，经过犯罪构成判断，与犯罪构成不符合，就不成为犯罪构成事实即不构成犯罪，也就不可能被追究刑事责任。在正当防卫的场合下，首先，客观上看，防卫行为表面似乎符合某些犯罪的客观要件，但事实上，防卫行为不是确实符合犯罪的客观要件，相反是刑法允许实施的行为。其次，主观上讲，防卫人对所实施的造成一定损害的正当防卫行为，在日常生活意义上是"故意"实施的，但防卫人根本就没有刑法意义上的故意与过失，相反，行为人往往是为了保护国家、公共利益、本人或者他人的人身、财产或其他财产免受侵害或者危险。所以，行为人主观上根本没有罪过，不能认为其具有刑法上的故意与过失。综上所述，正当防卫之所以不负刑事责任，就因为它完全不符合主客观相统一的犯罪构成，不仅没有社会危害性，而且对社会是有益的。必须指出，也有学者指出，正当防卫的理论意义在于证明我国刑法始终坚持认为，社会危害性是犯罪的本质特征，没有社会危害性，绝对不能认为是犯罪行为。笔者认为，从形式的角度而言，似乎不必要强调犯罪的本质特征。法律上的犯罪，就是实质上犯罪的定型化，完全符合犯罪构成的行为，就是以法律的语言表明犯罪已具备严重的社会危害性。因而，强调正当防卫不负刑事责任的原因在于其没有社会危害性的看法恐怕不如本书的观点直接、具体，易于接受。

再从实践上讲，规定正当防卫有三个方面的意义：第一，它以法律的明文规定，赋予每个公民都有同正在进行的不法侵害作斗争，以保护国家、公共利益、本人或者他人的人身、财产等权益的权利，这不仅为我们国家和每个公民的合法权益提供了全面可靠的法律保障，而且对上述权益免遭损害更具有实际意义；第二，鼓励公民奋起反击违法犯罪行为，教育广大群众不仅在自己的合法权益遭到不法侵害时，而且在他人的合法权益遭到不法侵害时，也都可以挺身而出，同不法侵害者进行斗争，使不法之徒陷于人民群众的汪洋大海之中；第三，有效地震慑犯罪分子，维护良好的社会秩序。正当防卫赋予在特殊情况下，人民群众面对正在进行的行凶、杀人等暴力犯罪人可以致其伤害甚至死亡的权利，这对广大人民群众是极大的鼓舞，而对不法侵害分子则是有力的震慑，使他们不敢以身试法。因此，正当防卫制度的有效运作必然会对预防和减少犯罪，控制犯罪的生成具有积极的意义。

第二节　正当防卫的正当化根据

正当防卫是现代刑法中一个不可或缺的基本制度，故而正当防卫的研究应在刑法学研究中居于重要地位。然而，我国学界对这一问题的研究往往集中在其构成条件、防卫过当等问题上，可能在一定程度上忽视了诸如正当防卫的本质等基础理论问题的深入研究。事实上，就我国的研究情况来看，似乎并未形成对正当防卫本质问题的研讨与争鸣，而西方大陆法系国家对此问题却观点纷纭。其中许多见解值得我们借鉴。正当防卫的本质问题在于说明正当防卫为何不构成犯罪而成为正当行为。从此角度而言，正当防卫的本质与正当防卫的正当化根据有着共通的基底。

一、正当防卫的正当化根据之思考

大陆法系国家刑法理论关于正当防卫的正当化根据，主要有如下几种观点。

（1）法益性的欠缺或优越利益论，这种观点把正当防卫视为防卫者与不法侵害者的利益的冲突，认为对于"不正"的侵害者的利益，不值得法律保护。

（2）自然权利说。此说认为正当防卫是基于人的自我保护的本能行使其固有的防卫权利，因而是正当的。该说是康德基于社会契约说提出的原理。根据这一原理，个人基于自我保存的本能具有固有的自己防卫权，只是基于社会契约将此保护权委托给国家，在国家不能给予保护的紧急状态下，个人就能行使自己防卫权。

（3）法的自我保全或法的确证说，认为对于侵害法律的行为承认可以进行反击是为了否定不法，以确认法律本身的存在，因而是正当的。根据这一原理，不法是对法的否定，因而应当被否定，据此国家必须确证法秩序。在国家不能确证法秩序的紧急情况下，就由个人进行确证。

（4）折中说，认为正当防卫的正当化根据在于追求个人的自我保护法益以及法的确证。对正当防卫的正当化根据议论最多的是德国。在传统上，德国刑法理论主要是依据"个人保全说"和"法的确证说"这两个原理来寻求正当防卫的正当化根据。但近年来，德国出现了将两者加以结合而产生的"优越利益说"的原理来说明正当防卫的动向。受德国刑法理论的影响而发展起来的日本刑法理论，过去也是依据"个人保全说"和"法的确证说"这两个原理对正当防卫加以说明的。随着实质的违法性论在日本刑法理论研究中的深入，日本最近也出现了用违法性阻却的一般原理来说明正当防卫的倾向。

在这众多的学说中，目前对正当防卫的正当化根据的说明可以分为两种：一是用"社会的相当性"的观点来说明。这种观点是行为无价值论所主张的。行为无价值论者认为，违法的本质是对国家社会的伦理规范的违反。正当防卫是在社会伦理秩序的范围内，为维护某种法秩序服务的行为，因而作为社会的相当行为被正当化。二是用"法益衡量"的观点来说明。这种观点是结果无价值论者所主张的。结果无价值论认为，有法益侵害及危险的就是违法。其中，又有两种不同的见解：其一，根据"保护法益的阙如"的原理，认为正当防卫是在必要的限度内，对不法攻击者的利益的否定；其二，以"个人保全说"和"法的确证说"两种原理相结合的产物——"优越利益说"的原理，来说明正当防卫正当化的根据。

本书认为,"法益衡量说"存在许多缺陷。首先,法益侵害说所主张的正当防卫违法性阻却根据的"法益衡量说"运用到实践中能否奏效,是一个问题。在法益有冲突的情况下,简单地说,某个法益比其他法益优越、重要,对法益进行排序,极其困难。即便这种排序能够进行,仅仅根据这种排序来判断行为是否具有违法性,在面对极端案件的时候,也显得不是特别慎重。其次,在对待正当防卫所造成的损害大于所避免的损害是否阻却违法性这一问题上。"法益衡量说"认为即使正当防卫所造成的损害大于所避免的损害,也可能排除犯罪的成立。它主张法律虽然以最大限度地保障个人利益为目的,但在不得不否定一方的利益时,从社会整体的见地来看也应当认为是为了保全更大的法益。正当防卫是在紧急状态下实施的行为,在面临紧迫的不法侵害的情况下,防卫人没有退避的义务,因为"正当没有必要向不正当让步";不法侵害者的法益虽然没有被完全否定,但应受保护的法益优越于不法侵害者的利益;换言之,不法侵害者的利益实质上受到了缩小评价。笔者认为"法益衡量说"的解释不能自圆其说。一方面,"法益衡量说"主张用优越的利益原理解释正当防卫,正当防卫是为了保护某种法益而牺牲价值低的或同等法益时,行为就不具有违法性;另一方面,"法益衡量说"又主张当正当防卫所造成的损害大于所避免的损害,对不法侵害者的利益作缩小评价,那么,正当防卫所造成多大的损害才是法律所允许的,对此"法益衡量说"没有给出任何标准。

因此,我们主张用社会相当性的理论说明正当防卫的正当化根据。社会相当性从以下三方面加以判断:(1)目的的正当性。在社会生活中,存在各种利益冲突。行为人基于本人立场,追求本人的目的,一般认为可能有失妥当,但只要这种目的符合社会生活的一般伦理秩序,即应视为正当。在正当防卫中,出于防卫的意图,就是一种正当的目的。因此,目的的正当性应从行为人的动机、行为人对正当价值的认识等主观的层面予以把握。(2)手段的正当性。这里的手段,是指实现正当目的的方法。目的正当,是成立正当防卫的前提,但并非唯一标准。换言之,不能以目的正当性证明手段的正当性,否则,将允许行为人不惜采取一切手段实现其正当目的,从而有悖于社会伦理观念。因此,手段的正当性具有独立于目的正当性的判断价值。如果目的虽然正当,但采取不正当的手段,仍然为社会观念所不允许,因而欠缺社会相当性。(3)相当性是基于一般人的规范意识进行判断的。根据社会一般人生活上的经验,防卫人的行为没有违反规范,为规范所允许。如果追究防卫人的刑事责任就会破坏规范的有效性。规范是解释世界的方式,它使人产生远离犯罪的心理强制力,可以充分获得作为抑制力量发生作用的效果。谁怀疑、否认、破坏规范,谁就是在扰乱社会,谁就不是社会中积极的合作者。犯罪不是法益侵害,而是规范否认。对否认规范的行为人科处刑罚，就是为了向一般的市民证实遵守规范是正确的，错误的是行为人。行为人破坏了规范，这是事实，但是，规范通过刑罚就反事实地坚持了自身的正确性。笔者认为，可以借鉴雅科布斯现实关于规范否认的理论，在正当防卫的场合，攻击者违背了规范，防卫人的行为没有违反规范，而是在恢复规范，因而在观念上我们一般认为防卫行为承认了规范的有效性。

二、正当防卫正当化根据的新解说

上述诸观点对于理解正当防卫的本质无疑具有启示意义。正当防卫的本质问题在于说明正当防卫为何不构成犯罪而成为正当行为。从此角度而言，正当防卫的本质与正当防卫的正当化根据有着共通的基底。笔者认为，正当防卫的本质在于权力与权利统一，在我国又可视为权利与义务的统一。如前所述，在刑法出现之后，国家就承担了保护公民权利的职责，当合法权益遭受犯罪行为侵害时，受害者通常借助国家的司法机关，依照法定的诉讼程序，通过刑罚权的行使才得以维护，消弭已经受到的侵害，即以公力救济的方式来维护权利。

但公力救济仅仅只能在事后实施，对正在进行的紧迫的侵害权利的行为往往无能为力。既然国家在某些特定的情况下无法提供有效的公力救助，这种权力便只能复归个人，即由公民个人行使私力救济权。换言之，为了弥补公力救济在时间上的滞后性与结果的不完整性，达到全面维护合法权益的目的，法律往往确立了特殊条件下的私力救济行为的合法地位。"不为了保卫我而制定的法律不能对当时的强力加以干预以保障我的生命，而生命一经丧失就无法补偿时，我就可以进行自卫并享有战争的权利，即杀死侵犯者的自由，因为侵犯者不容许我有时间诉诸我们共同的裁判者或法律的判决来救助一个无可补偿的损害。"从此角度而言，正当防卫对国家权力具有补充性、辅助性，即具有权力的意蕴。而一般认为，正当防卫是一种权利行为，因为防卫人为排除不法侵害的侵害者本身加以反击，其目的全在于主张自己或其他权利，而法律之使命也不外权利之保护，所以，正当防卫的本质与法律保护权利之精神并无不合，应认定为法律之权利行为，故一般学者皆以正当防卫权称之。这样，正当防卫可以说是权利与权力的有机统一体。而对于我国这样一个社会主义国家来说，正当防卫的本质又可视为权利与义务的统一。正当防卫作为公民依法享有的权利，渊源于我国宪法。《宪法》第12条规定："社会主义的公共财产神圣不可侵犯。"《宪法》第37条规定："中华人民共和国公民的人身自由不受侵犯。"这些规定是我国刑法设置正当防卫制度的立法根据。在我们社会主义国家，保护合法权益免受不法侵害，不仅是司法机关的任务，而且在一定程度上也是人民群众的职责，正当防卫就是国家赋予公民行使这项职责的权利和根据。同时，正当防卫也是一项道德义务，勇于同违法犯罪作斗争的人，受到人们的赞扬；不敢与违法犯罪行为作斗争的人，受到人们的唾弃。对于特定的人来说，对不法侵害予以制止还是一项法律义务，例如，人民警察在合法权益遭受不法侵害时，必须实行必要的反击行为，与不法侵害人进行斗争。故而，在我国正当防卫的本质也可看作权利与义务的有机统一。

值得一提的是，有学者认为："正当防卫的本质是多元的，而不是一元的。正当防卫排除犯罪成立的根据是多样化的，应该从个人权利与国家权力的对立统一、报应与预防的结合、正义与秩序的对立统一等诸多方面探求正当防卫的理论基础，否则必然陷入片面化的泥潭。"笔者认为，这种观点是值得商榷的。首先，正当防卫本质不可能是报应与预防的结合，报应与预防的有机统一是国家刑罚权的本质。而正当防卫对于刑罚来说，仅仅是特殊情况下的例外。详言之，正当防卫只是公民在合法权益受到正在进行的不法侵害的紧急情况下采取的一种救济措施，其目的仅仅在于使合法权益免受不法侵害。而刑罚则是人民法院代表国家对犯罪分子所适用的制裁方法，是对犯罪分子某种利益的剥夺，并且表现出国家对犯罪分子及其行为人的否定评价。故而，两者不能相提并论，不容混淆。所以，不可能将报应与预防作为正当防卫自身固有的、区别于他事物的性质。其次，将正义与秩序的对立统一作为正当防卫的本质，似乎也不够准确。正义与秩序的对立统一充其量不过是权利与权力的有机关系在价值层面的体现，它从根本上讲还要归结为权利与权力的统一。故而，正当防卫的本质不可能是多元的，而是一元的，即权利与权力的有机统一。

第三节　正当防卫成立条件概述

一、正当防卫的成立必备条件

关于正当防卫成立必须具备的条件，我国刑法理论上主要有"四条件说""五条件说"与"六条件说"三种不同的观点。

"四条件说"认为，正当防卫的成立必须同时具备以下四个条件：①必须有不法的侵害行为；②必须是正在进行的侵害行为；③防卫必须是对不法侵害者本人进行；④防卫行为不能超过必要限度造成不应的损害。

"五条件说"则是在"四条件说"的基础上增加了一个正当防卫的主观条件，即行为人主观上必须具有防卫意图。这种观点认为"四条件说"所主张的四个条件只不过反映了正当防卫的客观方面，但正当防卫应是主观和客观的统一，正当防卫的主观方面条件，也是其构成的必要要件，同样不可或缺。

"六条件说"是在"五条件说"的基础上又增加一个损害性条件，即防卫行为必须给不法侵害人造成了损害。这种观点认为，给不法侵害人造成损害是正当防卫行为的应有之义，如果行为根本未给不法侵害者造成损害，其合法性是毋庸置疑的，因此，不应纳入正当防卫的研究范畴。

应该看到，上述观点中，"四条件说"为正当防卫成立条件的研究奠定了良好的基础，但其所揭示正当防卫的四个条件均是客观条件，没有阐述正当防卫成立的主观条件，因而恐怕是不够全面的。"五条件说"在"四条件说"的基础上增加了正当防卫的主观条件，使正当防卫成立条件进一步充实，殊为可取。而"六条件说"将防卫行为的损害性作为正当防卫成立条件，似乎是不妥当的。前已指出，对不法侵害者造成损害是正当防卫的必然属性、根本特征，而正当防卫的成立条件只是在整体上反映其基本特征。正如刑事违法性是犯罪的基本特征，却不能作为犯罪的成立条件一样，作为正当防卫基本特征的对不法侵害者造成损害的属性不可能与正当防卫的成立条件相提并论。

二、正当防卫成立条件的分类

目前，刑法理论上对正当防卫成立条件的分类存在二分法与三分法，二分法居于主流的地位。在二分法下，又有三种不同的表现形式：第一种是将正当防卫的成立条件分为不法侵害的条件和防卫方面的条件两类；第二种是将正当防卫的成立条件分为正当防卫成立的前提性条件和实施防卫行为的合法性条件两类；第三种是将正当防卫的成立条件分为主观条件和客观条件两类。三分法认为正当防卫的条件可以分为客观条件、主观条件和限度条件三类，并认为前两类条件是定性条件，由此确定了正当防卫"正"的性质，不符合这些条件的不是防卫行为；后一类条件是定量条件，由此体现了正当防卫"当"的要求，不符合该条件的，虽然仍不失为防卫行为，但却不属于正当防卫的范畴。

上述关于正当防卫成立条件的分类法中，三分法不是亦步亦趋地追随刑法的规定，而是试图超越刑法的规定，无疑具有积极的一面。但从逻辑上看，三分法很难称得上科学合理的。因为按客观、主观相统一标准的分类与按定性、定量相统一标准的分类是两种大相径庭的分类方法，而形式逻辑的分类规则之一便是分类标准必须统一，将以不同标准划分出来的正当防卫成立条件混杂在一起，势必会产生分类重叠的逻辑错误。事实上，客观条件与主观条件是以客观与主观统一的标准分类的，定性条件与定量条件则是认定性与定量相统一的标准分类的，根本无法把它们统一起来。三分法将客观条件、主观条件、限度条件作为正当防卫成立的条件，确实有商榷的余地。而在二分法中，笔者认为，第一、三两种比较恰当，而第二种分类似乎存有疑问。第二种分类将正当防卫的成立条件分为正当防卫的前提条件和实施防卫行为的合法性条件，可能犯了形而上学的错误，"正当防卫的任何一个条件，应当说都是正当防卫的前提条件，因为缺少了其中任何一个条件都不能成立正当防卫。同时，正当防卫的任何一个条件都决定着某一行为是否符合法律关于正当防卫的规定。"因此，将正当防卫的成立条件人为地区分为前提条件和合法性条件，可能是有失妥当的。第一种分类将正当防卫的成立条件分为不法侵害的条件和防卫方面的条件两类，似乎有割裂不法侵害与防卫之间的联系，但它具有清晰明确、易于为司法实践所把握的特点，故也不乏合理性。第三种分类强调了正当防卫成立条件对刑法主客观相统一基本原则的体现，从此角度而言，也是合理可取的。但"从各国刑法典的规定看，正当防卫成立的条件，均从侵害与防卫两个方面来考量。"我国也有学者指出："正当防卫是由两方面组成的，一方面是不法侵害行为；另一方面，是防卫行为，也就是侵害者和防卫者的矛盾对立的统一。"因此，本书为了充分彰显正当防卫"正"对"不正"的性质，并且呼应本书整体的逻辑架构，倾向于将正当防卫的成立条件分为权力限制要件（即侵害要件）与权利保障要件（即防卫要件）。其中，正当防卫权力意蕴之限制，主要来自对不法侵害条件的要求，包括"不法侵害必须客观存在"与"不法侵害必须在进行"等条件，正当防卫权利意蕴之保障，主要包括"防卫人必须具有防卫意图""防卫行为必须针对不法侵害者本人"与"防卫行为不能超过防卫限度"等条件。

第四节　不法侵害之紧迫性

正当防卫只能针对不法侵害实施，这是正当防卫的本质要求，如果不存在不法侵害，正当防卫就无从谈起。因而，正当防卫的侵害要件必然要求不法侵害的客观存在。对此，笔者认为应注意如下几个问题。

一、"不法侵害"范围的界定

对于不法侵害是仅指犯罪侵害还是也包括违法侵害的争议这一问题，我国刑法理论上存在以下三种不同的观点。

（1）犯罪行为说。这种观点认为只有对社会危害最大的犯罪行为才有可能实施正当防卫行为，否则，就会扩大打击面，造成不应有的危害。

（2）无限制的犯罪违法说。此种观点认为，不法侵害行为，不仅指犯罪行为，也包括其他违法的侵害行为。主张这种观点的主要理由是：其一，正当防卫要求的只是不法侵害存在，并没有将其起因条件局限于犯罪行为。其二，不法侵害刚刚着手时，往往很难断定它是犯罪侵害还是一般违法侵害，而当不法侵害的性质能够明显地分为犯罪或违法时，不法侵害的结果又大都已经出现，正当防卫的意义也就随之丧失。其三，违法与犯罪没有不可逾越的鸿沟，不允许对违法侵害进行正当防卫，无疑会放纵不法侵害人，从而使受害人遭受更大的损害。

（3）有限制的违法犯罪说。此种观点认为，正当防卫中的不法侵害，既包括犯罪行为，也包括违法行为，但不是所有的犯罪违法行为都属于不法侵害。只有那些能形成侵害紧迫性，且可以用正当防卫避免或减轻其危害结果的犯罪违法行为，才属于不法侵害，那些不具有侵害的紧迫性或者用正当防卫不能避免或减轻其危害结果的犯罪违法行为，不属于正当防卫中的不法侵害。

在我们看来，正当防卫的立法规定所针对的对象主要是防卫者与司法者，因而，对于上述不法侵害的范围问题可以从防卫者和司法者两个角度来分析。首先，防卫人遭遇到不法侵害的场合下，笔者认为，判断这种侵害究竟是犯罪行为还是一般违法行为，不是防卫者的义务，而是司法机关（人民法院）的职责。"对于防卫者而言，只要他发现某种权益正在受到不法侵害，他就有权实施正当防卫行为，而不能要求他在行使防卫权之前越俎代庖地替司法机关认定一下该行为到底是犯罪行为还是一般违法行为"。从现实来看，要求文化水平、法律知识水平各异、反应速度快慢有别的不同的防卫人对社会危害性在量上存有差别的一般违法行为与犯罪行为做出准确的判断，在很多案例中不免有强人所难之嫌。因而，对于防卫者来说，不法侵害不必仅限于犯罪行为。其次，对于在事后对防卫案件做出裁判的司法者来说，不法侵害是否仅限于犯罪行为呢？笔者认为，从司法者角度而言，不法侵害也不宜仅限于犯罪行为。因为假若司法者在事后对不法侵害做出准确界定——如认定不法侵害为犯罪行为，则行为人实施正当防卫是适当的，但如果认定不法侵害行为没有达到犯罪程度，则防卫行为就失去适当性——如此很可能使防卫人在实施防卫行为瞻前顾后束手束脚，影响防卫权的有效行使，不利于切实发挥正当防卫在保护合法权益方面的应有作用。因此，不法侵害行为不仅包括犯罪行为，而且还应涵括一般违法行为。

此外，"正当防卫所能够制止的不法侵害行为不同于一般意义上的违法犯罪行为，它有自己特殊的质和量的规定性"。在我们看来，作为正当防卫对象的不法侵害行为的特点突出体现在如下两个方面：第一，不法侵害行为在时间上的紧迫性。所谓"紧迫"，"是指在事态紧急，又没有足够时间或方法寻求官方保护，侵害即将发生的状态"。紧迫意味着法益侵害现实存在或者直接面临，正是因为紧迫，所以，否定侵害者的法益也是正当的。第二，不法侵害行为的可阻断性。所谓可阻断性是指不法侵害行为从开始实施到侵害结果出现有一段时间范围，在此期间如果实行防卫行为，可能使侵害行为被迫停止，无法继续进行下去。根据以上对不法侵害行为特点的分析，不难看出只要不法侵害违反了法律规定，对法律所保护的对象正在进行侵害或造成现实的威胁，且如果对这些行为进行防卫行为可能防止危害后果的发生，才属于正当防卫中的不法侵害。

综上所诉，本书认为，"有限制的犯罪违法说"是较为可取的，而"犯罪说"和"无限制的犯罪违法说"则似乎均有不妥之处，为本书所不采。

二、"不法侵害"是否包括过失犯罪

故意犯罪可以成为正当防卫中的不法侵害，在理论上已为不争之论，而对于不法侵害是否包括过失犯罪，目前刑法理论则看法不一，主要存在着三种不同的观点：第一种观点认为，对于那种外观上以暴力或武力形式出现的过失犯罪行为，可以实行正当防卫，对于其他过失犯罪行为，则不能实行正当防卫。第二种观点认为，在个别情况下，不法侵害人主观上可能是出于过失的罪过形式，已经给某种合法权益带来损害或即刻可造成损害。在这种情况下，对行为人采取的制止其侵害行为的措施，应当属正当防卫。第三种观点认为，对过失犯罪不能实行正当防卫。因为过失犯罪都是结果犯，它以行为造成一定的危害结果为必备要件。过失犯罪的这一特性决定了当过失犯罪成立之时，不法侵害也随之结束，不法侵害既已结束，当然也就不能再对之实行所谓的"正当"防卫了。

根据我国刑法理论通说，"在过失犯罪的情况下，行为人负刑事责任的客观基础是行为对社会造成的严重危害后果。"这样，过失犯罪均以物质性的实害结果的出现作为构成犯罪的必要要件。因而，过失犯罪成立之时即是危害结果发生之时，在危害结果发生之前其行为还不能称之为犯罪，因此，对于过失犯罪由于缺乏犯罪行为"正在进行"这一条件（下文将详论这一条件）而不能实行正当防卫。基于这种考虑，上述第一种与第二种观点恐怕是有失妥当的，第三种观点否定了对过失犯罪实行正当防卫的可能，无疑具有较大的合理性，但其对于那些给合法权益造成紧迫威胁的过失违法侵害可以进行正当防卫的观点，又显得不够严谨。笔者认为，根据前文对不法侵害特点的研究，对于在危害结果发生之前的过失行为（即可能构成过失犯罪的行为），只有在这种过失侵害不仅具有造成合法权益损害的紧迫性，而且采用损害过失行为人的某种权益方式可以使合法权益得以保全的情况下，才可能对其允许实行正当防卫。

三、"不法侵害"是否包括不作为犯罪

对于不作为犯罪能否实行正当防卫，目前刑法学界存有两种迥异的观点：第一观点认为，不作为犯罪不具备危害的紧迫性；同时，正当防卫也不能制止不作为犯罪，故而对不作为犯罪不能实行正当防卫。

英美法系某些国家的刑事立法认为对不作为可实施正当防卫，如，加拿大 1971 年《刑法典》第 41 条第（一）款规定："和平占有居所或不动产之人及其合法辅助人或授权人，因防治他人不法侵入居所或不动产，或使其离去而使用必要程度之武力者，应认为正当之行为。"另一种意见认为，对不作为犯罪能否实行正当防卫，应当看其是否形成了侵害的紧迫性，对形成紧迫性的不作为犯罪，可以实行正当防卫。

从实践来看，绝对地禁止对所有不作为犯罪实行正当防卫，可能有悖于设立正当防卫制度的目的，不利于合法权益的保护，由此，第一种观点似乎值得怀疑。但是鼓励对形成紧迫性所有的不作为犯罪实行正当防卫，却也有导致滥用防卫权之嫌。因而，对于不法侵害是否包括不作为犯罪的争议问题实际上涉及两种不同价值取向的取舍问题，对此，任何简单地肯定或否定回答恐怕都难以令人满意。笔者认为，这里面有一些问题需要认真予以考虑。首先，正当防卫能否制止不作为犯罪？笔者认为，对于那些形成紧迫危害的不作为犯罪，完全可以通过对犯罪人的一定权益造成损害以达到迫使其积极地履行义务并进而制止犯罪的效果。有必要指出的是，正当防卫制止不作为犯罪的机理与正当防卫制止作为犯罪有所不同。详言之，对于作为犯罪，防卫人可以通过自己的防卫行为直接予以制止，而不需要犯罪人本人的行为参与；由于不作为犯罪是行为人不履行自己应当履行的义务而构成的犯罪，要制止不作为犯罪，除了防卫人的行为外，还需要犯罪人积极地履行义务，否则，就不能制止不法侵害。其次，既然正当防卫能够制止不作为犯罪，那么下面我们分别来讨论两种情况。

（1）如果防卫人自己可以直接实施某种行为避免危害结果的发生，在这种情况下，是否可以对不作为犯罪人进行正当防卫？有学者认为，他人既然能够直接防止危害结果的发生，就没有必要实行正当防卫。笔者认为，这种见解是有一定道理的。"在正当防卫中，还是应当在一定程度上强调防卫的效果，以避免防卫权的滥用，防止国家权力不当地为个人所行使。"案例一：某市幼儿园保育员李某（女，30岁）于某日下午带领8名幼儿外出游玩。途中幼儿王某（女，3岁）失足坠入路旁粪池，李某见状只向农民高声呼救，不肯跳入粪池救人。约20分钟后，路过此地的农民张某听到呼救后赶来，一看此景，非常气愤，张某随手给了李某重重一棍，然后跳入粪池救人，但为时已晚，幼儿王某已被溺死，教师李某被打成重伤。农民张某棒打教师的行为属正当防卫吗？答案是否定的。因为正当防卫必须具备起因条件，即存在现实的不法侵害，而且这些侵害必须是具有攻击性、破坏性和紧迫性，在采取正当防卫可以减轻或避免危害结果的情况下，才宜进行针对正当防卫。教师李某对学生遇困时有救助的职责，她的行为导致严重后果，已涉嫌犯罪，属不法侵害，但不作为犯罪缺乏侵害的攻击性、紧迫性。本案中，农民张某见义勇为救小孩的精神是值得表扬的，但同时，他也要为自己棒打教师的行为承担相应的刑事责任。

（2）如果防卫人自己不可能采用某种积极的行为去直接避免危害结果的发生，而只能通过采用一定的暴力损害犯罪人的身体以逼使其履行作为义务，意图避免危害结果发生的场合下，是否可以对不作为犯罪人进行正当防卫？笔者认为，在这种情况下，应当允许对不作为犯罪人进行正当防卫。正当防卫制度的设立宗旨很大程度上是为了使广大公民更加有效地行使正当防卫权，敢于见义勇为，制止不法侵害。从而行为人没有防止危害结果发生的专门技术和能力的情况下，对不作为犯罪人实行正当防卫，应当是为法律所允许的。但是，值得注意的是，在某些场合下，防卫人伤害了不作为侵害人的身体之后，不作为侵害人答应履行作为义务但尚未来得及履行，或者正在履行之中或者已经履行不作为义务，危害结果仍然发生了，防卫人采用伤害不作为侵害人的手段于事无补，不足以防止不作为侵害人造成危害结果。在这种情况下，防卫人的行为是否仍然成立正当防卫呢？在我们看来，如果认为防卫未达到预期效果而认定不能成立正当防卫，要防卫人负担刑事责任，显然有不合理之处。因为"无论如何存在着避免危害结果发生的极大可能性，防卫人尽其可能避免危害结果的发生的精神值得称道，虽然最终危害结果没有避免，但也不能归责于防卫人"。再有，司法实务中对不作为行为实施防卫的事例较之于对故意行为的防卫要少得多，实际判案也不多见，所以我们更应当重视对面临这类行为紧迫侵害时公民防卫权的确认与维护，不应该人为地去限制行使防卫权的范围。因此，笔者认为，防卫人伤害了不作为侵害人的身体之后，即使存在不作为侵害人尚未来得及履行作为义务等，危害结果仍发生了的场合下，防卫人的行为仍然成立正当防卫。

四、假想防卫

假想防卫，又称为误想防卫，是指实际上并不存在不法侵害的行为，但防卫人想象或推测存在不法侵害，因而对想象或推测中的侵害实行防卫，造成他人无辜的损害的行为。假想防卫，主要是行为人对行为性质发生错误认识，个别情况下是对自己行为的对象发生错误认识。造成假想防卫的原因，主要是由于假想防卫人精神紧张或神经过敏，而对客观事实的认识产生了错误的理解所致。比如，神经紧张的甲，夜行陌巷。突然有人从后方快步跑来，并抓住甲，甲以为是抢匪，二话不说，以一记过肩摔将此人摔伤。稍后甲得知，此人是要把甲掉落路上的钱包归还。由于假想防卫不属于正当防卫，因而，应当追究假想防卫人的刑事责任。但是，具体应如何处理假想防卫呢？笔者认为，既然假想防卫是行为人对自己行为的实际性质错误的认识而产生的行为性质的错误，那么，对于假想防卫应当按照对事实认识错误的处理原则来解决其刑事责任问题。首先，假想防卫不可能构成故意犯罪。假想防卫行为虽然是"故意"的行为，但这种"故意"是建立在对客观事实错误认识基础上的，即行为人错误地以为自己是在对不法侵害实行正当防卫。在这种情况下，行为人不仅没有认识到其行为会发生危害结果的后果，而且认为自己的行为是合法正当的，而犯罪故意则以行为人明知自己的行为发生危害社会的后果为前提。因此，假想防卫的故意只具有心理学上的意义，不具有刑法上的意义，不能把它和犯罪故意混为一谈。其次，在多数假想防卫的案件里，行为人主观上是存在犯罪过失，而且恐怕只能为疏忽大意的过失，不大可能是过于自信的过失。因为在过于自信的过失场合下，行为人实际上存在有认识的过失，即已经认识到其行为可能发生危害社会的结果。而在假想防卫案件中，行为人是由于对防卫事实产生了错误观念而误以为自己的侵害行为是正当防卫，根本没有也不可能预见到会发生危害社会的后果，所以不属于过于自信的过失。如果在这种情况下，行为人本来应该而且完全可以避免这种认识错误，只是因为疏忽大意而没有预见到实际的情况，那么他对假想防卫的危害结果就要负疏忽大意的过失责任。当然，假若由于客观条件的限制，行为人不可能避免这种认识错误，那么行为人对其所实施的假想防卫行为所发生的危害后果，主观上不存在罪过，属意外事件，不负刑事责任。

第五节 不法侵害之时间性

根据我国《刑法》第 20 条的规定，不法侵害必须处于正在进行之中，才能对不法侵害人实施正当防卫。当侵害行为没有开始，尚未危及合法利益时，没有必要实施防卫行为；当侵害行为已经结束，危害结果已经发生时，正当防卫已失去意义。因此，如何正确界定"不法侵害正在进行"是确定防卫行为是否合法的关键之一。根据我国刑法理论的通行说法，正在进行的不法侵害，是指已经开始而尚未结束的不法侵害。那么，不法侵害开始和结束的标准究竟又是怎样的呢？对此，我国刑法学界则并未达成共识。

一、不法侵害的开始时间

何谓不法侵害已经开始，我国立法与解释均未予以明确规定。外国立法与刑法理论上对防卫权开始时间通常存有主观说与客观说的争议，而我国关于防卫权的开始，理论界则主张主、客观相一致说，但在具体表述时，却有歧见。

（1）着手说。此说认为，不法侵害的开始就是不法行为的"着手"，正当防卫是在犯罪着手时进行的。

（2）直接面临危险说。此说认为，不法侵害的开始应该指合法权益已经直接面临不法侵害的侵害危险。具体包括两种情况：一是不法侵害行为已经着手实行，合法权益正在遭受不法侵害；二是不法侵害的实行迫在眉睫，合法权益将要遭受不法侵害。

（3）综合说。此说认为，不法侵害的开始时间，一般是以开始着手实行刑法分则条文规定的某种客观要件的行为为标志，但在某些特殊情况下，不法侵害行为虽然尚未完全开始着手实行，但它对侵害客体的严重威胁已迫在眉睫，不及时采取强制措施，可能会使被害人遭到较大损失。这时可以实行正当防卫。

在我们看来，确定不法侵害的开始时恐怕应当考量两个因素。一方面，必须有利于体现正当防卫制度的设立目的。从此角度而言，不法侵害开始的标准不宜太晚，否则不利于保护防卫人或者被侵害人的合法权益。另一方面，又要对防卫权实施的时间范围予以必要的限制，防止滥用防卫权从而导致损害无辜者的权益。从这一点考察，不法侵害开始的标准又不能太早。

根据以上分析，本书认为，在以上观点中，"着手说"忽视了现实生活中，确实有某些不法侵害在还没有着手时就对合法权益形成了紧迫的威胁这种情况，如果此时只有在侵害行为着手时才能进行防卫，显然不利于保护公民的合法权益，很难说是科学可行的。而"直接面临危险说"似乎用词不够严谨。因为直接面临危险中的危险仅是指遭受不法侵害的可能性，当然不可能包括合法权益已经遭受侵害，而"直接面临危险说"将对合法权益造成侵害结果和危险结果统一为直接面临危险，似乎有名不符实之嫌。"综合说"既考虑了一般情况下不法侵害开始的标准，也兼顾了不法侵害开始的例外情况；既照顾了防卫合法权益的保护，又兼顾了为防止防卫权滥用而对防卫权行使时间范围的必要限制，因而可能是稳妥的。

二、不法侵害的结束时间

不法侵害开始后，只要侵害行为继续，都可以对不法侵害人实施正当防卫。如果不法侵害已经结束，便再没有进行防卫行为的余地。那么，究竟什么是不法侵害的结束呢？对此，刑法理论中也有不同的观点。

（1）危害结果形成说。该说认为，不法侵害的结束时间，应该是不法侵害行为的危害结果已经实际形成的时间。

（2）危害制止说。此说认为，不法侵害被制止时，就是不法侵害的结束。

（3）排除危险说。这种学说认为，不法侵害的终止应以不法侵害的危险是否排除为其客观标志。

（4）综合说。该说认为，不法侵害不可能、也不应该有一个统一的结束标准，对于不法侵害的结束，应该以正当防卫的目的为指导，具体情况具体分析。

应当看到，"不法侵害的结束是指这样一个时刻，在这个时刻，不法侵害已经停止或不法侵害造成的结果已经出现，即使实施防卫行为，也不能阻止危害结果的发生或即时即地地挽回损失；即使不实施正当防卫行为，也不会发生危害结果或危害结果不致进一步扩大"。这一时刻即为不法侵害彻底结束的时刻。不法侵害的多种多样，在很大程度上也决定了不法侵害结束时刻表现形式的多种多样，有的可能表现为不法侵害被制止而结束，有的表现为不法侵害人自动中止或者不法侵害人丧失继续侵害能力而结束，有的表现为不法侵害行为已经完成，或者危害结果已经发生，此后无法再以防卫来避免发生危害结果或避免进一步发生危害结果为结束，还有可能表现为不法侵害由于行为人以外的因素而未能进行到底或不可能发生危害合法权益的而结束。上述第一、二、三种观点，仅仅论及了不法侵害结束形式的某一方面，没有全面反映不法侵害结束时刻的表现形式，因此是片面而不可取的。"综合说"注意到了不法侵害结束形式的多样性，认为对不法侵害不可能确定一个笼统的标准，无疑是可取的。但"综合说"却没有提供一个不法侵害结果大致的标准，故而缺乏实际操作性。笔者认为，正确界定不法侵害的结束时间的关键目的在于：保护侵害人的合法权益免受不必要的损害。而"所谓不必要的损害，是指即使损害侵害人的利益，也无法避免或减轻不法侵害所造成的危害后果；即使不损害侵害人的利益，不法侵害所造成的危害后果也不会扩大或者尚未造成的危害后果也不会出现。"可见，危害后果是否可能发生、扩大或不可挽回，是衡量不法侵害是否终止的标志，也是认定防卫人能否继续实施防卫行为的关键。因此，以危害后果是否可能发生、扩大或不可挽回为标准，对实践中的不同情况做出不同分析，就可以准确地判定不法侵害是否已经结束，并进而合理地解决哪些防卫行为是合理必要的，哪些防卫行为是不合理或不必要的。

三、与"不法侵害必须正在进行"条件相关的问题

防卫不适时是指防卫行为发生在不法侵害开始之前，或者发生在不法侵害已经结束之后的情况。防卫不适时不符合防卫行为的构成要件，不是防卫行为，更谈不上成立正当防卫。具体来看，防卫不适时包括事前防卫和事后防卫两种情况。

（1）事前防卫。顾名思义，事前防卫就是指侵害人是否着手实施不法侵害还处于一种或然的状态，对于合法权益的威胁并未处于现实状态之时，对不法侵害人采取的所谓防卫行为。对于事前防卫，由于它所针对的是未来的不法侵害，反击的不是正在进行的不法侵害。因而，事前防卫不是正当防卫，必须承担刑事责任。通说认为事前防卫是一种"先下手为强"的故意犯罪，笔者认为，这种观点似乎值得商榷。

刑法通说常以一个案例为例来具体说明：如周某因与汪某有私仇而扬言要杀掉汪某，一天两人在争吵后，周某带一把锄头路过汪某家门口，汪某见状便以为周某是想杀他，便先下手为强，从门后取出一把铁矛等周某走到门前时，突然用铁矛猛刺其胸，当场把周某杀死。在我们看来，对此案例的分析涉及事前防卫与假想防卫的区别。两者的区别关键在于引起不法侵害行为实施的原因不同。事前防卫是在不法侵害还处于一种或然的状态下实施的，尽管这种行为没有对提前防卫者产生直接面临的威胁和产生实质危害，但是，对提前防卫者来说，起码是具有一定的威胁；假想防卫是在客观实际上并不存在威胁和实质危害，而是由于行为人猜测危害存在的情况下实施的。可见，客观来看，事前防卫是针对具有一定的威胁的可能侵害所进行的提前反击行为，假想防卫是针对事实上所不存在的侵害而对想象的不法侵害人的反击行为。而按照我国刑法理论，事前防卫以故意犯罪，假想防卫一般以过失犯罪追究刑事责任。

笔者认为，与处理假想防卫相对比，一律对事前防卫都认定为故意犯罪似乎对防卫人有不公正之嫌。事实上，事前防卫并不限于明知不法侵害尚未开始而进行反击的情况，还可能包括对不法侵害尚未开始，应当预见因为疏忽大意而没有预见以及完全不能预见的情况。由上分析，对前述案例，对于汪某的事先防卫行为，在具体分析其主观罪过的基础上，可以分三种情况处理，而不是不分情况一概认定为故意杀人罪：一是故意杀人罪，即汪某可能明知周某尚未开始不法侵害，而故意加害周某；二是过失致人死亡罪，即汪某应当预见周某尚未开始不法侵害，因为疏忽大意而没有预见，以致对周某造成死亡结果的；三是意外事件，汪某从客观上亦可能不能预见周某尚未开始不法侵害，因而导致周某死亡结果的。

（2）事后防卫。"事后防卫是指不法侵害终止以后，对不法侵害人实施的所谓防卫行为。"正确认定事后防卫，关键在于将事后防卫与防卫过当加以区别。在实践中，常常会把事后防卫行为当成防卫过当行为。在我们看来，两者是存在本质区别的。防卫过当是正在遭受不法侵害的情况下进行防卫，只是防卫行为超过了必要限度，给不法侵害造成了不应有的损害，但在时间上没有超越必要的限制；而事后防卫则在时间上超越了限制，是在已不存在不法侵害的情况下实行的所谓防卫行为。对于事后防卫，笔者认为，也应比照事前防卫的处理，区别行为人主观心理的不同而分别处理。

下面举实践中争议较大的一个案例予以说明。2004年8月1日22时40分，被告人黄某权驾驶一辆车体为浅绿色的湘 AT4758 的捷达出租车，在长沙市远大路军凯宾馆附近搭载姜某和另一青年男子。上车后两人要求黄某权驾车到南湖市场，当车行至南湖市场的旺德府建材超市旁时，坐在副驾驶员位置的姜某要求将车停靠在旺德府超市后面的铁门边。当车尚未停稳时，姜某持一把约20厘米长的水果刀与同伙对黄某权实施抢劫，从其身上搜走现金200元和一台 TCL2188 手机。两人拔下车钥匙下车后，姜某将车钥匙丢在汽车左前轮旁的地上，与同伙朝车尾方向逃跑。黄某权拾回车钥匙上车将车左前门反锁并发动汽车，准备追赶姜某与同伙。因两人已不知去向，黄某权便沿着其停车处左侧房子绕了一圈寻找。当车行至市场好百年家居建材区 d1–40 号门前的三角坪时，黄某权发现姜某与同伙正搭乘一辆从事营运的摩托车欲离开，便驾车朝摩托车车前轮撞去。摩托车倒地后，姜某与同伙往市场的布艺城方向逃跑。黄某权继续驾车追赶，姜某边跑边拿出水果刀回头朝黄某权挥舞。当车追至与两人并排时，姜某的同伙朝另一方向逃跑，姜某则跑到旺德府超市西北方向转角处由矮铁柱围成的空坪内，黄某权追至距离姜某2米处围栏外停车与其相持。大约十秒钟后，姜某又向距围栏几米处的布艺城西头楼梯台阶方向跑，黄某权快速驾车从后面撞击姜某将其撞倒在楼梯台阶处，姜某倒地死亡。随后，黄某权拨打 110 报警，并向公安机关交代了案发经过。经法医鉴定，姜某系因巨大钝性外力作用导致肝、脾、肺等多器官裂伤引起失血性休克死亡。法院宣判，被告人黄某权被一审判处有期徒刑 3 年 6 个月。同时，合议庭还就本案民事部分一并做出判决，判处黄某权承担死者赔偿金 36998 元。黄某权当庭表示要上诉。法院为什么要这样定判呢？法院认为被告黄某权为追回被抢财物，以驾车撞人的手段故意伤害他人身体，并致人死亡，其行为已构成故意伤害罪，公诉机关指控的罪名成立。庭审过程中辩护人着力强调了"正当防卫"辩护意见，合议庭作了重点阐述。死者姜某与同伙实施抢劫后逃离现场，针对黄某权的不法侵害已经结束。此后黄某权驾车寻找、追赶姜某及其同伙，姜某一边跑一边持刀对坐在车内的黄某权挥刀，其行为是为阻止黄某权继续追赶，并未形成且不足以形成紧迫性的不法侵害，故黄某权始终不具备正当防卫的时间条件，辩护人关于正当防卫的辩护意见不成立，不予采纳。5 个多月后，二审合议庭进行了更充分的说明：姜某与其同伙对黄某权实施抢劫后，已逃离黄某权视野区，故姜某已不再处于"正在进行的不法侵害状态"中，因此，黄某权驾车撞击姜某的行为已不再具有防卫特征，而是故意伤害犯罪。笔者认为，从全案事实确认，姜某等二人劫财得手后急于逃跑，处于被动地位，并无主动再次加害黄某权的故意和可能。姜某与其同伙抢劫后拔下车钥匙后拼力逃跑，并已逃离黄某权视野区，显示姜某等人针对黄某权的不法侵害已告结束，不具有继续或重新对黄某权实行主动攻击的加害行为的现实危险性。黄某权驾车追逐并撞击姜某，实质上已不具有防卫意义而是一种新的攻击、加害行为，因此法院认定为故意伤害犯罪，是合理的。但是，广东顺德女司机龙女士开车将 3 名劫匪撞倒事件，却呈现另一种境况。2008 年 7 月 12 日，莫某壮、庞某贵伙同庞某添密谋实施抢劫，并进行分工。次日凌晨 4 时许，被告人莫某壮、庞某贵与庞某添到被害人龙女士位于佛山市顺德区伦教街道一处住宅车库附近，被告人莫某壮驾驶摩托车在附近接应，被告人庞某贵和庞某添则戴上白色手套，并各持一个铁制钻头守候在被害人住宅车库两旁。5 时 15 分许，庞某贵、庞某添见被害人龙女士驾驶小汽车从车库出来，庞某添走到汽车驾驶座旁，庞某贵走到汽车副驾驶座旁，分别用铁制钻头敲打两边的汽车玻璃。龙女士大声叫救命，并按响汽车喇叭求救。两人将汽车玻璃敲碎后，庞某添用手拉扯住龙女士的头发，庞某贵抢走龙女士放在副驾驶座的一个装有现金人民币 80360 元以及若干收款单据等物的手袋。得手后，两人立即朝摩托车接应的地方跑去。被告人莫某壮即启动摩托车搭载庞某添和庞某贵逃跑。龙女士见此，驾驶汽车追赶欲取回被抢财物。当追至小区二期北面的绿化带时，被害人驾驶汽车将摩托车连同摩托车上的三人撞倒。莫某壮、庞某贵被撞倒后爬起逃跑并分别躲藏，庞某添则当场死亡。小区的保安闻讯赶到，被害人遂打电话报警。公安民警接报后赶到现场先后抓获被告人莫某壮、庞某贵，并在现场起获被抢赃物以及作案工具。

案件发生后，不少市民对女司机龙女士的行为议论纷纷，有人称赞她是"女英雄"，是正当防卫，但也有人担心她是在遭劫后将人撞死，是防卫过当，甚至是过失致人死亡。佛山中院对其余两名劫匪进行了终审宣判，以抢劫罪，判处两人有期徒刑 11—12 年不等。在对于龙女士的处理问题上，本案的主审法官——佛山市中院刑事审判第二庭副庭长黄烈生指出，"三个歹徒，手持铁器，对付一个手无寸铁的弱女子，在车窗被敲烂、巨款被抢走、歹徒即将逃离犯罪现场的这一危急情形下，被害人不顾个人安危，凭借自己的小车机智地将歹徒的摩托撞倒在地，尽管造成一名歹徒死亡的后果，但这符合我国《刑法》中'正当防卫'的有关规定"。众所周知，在法院审理的抢劫案中，绝大多数案情是由于歹徒的犯罪行为，导致被害人不仅经济上受到损失，而且生命安全也往往受到威胁或者伤害，轻者受伤，重者死亡，有时候由于被害人的反抗导致歹徒有些许轻微伤的也并不少见。具体到本案，佛山中院认为："歹徒在实施抢劫行为后正准备逃离，仍然在被害人龙女士的视野范围内，至此其抢劫行为仍然是在进行过程中。"

上述龙女士案件和的哥黄某权案件，应当具有一定相似性，法院最后以一个"罪犯仍然在现场"的解释，认可了龙女士在现场仍是正当防卫，而对于黄某权却采取了"犯罪已经结束"的观点。前后判决的差异，也让我们进一步反思正当防卫时间条件中的"正在进行"。

四、值得深思的"正在进行"问题

从实质解释的意义上看，所谓正当防卫中不法侵害的"正在进行"，有学者认为指的是侵害者的侵害行为已经到达防卫者最后的有效的防卫时间点。因为如果不使得正当防卫的价值落空，那么我们就应当通过正当防卫制度的规定来对抗不法侵害来保护自己或第三人，这样首先应当赋予防卫者的当然是一个可以有效保护自己或第三人的权利，而不是限定防卫者只能采用一种不太可靠的做法，不然就会和法律设定正当防卫制度初衷背道而驰。实际上，法条中规定的"正在进行"四个字，也是基于侵害行为的客观性以及防卫行为的必要性的考虑而设置的。在我们看来，"正在进行"这四个字的立法意图在于，针对正在发生的不法侵害，我们才能确定其侵害的客观存在，同时也才有采取反击行为来保护自己各项权利的必要性。上述思路是没有任何问题的，但是语词的选用，加上一般观念对

"正在进行"含义上的僵硬标准，造成适用上与概念目的不免会出现龃龉。比如，20世纪在我国台湾地区发生的郑如雯杀夫案，就是典型的例子。郑如雯是一个保守的社会中因为遭到强奸而被迫结婚的妇女，结婚之后，除了自己经常受到丈夫的虐待而外，自己的妹妹也频频遭受丈夫的强奸。而郑如雯的亲人，包括孩子在内，也经常被虐待和殴打。最后，忍无可忍的郑如雯，在丈夫睡觉的时候杀死了丈夫。按照郑如雯的说法，从此就可以解脱了，自己的亲人们也可以摆脱"魔鬼"的纠缠。此案在一审时，辩护律师曾经要求法院扩大适用正当防卫的概念。然而，法院最终没有采纳此意见，而是认定郑如雯之行为成立故意杀人罪，判处3年有期徒刑。显然，法院不认可郑如雯的行为是正当防卫，并且传递的信息是郑如雯的行为是不被允许的，将来如果出现类似情况的话，留给当事人有两条路可选择，一条路是忍辱负重，闭眼认命了；另外一条是用杀人以外的其他方式来理性解决。但显然两条路在现实中都面临困境。2003年1月17日，河北省宁晋县苏家庄乡东马庄村发生了一起杀人案。在丈夫暴力阴影下生活了12年的刘某霞，用事先准备好的14支毒鼠强放在面糊内摊成大饼给丈夫张某水吃，张某水吃后中毒抢救无效死亡。此案中被告人刘某霞原本是受害者，12年来忍受着丈夫的打骂，常常是旧痕未愈又添新伤，但她牢记家丑不可外扬的古训，默默地忍受着身心的折磨；她又是杀人者，在忍无可忍的情况下毒死了丈夫，走向了犯罪。但她的犯罪行为却得到丈夫亲属和全村人的同情。刘某霞被提起公诉关进看守所后，她的公公张某瑞开始找县、市妇联，跑公安局求检察院，说张某水"罪孽深重，死有余辜"，请求从轻处罚刘某霞；当地群众普遍认为张某水"好逸恶劳""性情残暴、手段残忍""无恶不作"，村里400多名户主联名写信保这位尊敬老人、和睦乡邻、勤劳善良、吃苦耐劳的好媳妇；就连张某水的亲戚也纷纷写反映材料说刘某霞毒死张某水情有可原，实是不堪忍受被害人虐待迫不得已之举，请求对被告人最大限度地从轻处罚。

刘某霞的辩护律师称：公诉方指控被告人的犯罪罪名成立，证据确实充分，但本案被告刘某霞是出于对生命危险的巨大恐惧之下，出于万般无奈，采取的一种特殊的进攻型的防御行为，符合我国《刑法》规定的多种从轻、减轻处罚的基本条件，并且建议法庭考虑被告的"受虐妇女综合征"，将其作为正当防卫的可采证据，以维护被告人合法权益和法律尊严。最终，河北省邢台市中级人民法院以故意杀人罪做出终审裁定：判处刘某霞有期徒刑12年，剥夺政治权利3年。在判决书中法官这样写道：刘某霞长期遭受家庭暴力，在忍无可忍的情况下，将丈夫杀死，可以从轻处罚。

尽管在中国没有将被告的"受虐妇女综合征"作为正当防卫的可采证据的先例，但在国外已经出现类似判例。1990年，加拿大一个家庭暴力案件的判决无疑是一大突破。案件被告人莱维莉是一个长期遭受其同居伴侣、被害人虐待的女性，案发当天晚上，他们在自己家开了一场舞会。大部分客人告辞后，莱维莉和被害人在他们的卧室中发生了争吵。争吵中，被害人向莱维莉挑衅说不是她杀了他，就是他杀了她。莱维莉在事后对警察所作的供述中说被害人用力推她，用手打她的头，还给了她一把装了子弹的枪。当他离开卧室的时候，她从后面向他开了枪，致被害人死亡。严格来讲，莱维莉的射击行为根本不符合传统意义上的正当防卫的适用条件。因为射击是在被害人离开卧室之时，而非正在实施暴力之时，不具备"紧迫性"的要求，而且她在射击时也并非穷尽其他救济手段，即杀死被害人并非别无选择。因此，她面临谋杀罪的指控。但律师出具了大量证据以证明被害人长期对她施暴，并在那天威胁要宰了她。一位心理学家作为专家证人也出庭证明莱维莉患了明显的"受虐妇女综合征"。一审法庭裁定正当防卫的辩护成功，将她无罪释放。但后因专家证言不被采纳，上诉法院裁定撤销原判，重新审理。1990年，加拿大最高法院采纳了专家证言，认为她"害怕死亡和身体受到伤害是有道理的"，恢复对莱维莉的无罪判决。

因此，正是在这种意义上，有学者甚至建议，既然在正当防卫的防卫行为中已经有侵害行为客观性以及防卫行为必要性的考量，可以将不法侵害发生的时间条件"正在进行"去除。笔者认为，上述做法尽管有益于帮助受到迫害的女性，但也有可能导致防卫权滥用，这样一来，社会上可能会增添更多的杀夫事件。此类事件，也许是更为深刻的社会问题，通过其他社会政策解决，也许比单纯通过刑法制度的修正社会效果要好些。这也正应了李斯特的名言"最好的社会政策，就是最好的形式政策"。

另外一个问题正在进行相关联的问题就是采取预防性的措施导致他人伤害或者死亡行为的定性问题。在实践中，为了防止可能遭受的不法侵害，公民往往事先采取一些预防性的措施。当这些预防性的措施导致了他人伤亡的结果时，就会涉及行为人的刑事责任问题。比如，2002年7月1日凌晨，来自宁夏的窃贼鄢某某与同伙来到西安市新城区华清路华清村5号一栋居民楼下图谋行窃。鄢踩着二楼顶部的遮雨篷爬上三楼一住户的阳台，当他的手刚抓住晾衣铁丝时，突然跌下当场摔死。事发后，其同伙不敢报案，直接将死者尸体运回老家。案发后民警调查发现，因为该小区多次发生被盗案，为了防贼，这户居民在阳台上的晾衣铁丝上连接了一根电线拉入房里，电线另一端装有插头，一到晚上，住户就将插头插上电。由于阳台是铝合金封闭的，通电后整个阳台就形同电网，电压为220伏。对上述案件，理论上一般认为，上述做法是值得怀疑，且有可能构成犯罪。其一，私设电网属违法行为。为了保证家中财物不受损失，不少居民都采取了防盗措施，如安装防盗门、防盗窗、电子报警系统等，甚至有人安装带电设备防贼，保护自己的合法财产不受侵犯。虽然法律赋予公民保护自己合法财产的权利，但这种权利必须符合法律规定。根据法律法规的规定，私设电网属违法行为（即使居民使用的是弱电流电网，也会使家人及他人处于一种不安全状态，所以法律才会禁止）。《治安管理处罚条例》第 21 条规定，未经批准安装、使用电网，或者安装使用电网不符合安全规定的，均属于妨害公共安全的行为。尚未造成严重后果的，将处以罚款或警告。对私设电网造成严重后果的，则构成以危险方法危害公共安全罪。《刑法》第 115 条规定："放火、决水、爆炸以及投以毒害性、放射性、传染病病原体等物质或者以其他危险方法致人重伤、死亡或者使公私财产遭受重大损失的，处十年以上有期徒刑、无期徒刑或者死刑。"其二，法律法规禁止私设电网，是指禁止在任何地点、任何场合针对任何人私设电网。法律法规并没有将禁止私设电网的地点限于复杂公共场所，也就是说，本案中虽然住户是在自己家的阳台上安装电网，其行为也是违法的，也对他人的安全构成威胁。如，该住户上层或下层的邻居挥动导电物件时有可能触电；楼上邻居失足（或小孩失足）坠楼可能触电；电话维修人员或夜间施工装修人员也有可能触电；等等。其三，在自家阳台上装电网防盗造成严重后果，不属正当防卫。正当防卫的前提条件是针对"正在进行的行凶、杀人、抢劫、强奸、绑架等严重危及人身安全的暴力犯罪"，且必须符合四个条件。其中，第一、二个条件是必须有不法的侵害行为存在、有正在进行的不法行为存在。而本案中的窃贼仅在室外的墙壁上攀缘。认定攀缘行为非法尚无依据，何况窃贼并未破网入室对户主实施暴力侵害。

我们不同意上述看法。首先，依据《治安管理处罚条例》第 21 条规定，未经批准安装、使用电网，或者安装使用电网不符合安全规定的，均属于妨害公共安全的行为，尚未造成严重后果的，将处以罚款或警告。可见，对私设电网的行为当然可以给予治安行政处罚，但是与该行为相关的所有行为不一定必然构成犯罪。这就如同行为人非法持有枪支、弹药、爆炸物，或者非法持有其他管制的危险物品，尽管这种持有的行为是非法的，但是，当遭受正在进行的不法侵害时，行为人如果使用这些非法持有的危险物品进行正当防卫，那么，在这种情况下其行为仍然是可以成立正当防卫的。当然对于行为人先前实施的非法持有危险物品的行为，可以另行定罪或者给予行政处罚。推而论之，先前行为的违法性，并不当然地导致与该行为相关的所有后果行为也必然地具有违法性（因为这是两种不同的行为，属于不同的评价对象，其评价结果也必然不一样）。易言之，应当对前后两个不同的行为分别加以认定和评价。

其次，采取预防性的措施导致他人伤害，有可能也符合刑法关于正当防卫的成立条件。例如，行为人某甲的菜园经常被盗，某甲为了防盗就将家中的捕鼠夹改装后放在菜园内。某甲改装时不断调整捕鼠夹的击打强度，直到其只能对人造成轻微伤时，才将捕鼠夹放入菜园。一日，一小偷到某甲的菜园偷菜，不小心踩上了这个捕鼠夹，结果该小偷被轻微夹伤。在该案例中，某甲是为了自己的利益即防止菜园被盗而安装捕鼠夹，这符合正当防卫成立的主观条件；捕鼠夹对小偷造成伤害是因为小偷的盗窃行为，这也符合正当防卫的起因条件；捕鼠夹只对小偷造成了伤害，这符合正当防卫的对象条件；捕鼠夹只是给小偷造成了轻微伤，即未超出必要的限度，这符合正当防卫的限度条件。这里值得探讨的是，某甲安装捕鼠夹最终造成小偷受伤是否符合正当防卫成立的时间条件。笔者认为，我国《刑法》第 20 条规定只能针对"正在进行的不法侵害"实施正当防卫，而本例中预置防范装置发挥作用时正是针对"正在进行的不法侵害"，因此是符合我国刑法规定的。正如有学者指出的那样，"因为，只要以发生防卫效果时为标准，能够认定侵害的紧迫性就够了。因此，不仅在行为人认为侵害行为当然或几乎确实要发生的场合，即便在出于利用该机会乘机伤害对方的意思面临侵害的场合，只要在实施防卫行为的阶段上，对方的侵害迫在眼前，就至少可以认为满足紧迫性的要件"（日本刑法中正当防卫的紧迫性要件大致相当于我国刑法正当防卫的时间条件：正在进行——引者注）。

最后，国外立法对于正当防卫的限制条件较我们国家严格，但仍然支持预置防范装置行为成立正当防卫。例如，德国刑法理论认为："防卫并不因恶狗、自动射击、三角钉和毒饵而排除侵害的正在发生的要求，因为是在发生侵害的时候才能进行正当防卫。"李斯特也认为，"防止将来被侵害的保护措施，如防盗之三角钉，捕狼之陷阱等，如果好似在受到攻击时使用，那么，是允许的，但不得超过防卫所需要之界限"。

日本刑法理论学者认为："针对过去的侵害和将来的侵害，不能承认正当防卫。但是，安装障碍物或者自动枪，预想将来的侵害而事先进行的防卫行为，如果其效果在将来侵害现实化时才能发挥出来的话，仍可以说针对的是急迫的侵害。"还有的学者指出，"事先装设的在将来的袭击迫近的时候能有效地进行反击的装置，结果该装置发挥了反击效果的场合（如为防小偷而在围墙上插玻璃碎片）也是正当防卫"。意大利的杜里奥·帕多瓦尼教授认为："那些为保卫所有权而采取的预防性措施（如安装铁丝网、设陷阱、埋地雷、拉电网等），应属于《刑法典》第 52 条规定的范畴。如果符合该条规定的要求，就是合法行为……但如果认为这类行为属于正当防卫，得到的解释就更为合理：只要存在不法侵害的现实危险，且对侵害者造成的损害没有超过必要限度，采取防范措施就是合法行为。"我国刑法规定的正当防卫的成立条件与外国刑法规定的正当防卫的成立条件很相似，因此，笔者认为，国外刑法理论把预置防范装置行为解释为正当防卫的做法，可以成为我国刑法把预置防范装置行为认定为有条件的正当防卫行为的参考。

当然，也不是把任何预置防范装置行为都可以认定为正当防卫行为。如果行为人预先设置防范装置行为具有危害公共安全的性质，或者超过了必要的限度，那么该行为则是不正当的。正如有学者指出的那样："自我保护的装置（凶猛的狗，自动射击装置，铁蒺藜，毒饵等）能够是一种必要的防卫。但是，第一，这种风险应当由使用这种危险手段的人来承担；也就是说，在一名无害的闲逛人因此受伤时，要由受这种方式保护的人来承担这个结果。第二，威胁生命的自我保护装置在实践中是没有必要的；当人们安装了自动射击装置或者爆炸装置时，但是在这些地方，本来有一个警报装置、轻微电击，或者充其量一条狗来进行防卫就足够了，人们也不能得到正当化。"

第六节　正当防卫的防卫限度现状及完善建议

一、正当防卫的防卫限度的现状及困境

（一）正当防卫的防卫限度的现状

近几年，诸如"昆山反杀案"等热点案件频繁发生，公众的关注度居高不下，学者、媒体的讨论把我国的正当防卫制度推到了风口浪尖。正当防卫的必要限度是判定防卫人是否构成犯罪的核心，是正当防卫与防卫过当的分界线，而现行的理论学说对此众说纷纭，法律关于防卫限度的规定也模糊不清、难以掌握，同类型的案件在不同地区、不同级别的法院审理标准和审判结果会随着法官的理解不同而有所不同。像"于欢案"这样一审判决以故意伤害定罪判处无期徒刑，上诉后二审认定属于防卫过当，构成故意伤害，改判五年有期徒刑的例子有很多，两年后的"昆山反杀案"（于海明案）属于同种情况，当晚公安机关以故意伤害案立案侦查，查明事实后认为于海明属于正当防卫，不负刑事责任，决定撤销案件。从这些案例中可以发现，我国司法机关在实践中难以准确适用正当防卫的法律规定，厘清正当防卫的限度标准，消除分歧以做到同案同判。虽然目前学术界的主流观点为"折中说"，但把防卫行为造成的损害结果作为审判防卫行为是否过限的标准的状况非常普遍，对正当防卫的认定过于谨慎小心，成立正当防卫的比例不高。

（二）我国正当防卫的防卫限度的困境

1. 防卫限度的认定标准不统一

刑法规定防卫行为明显超出必要限度，同时造成重大损害结果，属于防卫过当。因此，防卫限度的确定需要考虑行为因素和结果因素。行为限度就是"明显超过必要限度"，主要是通过防卫行为与不法行为之间进行一定的对比，就可以判断防卫行为属于正当还是过当。我国关于必要限度的讨论一直处于进行时的状态，目前主要有三种不同的看法。首先，基本相适应说。这是我国刑法学界的传统观点。该观点认为防卫行为的性质、手段、强度、后果与不法侵害行为的性质、强度和可能造成的后果应该能够大体相抵，即防卫行为的性质和强度与不法侵害行为差不多。"相当"的意思是防卫人造成损害结果与其可能遭受的损害程度差不多。但值得一提的是，相适应不能跟相等画等号，因为实际案件中是无法权衡两种损害结果是否相等的。仅仅意味着防卫行为造成的损害结果的严重性跟侵害行为给防卫人带来的法益损害的程度相差不多。基本相适应说对防卫限度的判定起到了一定程度的引导作用，是否超过必要限度不仅取决于侵害行为的性质、手段、强度，还取决于防卫行为保护的法益大小及性质等其他条件。这为正当防卫行为的判定提供了参考标准，在判断必要限度时有据可依，也有效防止了正当防卫权的滥用。这一学说的缺点是难以准确断定防卫行为的强度是否与侵害行为相适应，谁都无法估量相当是大于、等于还是小于，因此，这种方式缺乏一定的可行性。

其次，必要说。必要说是我国较为早期的观点，这种观点认为，正当防卫可以行之有效地阻止侵害行为继续进行。换言之，只要在面临不法侵害时防卫人采取的防卫手段可以让不法行为戛然而止，无论防卫行为的手段是否过激、程度是否过高、造成的损害结果是否明显严重，都不算超出了防卫行为的必要限度，会被划分到正当防卫的范畴内。但有一部分学者对必要说提出了一定的质疑，认为必要说的重心偏向有效制止，而忽略了造成的结果，使法益的天平向一边倾斜。此学说对防卫限度的规定过于松弛，就容易导致滥用正当防卫权。除此之外，如果特别强调防卫效果而忽略防卫限度，那么设置防卫限度的意义便烟消云散，更没有必要划分防卫正当与过当。

最后，折中说。它是取上述观点的折中方式，将二者融合在一起。该观点认为上述的两个观点如同一面镜子的正反面，并非互相独立，没有联系。防卫者的行为及其给不法侵害者造成的损害必须是制止不法侵害所必要的，且防卫行为的性质、手段、强度及造成的损害与不法侵害行为的性质、手段、强度及可能造成的损害基本相适应。也就是说，正当防卫的限度需要有一定的限制，其中包括制止不法侵害需要的程度的限制，也包括防卫行为与侵害行为的强度等的限制。最重要的是折中说认为必须通过综合考虑的方式确定防卫行为的必要限度，不能割裂整体看部分。

2. "唯结果论"的思维模式影响正当防卫的认定

根据我国刑法规定，正当防卫明显超过必要限度造成重大损害的，需要承担刑事责任。由法条规定可得知防卫行为失去正当性构成防卫过当需要"明显超过必要限度"和"造成重大损害"两个条件同时满足。但司法人员在实际办理案件的过程中，向来遵循的是"唯结果论"的判断路径，往往将"明显超出必要限度"和"造成重大损害"两个因素融为一体，合二为一，判定防卫人造成重大损害结果时防卫行为势必会超出防卫限度，把重大损害结果当作行为过限的外化表现。这种思考模式认定若防卫行为过限则必然会出现重大损害的结果，当防卫人给侵害人带来巨大的损失，那么行为也一定超过了限度。司法实践中这种判定模式会降低司法人员的工作难度，防卫行为是否超出必要限度仅需要判别是否有重大损害结果的出现，最后形成了过于重视损害结果、唯独把客观上有无造成重大损害结果视为考量防卫行为是否过限的准则的局面。张明楷教授是这种观念的支持者，他在《刑法学》中提到"整体过当说"，认为行为过限和重大损害结果的发生是一个有机整体，不能分开考量。"唯结果论"的思维模式对损害结果的过度重视，容易导致在防卫行为造成重大损害结果时防卫过当的认定概率升高的情况。原因有三：第一，防卫行为在客观上确实导致了侵害人员重伤或是死亡；第二，很多的不法侵害行为都是突然发生的，结果也难以预测，防卫手段来不及经过重重考量，防卫行为失去控制的可能性较大，防卫人在防卫过程中给不法侵害人带来的法益损害是高于不法侵害行为造成的损害结果的；第三，防卫行为的开始是因为不法侵害行为突然袭来，侵害行为的损害结果引起防卫行为的发生。在这种情况下，司法人员太看重损害结果，则势必会断定防卫行为超出必要限度。在"唯结果论"的思维模式的熏染下，实践中正当防卫的认定比例远低于防卫过当。但我国法律有明确规定，防卫过当需要符合行为过限和结果过当两个条件，不能把其中一个当作唯一标准，"昆山反杀案"就是否定"唯结果论"的一个生动案例，于海明在防卫过程中造成了不法侵害人死亡的重大损害结果，但公安机关最终认定其属于正当防卫，不负刑事责任。所以不能坚持"唯结果论"，这样忽略了行为限度这一要件的存在，对防卫行为的认定不够准确，无法保障人民群众的合法权益。

二、完善我国正当防卫的防卫限度的建议

（一）对正当防卫的必要限度做出界定

刑法规定的正当防卫是防卫人在面临忽然来袭的不法侵害行为时，有权通过采取防卫行为还击不法侵害人，保护合法权益不受侵害。而正当防卫的必要限度就是还击行为可以达到的最高程度，正当防卫的必要限度是认定正当防卫的核心，它决定了防卫行为是否具有正当性，以至于决定了防卫行为是属于正当防卫免受刑事处罚或是防卫行为失去其正当性需要承担刑事责任。如果在认定过程中发现防卫行为符合防卫限度之外的全部其他条件，唯独超出了必要限度的规定，那么也必然会被判定构成防卫过当，承担刑事责任。防卫行为虽然过限，但没有造成严重的损害结果，抑或是客观上出现了重大损害结果但防卫行为并未超出必要限度，这两种情况都不算超出正当防卫的必要限度。鉴于不法侵害行为突然发生，防卫人实施的防卫行为在时间、地点以及心理压力等的作用下，经常会出现防卫行为与侵害行为在某种程度上不相匹配的状况。所以，笔者认为要想充分探究正当防卫的必要限度，应当坚持以"必要说"为判断前提，综合考虑其他因素。

"明显超过必要限度"与"重大损害"之间属于并列关系，前者限制行为，后者限制结果。如果想要天平不向任意一边过度倾斜，就要对其分别进行独立的评价。在审视防卫行为是否明显超出必要限度时，不能将是否造成重大损害囊括进去，否则就会出现二次评价结果限度的情况。因此，如果想维持"明显超过必要限度"与"重大损害"之间的并列关系，在认定防卫限度时就应该保证行为限度的判断独立性。目前我国关于"必要限度"主要存在三种学说，三者之间只有"必要说"才是重点关注防卫行为的有效性的学说，能够保证行为限度与结果限度的独立性。有学者质疑说"必要说"过于重视防卫行为的效果，忽略了防卫行为应该妥当，但这个问题可以通过综合考虑对认定防卫限度有影响的因素来解决，比如，不法侵害的强度、紧迫程度、防卫人所处环境等。因此，在认定正当防卫限度时坚持以"必要说"为前提，综合考虑影响判定的全部因素，准确认定防卫限度。

（二）改变"唯结果论"的思维模式

由前文可知，"唯结果论"的思维模式是正当防卫制度发展道路上的绊脚石，因为防卫行为是持续进行的，属于过程性行为，损害结果是在反击不法行为的过程中造成的，如果判断防卫行为是否过限只考察损害结果是否重大，就忽视了防卫行为在评定过程中的作

用。"唯结果论"的思维模式重点关注法益损害，特别看重法益保护要素，导致防卫限度认定的不全面不充分。要想从根本上改变这个问题，就需要重建判断防卫限度的思维模式，要根据正当防卫发生时的环境以及防卫手段的选择等因素，以一般人的认识标准认定防卫行为是否存在正当性，借鉴英美法系"真诚而合理"的规定来改善"唯结果论"盛行的情况。防卫限度的认定不能单独考虑防卫行为造成的损害结果，还应该权衡社会利益等其他要素。这种思维模式可以从整体上判断防卫限度，不会过度注重哪一个，也不会出现遗漏的情况，可以提高判断防卫限度的准确程度。

（三）区分特殊防卫的防卫限度

根据我国《刑法》第 20 条第 3 款的规定，对正在进行行凶、杀人、抢劫、强奸、绑架以及其他严重危及人身安全的暴力犯罪，采取防卫行为，造成不法侵害人伤亡的，不属于防卫过当，不负刑事责任。特殊防卫不再要求必要限度，但行使特殊防卫权需要符合严苛的前提条件。特殊防卫权是正当防卫的一种特别形式，特殊防卫权并不意味着可以随心所欲采取防卫行为，而不顾手段、方式和强度以及造成的损害后果。特殊防卫权的适用应注意以下几点：第一，侵害行为必须属于暴力犯罪，并且应当是危险性很高的犯罪；第二，侵害行为对人身安全有高度威胁，并且特殊防卫权不仅针对法条中规定的几种犯罪行为，防卫人在面临其他的暴力罪行严重危及人身安全的时候同样可以适用特殊防卫权；第三，"行凶"通常是指就算犯罪故意的内容不能确定，但实际上对人身安全有威胁，甚至可能导致重伤或死亡的暴力侵害行为；第四，特殊防卫必须针对正在进行的暴力侵害行为，当侵害行为终止时，特殊防卫也应随之结束。

Reference
参考文献 ——————————————————————

[1] 陈孝平 . 刑法规则研究 [M]. 北京：中国政法大学出版社有限责任公司，2019.

[2] 郭泽强 . "权利与权力"框架下正当防卫制度研究 [M]. 武汉：湖北人民出版社，2021.

[3] 黄佳宇 . 刑法总则适用疏议 [M]. 长春：吉林人民出版社，2021.

[4] 贾银生 . 刑法体系解释研究 [M]. 北京：法律出版社，2021.

[5] 金吉泰 . 互联网金融犯罪的刑法规制研究 [M]. 长春：吉林大学出版社，2022.

[6] 李波 . 刑法教义与刑事政策 [M]. 北京：中国政法大学出版社，2020.

[7] 李芬，周涛 . 刑法学研究 [M]. 长春：吉林人民出版社，2020.

[8] 李光宇 . 刑法热点理论问题研究 [M]. 芜湖：安徽师范大学出版社有限责任公司，2022.

[9] 李秋月 . 刑法基础与实务专题研究 [M]. 沈阳：辽宁人民出版社，2020.

[10] 李翔 . 我国刑法立法方法与价值取向研究 [M]. 上海：上海人民出版社，2021.

[11] 刘科 . 网络链接行为的刑法规制 [M]. 北京：中国人民公安大学出版社，2021.

[12] 刘宪权 . 金融犯罪刑法学原理 第 2 版 [M]. 上海：上海人民出版社，2020.

[13] 刘宪权 . 刑法学 下 第 5 版 [M]. 上海：上海人民出版社，2020.

[14] 热娜古，阿帕尔 . 人工智能的形势责任研究 [M]. 北京：研究出版社，2022.

[15] 田馨睿，洛桑东洲，李红 . 刑事立法与刑法解释前沿问题研究 [M]. 北京：北京理工大学出版社，2020.

[16] 王平 . 刑法总论前沿问题研究 [M]. 北京：中国政法大学出版社有限责任公司，2021.

[17] 谢志强 . 信息网络视角下诈骗犯罪的刑法规制 [M]. 北京：中国人民公安大学出版社，2020.